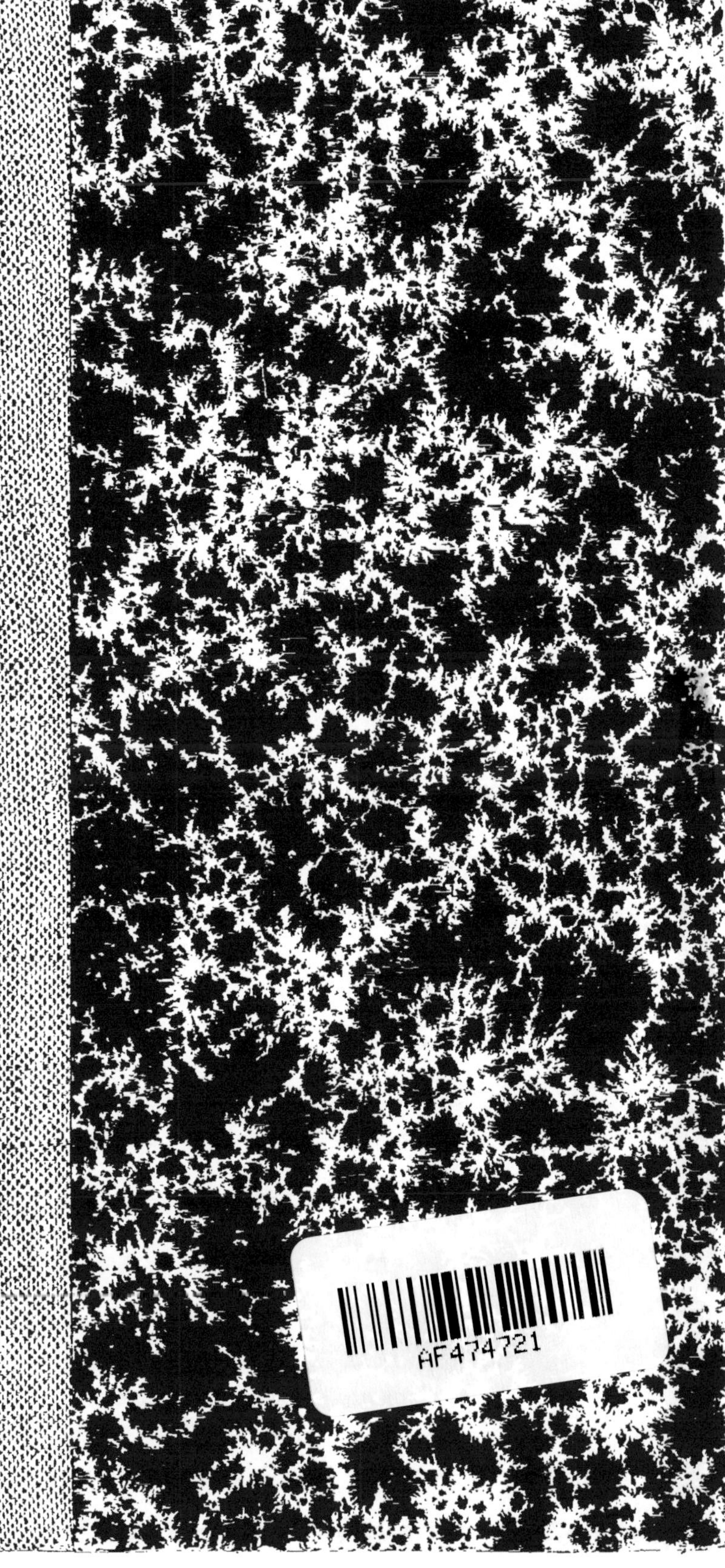

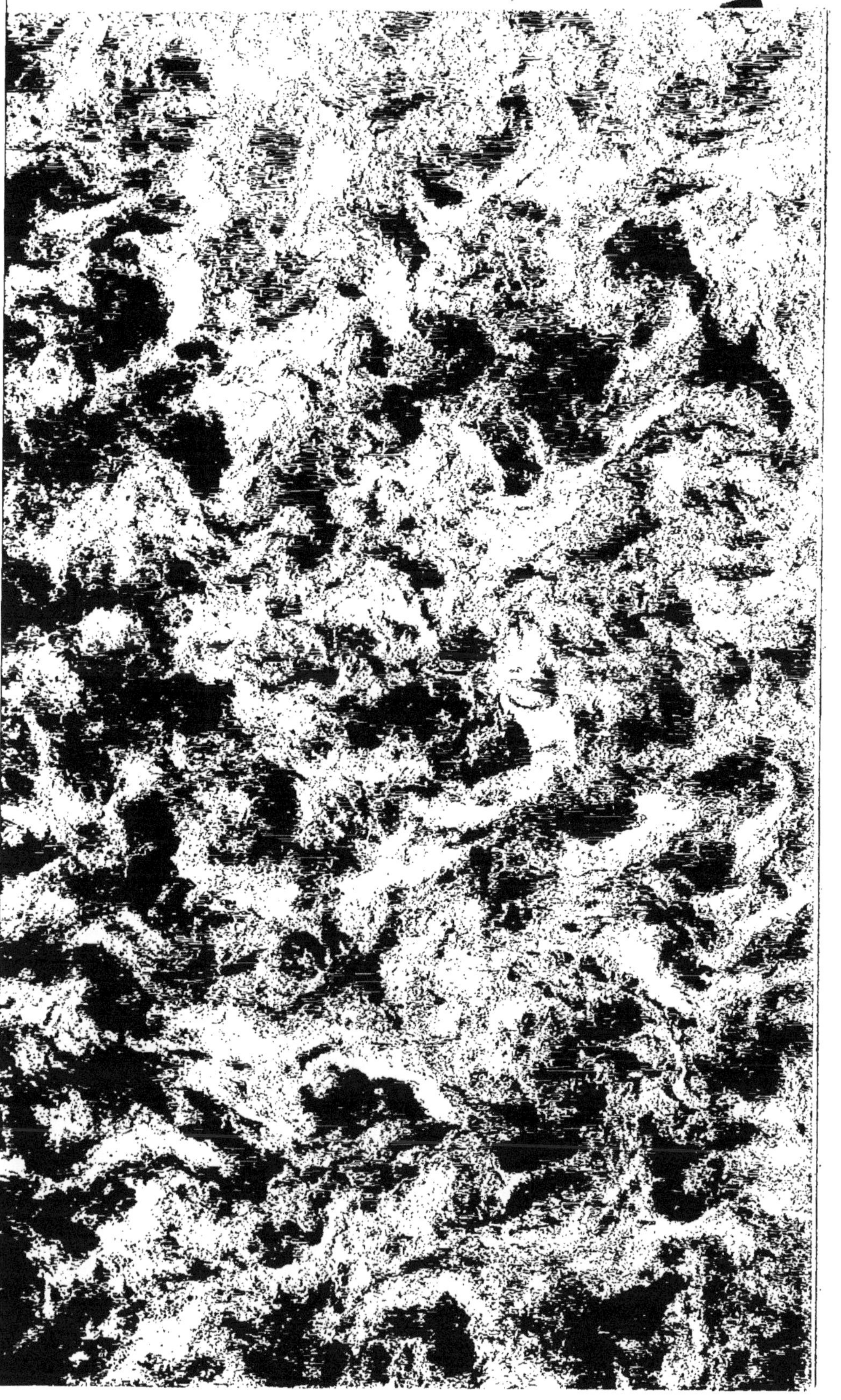

UNE

MISSION MÉDICALE

EN KABYLIE

PAR

Le Docteur L. LECLERC

Médecin-Major,
Correspondant des Sociétés Asiatique et des Antiquaires de France,
de la Société Historique algérienne,
Secrétaire de la Société Archéologique de Constantine, etc.

PARIS
CHEZ J.-B. BAILLIÈRE, 19, RUE HAUTEFEUILLE

1864

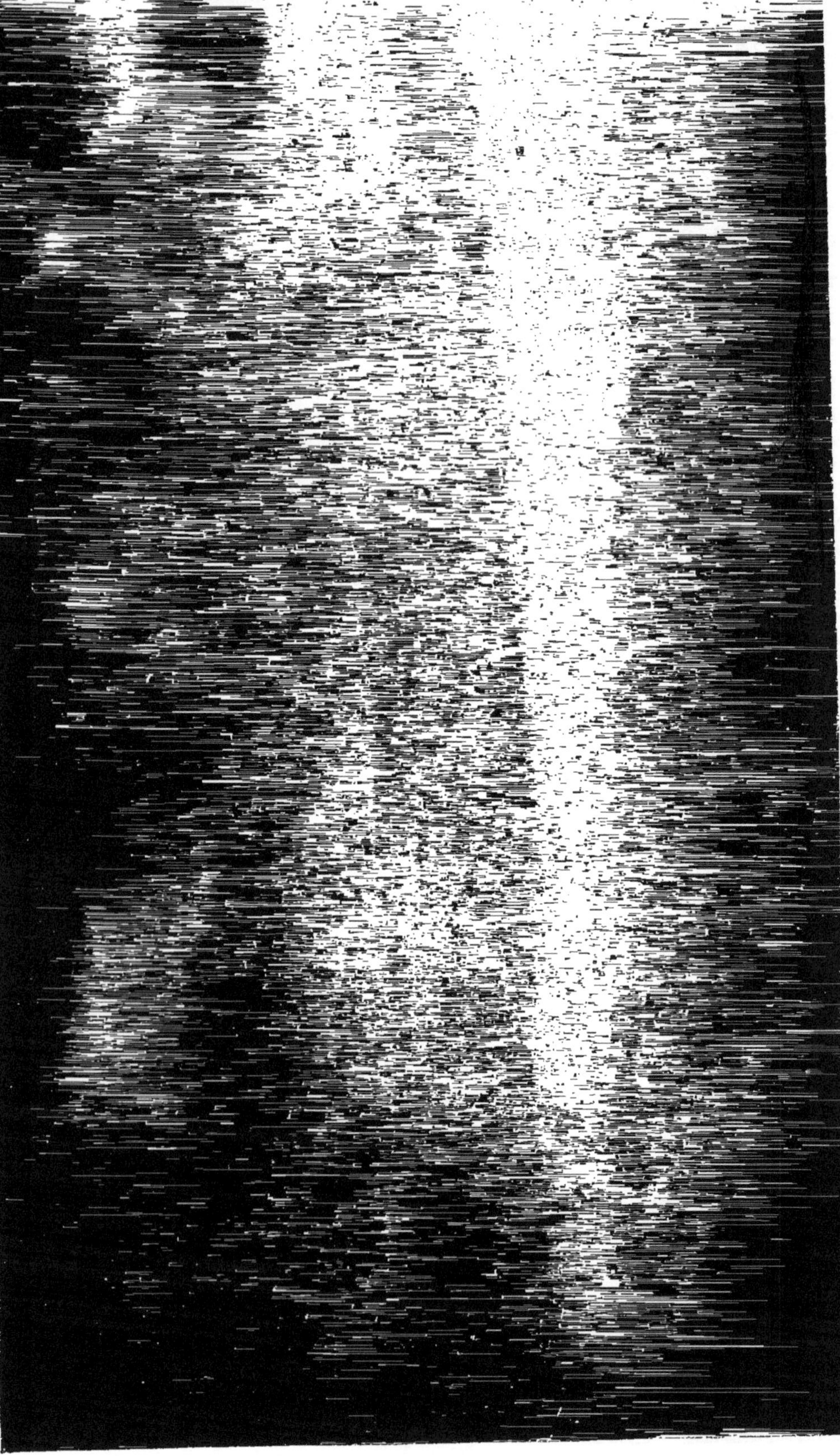

UNE

MISSION MÉDICALE

EN KABYLIE

DU MÊME AUTEUR

— De la *Médecine arabe*, particulièrement en Algérie. (*Gaz. med. de Montpellier*, 1854.)

— Les *Oasis de la province d'Oran*. (Extrait de la *Gaz méd. de l'Algérie*, 1857).

— Notice sur un *Médecin arabe d'Alger* (*Gaz. méd. de l'Algérie*, 1860).

— La *Médecine du prophète* (*Gaz. des hôpitaux*, 1860).

— De la *population dans le Nord de l'Algérie* sous la domination romaine (*Gaz. méd. de l'Algérie*, 1861.)

— La Chirurgie d'ABULCASIS, traduct. française avec introduction, notes, planches, etc. ; Paris, 1861, in-8° 6 fr. (Extr. de la *Gaz. méd. de l'Algérie*, 1860-1861).

— Etudes historiques et philosophiques sur E. BEITHAR (*Journ. asiatique de Pien*, 1862).

— PERRON, inspecteur-général des établissements d'instruction publique ouverts aux indigènes en Algérie : — 1° La *Médecine du prophète* (Traduction de l'arabe). Paris-Alger, 1860, in-8°, prix 4 fr.

2° *El-Naceri*, traité d'hippologie et d'hippiatrie arabes, traduit d'Abou-Bekr Ibn Bedr ; publié sous les auspices du Ministère de l'agriculture, Paris, 1852-1860 : 3 vol. in-8°.

3° *Les Femmes Arabes avant et après l'Islamisme*, Alger, 1859, un gr. in-8°. Prix : 7 fr. 50.

— A. BERTHERAND et PHARAON. *Sidi-Siouti*, livre de la miséricorde dans l'art de guérir. Traduction de l'arabe revue et annotée avec une introduction. Alger, 1856 in-8° de 90 p.

— E. BERTHERAND. *Médecine et hygiène des Arabes*; études sur l'exercice de la médecine et de la chirurgie chez les musulmans de l'Algérie, etc. Paris, 1855, in-8° de 600 p. Prix : 7 fr. 50

UNE

MISSION MÉDICALE

EN KABYLIE

PAR

Le Docteur L. LECLERC

Médecin-Major,
Correspondant des Sociétés Asiatique et des Antiquaires de France,
de la Société Historique algérienne,
Secrétaire de la Société Archéologique de Constantine, etc.

PARIS
CHEZ J.-B. BAILLIÈRE, 19, RUE HAUTEFEUILLE
—
1864

Chargé, en 1857, à Fort-Napoléon, après la soumission définitive de la Grande Kabilie, par son S. E. le Maréchal comte Randon, Gouverneur-Général de l'Algérie, de continuer aux indigènes du Djurjura, les soins médicaux que le Dr A. Bertherand, médecin en chef de l'armée expéditionnaire, avait institués chez eux, au lendemain de la conquête, nous avons exercé ces fonctions pendant quinze mois, depuis le commencement de septembre 1857 jusqu'à la fin de novembre 1858.

Nous extrayons de nos observations et de nos notes journalières, quelques aperçus sommaires, de nature, croyons-nous, à intéresser l'histoire médicale de la conquête française dans le nord de l'Afrique. La topographie générale du pays, l'ethnographie, la médecine indigène et l'énumération sommaire des maladies *par tribus*, constitueront la première partie de notre travail. Dans la deuxième, nous traiterons plus particulièrement de la statistique et du classement de ces mêmes catégories d'affections.

PREMIÈRE PARTIE.

TOPOGRAPHIE MÉDICALE, MÉDECINE DES INDIGÈNES ET STATISTIQUE GÉNÉRALE.

I. — ESQUISSE TOPOGRAPHIQUE DE LA KABYLIE.

Chacun sait aujourd'hui que les Kabiles ou Berbères sont les représentants directs de l'ancienne race autochthone du Nord de l'Afrique ; qu'assaillie de siècle en siècle par les invasions, cette race a depuis longtemps déserté les plaines du Tell, pour se fixer dans les montagnes qui pouvaient seules garantir son indépendance. Mais ce grand mouvement de retraite ne s'est point opéré simultanément, ni sur un seul point.

Autant le sol algérien compte de grands reliefs, autant la race berbère a de tronçons.

Deux groupes, les plus importants, pourraient être en quelque sorte considérés comme les pieds et la tête de ce grand corps berbère, dont le tronc a été disloqué ; ce sont les *Kabiles* et les *Chaouïa*.

Les premiers occupent, au centre de l'Algérie, un réseau montagneux contigu à la Méditerranée : les seconds, le gros massif de l'Aurès, contigu au Sahara ; nous n'avons pas à nous occuper de ces derniers.

Aux Berbères du Nord est donc spécialement affecté le nom de Kabiles et à leur pays celui de *Kabilie*. Ce qu'on appelle *Grande Kabilie* n'en est que la partie centrale, et à proprement parler elle se résume dans les bassins de deux grands cours d'eau, l'Oued Sébaou et l'Oued Sahel (1).

L'O. Sahel court d'Aumale à Bougie, en ligne droite, dans le sens du Sud-Ouest au Nord-Est. Du côté du Levant, ce bassin s'étend au loin. De l'autre côté, l'Oued-Sahel est serré de près par la chaîne du Jurjura, qui s'étend parallèlement à ce fleuve dans ses deux tiers inférieurs.

Entre le Jurjura et la mer, est une portion de Kabilie qui doit à son presque isolement, à ses conditions topographiques, d'avoir conservé plus pure la race Kabile ou Berbère. C'est de cette Kabilie, que l'on peut appeler *Kabilie du Jurjura*, que nous devons nous occuper spécialement.

La Kabilie du Jurjura, bassin de l'O. Sébaou est un espace triangulaire compris entre Dellys et Drà el Mîzan pour base, et Bougie pour sommet.

La base de ce triangle se confond à peu près avec le cours inférieur de l'Oued-Sébaou et celui de l'Oued el Kossob, un de ses principaux affluents. Des deux côtés, l'un est la mer ; l'autre le Jurjura.

Parallèlement au littoral court une petite chaîne qui se relève et s'infléchit au Sud pour atteindre le Jurjura à quelques lieues en avant de Bougie. Entre cette petite chaîne et la grande chaîne du Jurjura, coule l'Oued Sébaou, dont il est utile de décrire le cours pour bien saisir la physionomie du pays.

Contrairement à l'Oued Sahel, l'O. Sébaou coule du Sud-Est au Nord-Ouest. Cette direction, vraie dans un sens général, se décompose ainsi. Dans son tiers supérieur et dans son tiers inférieur, l'O. Sébaou marche du Sud au Nord dans le sens des méridiens; dans sa partie moyenne, de l'Est à l'Ouest, dans le sens des parallèles.

Les affluents de la rive droite ont peu d'importance, le Sé-

(1) Nous nous conformons à l'usage en conservant l'expression arabe *oued* : il est dans la destinée des expressions berbères *acif* et *ir'zer* de n'être affectées qu'aux cours d'eau secondaires.

baou moyen longeant de près les pentes douces de la petite chaîne du littoral.

La rive gauche reçoit deux principaux affluents, l'Oued Aïssi et l'O. el Kossob, tous deux parallèles à l'O. Sébaou supérieur, qui porte aussi le nom d'O. Bou-Béhir.

L'Oued Aïssi rencontre l'O. Sébaou vers le milieu de sa partie moyenne ou parallèle à la mer, L'O. el Kossob conflue vers le point où l'O. Sébaou se retourne vers le Nord pour se jeter dans la Méditerranée.

Le grand quadrilatère compris entre l'Oued Bou-Béhir, le Sébaou moyen, l'O. el Kossob et le Jurjura, comprend les cantons habités par ces tribus auxquelles on donne plus particulièrement le nom collectif de Zôuaoûa.

L'Oued Aïssi le partage en deux moitiés à peu près égales en étendue, mais d'aspect différent.

Des sources de l'Oued el Kossob à celles de l'O. Bou-Béhir, le Jurjura se maintient à une hauteur moyenne et presque constante de 1,500 à 2,000 mètres. Cette portion de la chaîne du Jurjura est la plus rocheuse, la plus tourmentée, particulièrement sur les versants septentrionaux. Vu du côté de l'O. Sahel, c'est-à-dire du côté du Sud, le Jurjura se présente avec des traits moins heurtés. En se continuant vers Bougie, la crête s'abaisse un peu et par fois revêt des formes larges et arrondies.

Nous avons dit que l'Oued Aïssi partage en deux parties à peu près égales le quadrilatère compris entre l'O. Bou-Béhir, le Sébaou, l'O. el Kossob et le Jurjura. La chaîne du Jurjura peut être également divisée en deux portions correspondantes, dans son trajet des *Guechtoûla* aux *Ililten*.

Tels sont les caractères des versants septentrionaux du Jurjura dans la première moitié de ce trajet, c'est-à-dire des Guechtoûla au Sedka. Ses pentes sont, en somme, plus raides, plus dénudées, plus accidentées et descendent immédiatement plus bas. Des pics nombreux les hérissent, et, sous certains aspects, on dirait les mille clochetons d'une gigantesque cathédrale gothique. Il est beau de contempler cette forêt de pitons, sous un soleil levant ou couchant. Le long des pentes règne une bande de terrains que, relativement, on peut appeler une plaine et qui se continue de celle de Bo'rni. A la hauteur de Sedka, de gros contreforts se détachent de la chaîne, abruptes et rocheux ; de profonds ravins, des vallées étroites se creusent comme entre deux immenses murailles.

Au Nord de cette petite plaine jusqu'à l'Oued Sébaou, de l'Oued el Kossob à l'Oued el Aïssi, s'élève un massif montagneux, beaucoup plus compact, beaucoup moins morcelé, se présentant de toutes parts sous des traits moins anguleux et moins heurtés que celui que nous observons entre l'Oued Aïssi et l'Oued Bou-Béhir. Le Soûk el-Arbâ des *Aïssi*, l'un de ses points culminants, atteint 900 mètres.

Des sources de l'Oued Aissi à celles de l'O. Bou-Béhir, ou mieux des Sedka aux Illilten, les pentes du Jurjura et les reliefs qui les continuent ont un caractère différent. Ce n'est plus une plaine qui longe les pieds du Jurjura, mais de ses flancs se détachent de nombreux et longs chaînons, tantôt simples, tantôt ramifiés, portant une ou plusieurs tribus. Leur direction est perpendiculaire ou oblique à celle de la chaîne. Dans leur trajet, ils atteignent fréquemment une hauteur supérieure à celle qu'ils avaient près de leur naissance. Leurs pentes sont raides et leurs crêtes fréquemment relevées en masses rocheuses couronnées de villages.

Entre ces divers chaînons, il en est un qui mérite, sous tous les rapports, une description particulière. A lui seul, il remplit tout l'espace compris entre l'Oued Bou-Béhir et l'Oued Djemâ, la principale branche de l'Oued Aïssi. Détaché du Jurjura entre les sources de ces deux cours d'eau, d'une hauteur à sa naissance d'environ 1,500 mètres, il court obliquement du Sud-Est au Nord-Ouest jusqu'à la rencontre des deux rivières : les *Bou Youcef* l'occupent à son origine, entre les *Akbil* et les *Itourar* dont il domine les profondes vallées.

Un gros contrefort s'en détache à l'Est pour les *Itourar* : à l'Ouest, il fournit le long chaînon des *Menguelât*. A l'Est encore s'en détache le massif des *Yahia*, des *Bouchaïb* et des *Frâoûcen*. Alors il se déprime pour se relever et constituer le long chaînon des Raten qui se ramifie à l'instar d'une feuille.

Pour compléter la topographie de la Kabilie, nous dirons encore que, dans sa partie moyenne, l'O. Sebâou coule au milieu d'une plaine fertile, car on peut nommer plaine ces légères ondulations qui s'étendent sur chacune de ses deux rives.

En résumé, tels sont les traits généraux et l'aspect du pays. Au Sud, le Jurjura l'enceint d'une barrière rocheuse de 2,000 mètres de hauteur. Au Nord, il a pour limites la Méditerranée. Parallèlement au littoral, s'étend une petite chaîne qui va rejoindre le Jurjura. De l'angle de réunion naît une vallée qui forme la plaine du Sébaou, le long de la petite chaîne. Entre la plaine et le Jurjura s'élève un pâté montagneux qui présente des caractères différents, suivant qu'on le considère à l'Est ou à l'Ouest. A l'Est, le massif se détache de plus haut et plus visiblement de la grande chaîne du Jurjura. Les chaînons sont allongés, à crêtes étroites, à pentes excessivement raides, ils se ramifient à la façon d'une feuille. A l'Ouest, les pentes du Jurjura descendent plus bas, et c'est seulement de l'autre côté d'une étroite plaine qui longe ses pieds que le massif se relève, plus compact et détachant, à la façon d'un crabe, ses ramifications multipliées.

Maintenant que nous connaissons le cadre nous allons, sinon le remplir, au moins y marquer la place des plus importantes tribus.

A partir de Bordj Bor'ni, c'est-à-dire de la plaine de Drâ-el-Mizan, toutes les tribus qui habitent au pied du Jurjura, portent le nom collectif de *Zouaoua*. Cette dénomination du reste n'a rien de rigoureusement précis, ou plutôt elle ne s'applique dans le pays qu'aux tribus comprises entre l'Oued el Kossob et l'Oued Bou-Béhir, à l'exception de celles rapprochées du Sébaou comme les Raten et les Fràoucen.

Après Bor'ni donc, nous rencontrons d'abord les *Guechtoula*, tribu puissante et fanatique. C'est là qu'est le tombeau de Mohammed bou Kobreïn, qui en possède également un autre à Alger. C'est là que Bou Bar'la prit femme et agita le pays contre nous. En face des Guechtoula, sont les fortes et riches tribus des *Mâtka* et des *Aïssi* renommées pour leurs poteries.

Après les *Guechtoula* viennent les *Zouaoua* proprement dits. Leur sol est généralement pauvre, mais ils sont industrieux et commerçants et trouvent dans l'émigration une autre source de richesse.

Ce sont d'abord les *Bou Addou*, les *Bour'erdân*, les *Chennâcha*, les *Sedka*, jouissant d'un sol moins accidenté, les *Ouâcif*, les *Akkach*, les *Bou Drâr*, gens de la montagne, les *Attâf* et les *Akbîl*. Les *Bou Youcef* occupent la naissance du long chaînon qui s'épanouit chez les *Raten* après avoir détaché le chaînon des *Menguelât*.

Parmi toutes ces tribus, il faut accorder une mention spéciale aux *Yenni*. La montagne qu'ils habitent est un des chaînons issus du Jurjura qui ne se relèvent que loin de leur naissance. Ils sont enclavés entre les *Aïssi*, les *Sedka*, les *Raten*, les *Ouâcif* et les *Menguelât*. La tribu des *Yenni* est la plus industrieuse. Les *Yenni* sont les bijoutiers de la Kabilie. Outre les bijoux, ils fabriquent des armes blanches et à feu, se procurent les canons des fusils seulement, et confectionnent ceux des pistolets. Un de leurs villages, *Aït el Arbâ*, fabriquait de la fausse monnaie. La cîme de leur montagne, de 8 à 900 mètres d'élévation, se couronne, dans un espace d'une lieue, de quatre gros villages, *Aït Lahsen*, *Aït Mîmoûn*, *Aït el Arbâ* et *Taourirt el Hadjâdj*. Aït Lahsen pourrait contenir de 4 à 5,000 habitants. Les pentes occidentales des Yenni sont couvertes d'une forêt de beaux oliviers.

De grands massifs d'oliviers se rencontrent aussi sur les

pentes méridionales du long chaînon des *Menguelât*. Leur marché du vendredi est le plus considérable de toute la Kabylie.

Des *Menguelât* il fait beau jeter un coup d'œil sur les pentes du Jurjura : l'œil embrasse le bassin de l'O. Djema, qu'habitent les *Bou Youcef* et les *Akbil*. Les villages étagés sur ces pentes, avec leurs blanches mosquées et leurs hauts minarets, donnent à ce canton sauvage une physionomie toute particulière.

Comme nous l'avons dit, les *Bou Youcef* occupent la naissance du grand chaînon qui va s'épanouir chez les Raten. A l'Est, se creuse une profonde vallée qu'arrose le Bou-Béhir et qui appartient aux *Ililten*. Sur les bords du Bou-Béhir est le village de *Soûmeur* des *Itourar'*, et la patrie de Fathma, dont la dernière expédition a terminé le rôle de femme inspirée et vénérée comme telle. Après les Ililten viennent les *Illoula ou malou*, *Illoula septentrionaux*, car il en est de méridionaux sur les pentes du Jurjura qui descendent à l'O. Sahel. Chez ces derniers est la fameuse zaouïa de *Chellâta*, possédée depuis des siècles par la famille d'Ali Chérif, et à laquelle on arrive par le col du même nom.

Le massif des Itourar' s'élève à une hauteur de 1,300 mètres et domine la vallée des Ililten.

De l'autre côté de l'O. Bou Béhir, sont les tribus des *Hidjer* et des *R'oubri*, qui descendent par des pentes boisées à l'O. Sébaou. Après les Bou-Youcef, à la hauteur des Menguelât, notre chaînon détache à l'Est les montagnes des *Yahia*. A ce point de décussation, s'élève, à 1,200 mètres, un massif qui abrite le marché du Sebt, appartenant au territoire des Yahia, et l'un des plus importants de la Kabylie. Parmi les localités de la tribu des Yahia, nous devons en citer deux : *Tâka* et *Koukou*. Taka est une petite ville de 2,000 âmes, bien bâtie, possédant quelques boutiques de bijoutiers et une mosquée bien installée. Koukou fut, il y a trois siècles, la résidence d'un chef indigène qui dominait sur les tribus voisines et dont le nom se trouve mêlé aux guerres des fondateurs de la régence d'Alger. Les Romains aussi l'occupèrent, sans doute pour protéger la plaine. Koukou se trouve perché sur un mamelon escarpé, prolongement et terminaison d'un contrefort émané du Sebt; il domine la plaine du haut Sébaou. De son antique importance, il ne reste plus que deux canons, une inscription arabe à demi-fruste et une citerne romaine. Koukou atteint près de 1,000 mètres. Au Nord de Koukou se creusent de profondes vallées qu'habitent les *Bou-Chaïb* et les *Khélîli*. Les parties basses et moyennes des pentes, surtout celles qui regardent l'Orient, sont couvertes d'une admirable végétation dans laquelle se perdent quelques villages. Les oliviers y viennent bien, plusieurs fois séculaires, cependant toujours vigoureux.

Un prolongement du même massif qui se relève en une large croupe d'environ 1,000 mètres, au sommet inculte, appartient aux *Fraoucen*. Les pentes qui aboutissent à l'oued Sebaou et à l'oued Toulour'lourt sont fertiles et peuplées de nombreux villages. Une tradition conservée dans la tribu fait descendre les Fraoucen, non pas des Français, comme on l'a dit, mais bien des *Roumi*, c'est-à-dire des Romains.

Cette tradition porte également sur les Bou-Chaïb. Il est donc probable que, lors de l'invasion arabe, qui, comme les autres, dût opérer des reflux dans la montagne, les habitants de Djemâat Essahridj se réfugièrent chez les indigènes du voisinage. Djemâat Essahridj présente encore de nombreux vestiges de l'occupation romaine, nous y avons découvert un morceau de sculpture et une médaille de Ptolémée.

Le chaînon se prolonge encore pendant une heure, portant trois villages des *Menguelat* : El Quorn, Taskenfout, surmontant pittoresquement de sa mosquée et de son minaret un mamelon élevé, Azrou (le rocher), qui doit son nom aux émergements rocheux sur lesquels il est construit. Au-delà, la croupe subit une dépression considérable et aboutit aux pieds d'Aguemmoûn Izem, *la colline du lion*, premier village des Raten.

Parmi les tribus de la rive droite du Sebaou, nous citerons seulement les *Amraoua*, les *Flissat el Bahar*, les *Ouaguoûn*, les *Djennâd*, etc.

II. — LA TRIBU DES RATEN.

Nous devons à la tribu des *Raten*, qui nous a donné la moitié de nos malades, une description plus détaillée.

Elle occupe le prolongement de notre chaînon, depuis les *Menguelat* jusqu'en face du confluent de l'Oued-Aïssi avec l'Oued-Sébaou. L'Oued-Aïssi la sépare de la tribu de ce nom. L'Oued Djemâ, branche importante de l'Oued-Aïssi, sépare les Raten des Yenni : un petit affluent de l'Oued Djemâ les sépare des *Menguelat*. A l'Est, l'Oued-Toulour'lourt coule entre les *Raten* et les *Frâoucen*.

Le territoire de la tribu compte de seize à vingt kilomètres de longueur, sur douze à quinze de largeur, une soixantaine de villages et une population de seize mille habitants.

La chaîne des *Raten* court du Sud-Est au Nord-Ouest. Ses pentes Sud sont moins découpées et moins importantes que celles du Nord ; la crête est plus rapprochée de l'Oued-Aïssi que de l'Oued-Toulour'lourt. Les populations se partagent en cinq fractions : les *Aguâcha*, à cheval sur la chaîne, les *Ousamer* et les *Irdjen*, sur les versants méridionaux, les *Oumalou* et les *Akerma* sur les versants septentrionaux.

La tribu des Raten a la forme d'un losange tronqué aux sommets. Les Aguâcha tiennent le sommet tronqué qui regarde le Sud-Est ; c'est la plus faible et la plus pauvre des cinq fractions. D'Aguemmoûn Izem, la crête s'abaisse pour remonter au village de *Cherrita*, que les bulletins ont fait connaître sous la forme vicieuse d'*Icheriden*. Il fallait au moins dire *Icherrîten*, les gens de Cherrita, si toutefois on ne devait pas conserver là, comme ailleurs, le nom de la localité de préférence à celui de ses habitants. Perché sur un relèvement étroit de la crête, Cherrita n'est pas plus facile à aborder d'un côté que de l'autre. On sait ce qu'il nous en coûta pour enlever cette position. Cherrita possède quelques oliviers et des chênes-liéges du côté des Yenni. Un nouveau relèvement de la crête sur ses flancs Nord porte le village d'*Ir'il Tigmoûnin*, d'où s'échappe, du côté des Frâoûcen un contre-fort couronné par le village de *Taceft-g-ezra* et les ruines du vieux *Misser*. Jadis, le village de Misser, et ses ruines l'attestent encore, occupait le sommet du contrefort. Pour raison de sûreté, les habitants descendirent à mi-côte et se fractionnèrent en deux villages. D'Iril Tigmoûnin la crête s'abaisse de nouveau pour se relever à quelques kilomètres de là par le mamelon d'*Aboudid* , point culminant des Raten. Aboudid a, suivant les cartes, 1,050 mètres d'altitude. Ici. la roche n'affleure pas, comme partout ailleurs où ses ressauts sont les fondements des villages : le petit plateau d'Aboudid est tapissé de dis.

Du sommet d'Aboudid se détache un chaînon qui court au Nord, jusqu'en face du Sébaou, suivant un trajet de deux à trois lieues, descendant d'une part à l'O. *Toulour'lourt* et de l'autre à un torrent, connu sous le nom d'*Ir'zer bou Aïmeur*. Ses pentes occidentales sont plus courtes et plus rocheuses que les pentes orientales ; elles sont habitées par les *gens de l'ombre* ou du Nord, c'est-à-dire les *Oumalou*.

A un kilomètre d'Aboudid est le village d'*Aït Moussa ou Aïssa*, partagé en deux fractions, Taddert ou Fella, *le village d'en haut*, et Taddert bou Adda, *le village d'en bas*. Taddert ou Fella possède deux ouvriers en fer.

A deux kilomètres est *Tablabalt*, perché sur la roche et entouré d'émergements rocheux du côté du couchant, où les pentes sont abruptes. Les pentes opposées sont plus douces et portent le village de *Fenaya*.

Près de Tablabalt, au milieu d'une foule de tombes, on en fait remarquer une déjà bien dégradée, que l'on dit être celle de Sidi Sliman, ancêtre des Oumalou et des Ousameur.

La crête, déjà déprimée, à Tablabalt, subit une dépression plus notable encore et aboutit au village d'*Agouni Bour'ar't*. De là elle continue à se déprimer de village en village, et cette portion de son trajet, occupée par quatre ou cinq centres d'habitations est connue sous le nom commun à tous, d'*Ihahboûden*. Aux abords des Fraoucen et du côté de l'O. Sebaou, les pentes, plus douces, sont meilleures. Les oliviers et les arbres fruitiers, particulièrement les poiriers, y deviennent abondants. Enfin les derniers côteaux se couvrent de céréales.

Du sommet d'Aboudid, la crête se soutient deux kilomètres à une hauteur à peu près égale et descend à 1,000 mètres au village de Taguemmount-Haddaden, la *colline des forgerons*. Ce village, qui ne mérite plus aujourd'hui son nom, appartient encore aux Oumalou. Des colporteurs épiciers remplacent les forgerons.

Les Ousameur occupent les pentes qui descendent d'Aboudid à l'Oued-Djemâ. Immédiatement au-dessous d'Aboudid, un petit chaînon porte sur sa crête et sur ses pentes orientales, quatre petits villages, connus sous le nom collectif d'*Ikhelidjen*. Les Ikhelidjen sont pauvres.

Les Ousameur comptent encore trois centres d'habitations et ce sont les plus forts villages de la tribu. Chacun d'eux loge un millier d'habitants.

C'est d'abord Tâourirt Tamocrant, la *grande colline*, plus rapprochée de l'Oued-Djemâ que de l'arête centrale, à une hauteur d'environ sept cents mètres, position relativement basse, et dominée de tous côtés par les sommets des Raten et des Yenni. Les conditions topographiques nous paraissent expliquer la fréquence des fièvres intermittentes à Tâourirt. Quoiqu'il en soit, Tâourirt Tamocrant couronne pittoresquement sa longue colline, au sommet de laquelle s'élève la mosquée avec son minaret.

Les pentes afférentes à l'O-Djemâ donnent beaucoup d'olives ; mais la principale ressource de Taourirt est la fabrication des *achouaou*, au pluriel *ichouaouen*, coiffure des femmes. L'achouaou n'est autre chose qu'une pièce de grosse toile brodée avec du gros fil. Ce qu'il y a de particulier, c'est que ce travail est celui des hommes exclusivement.

Deux autres villages, *Aït Atelli* et *Aït-frah*, reposent sur un contrefort issu du Fort Napoléon. Tous deux sont riches en oliviers, particulièrement Aït-frah dont l'huile a de la réputation. Les gens d'Atelli emploient leur huile à la fabrication du savon.

A quelques centaines de mètres de Taguemmount Haddaden, au centre de la tribu, s'élevait avant notre occupation le village d'*Ichérdouya*. Ce village a disparu ; *Fort Napoléon* l'a remplacé.

Le fort s'élève à 961 mètres au-dessus de la mer. S'il n'était masqué au Levant par Aboudid on l'apercevrait de tous les points de la Kabilie du Jurjura. Chacun sait avec quelle merveilleuse rapidité s'éleva le Fort Napoléon, malgré toutes les difficultés du terrain. Quelques mois suffirent, en pleine Kabilie, pour édifier une enceinte de deux kilomètres et des logements pour trois bataillons avec tous les accessoires que comporte un établissement complet. Sur l'emplacement actuel de la place Randon se tenait autrefois le marché du mercredi, *Soûk el Arba*, nom sous lequel on désigna longtemps le fort. Ce marché se tient maintenant du côté de Taguemmount Haddaden ; son importance est médiocre.

Du col du Fort Napoléon la crête s'élève d'une cinquantaine de mètres jusqu'au village en ruines d'*Imaïseren*, position presque aussi élevée qu'Aboudid. Des hauteurs d'Imaïseren la chaîne se partage en deux branches. L'une se dirige à l'Ouest et n'est pas autre chose que le prolongement de l'arête centrale : ses deux tiers inférieurs appartiennent aux

Irdjen. L'autre se dirige au Nord et appartient aux Akerma. L'*O. Ibahled* coule entre les deux; l'O. bou Aïmeur sépare les Akerma des Oumalou.

A deux kilomètres d'Imaïseren se dresse le petit village d'*Afensou*, d'une altitude à peu près égale : sur ses pentes Nord se partage la chaîne des Akerma. Le chaînon Ouest court parallèlement à celui des Irdjen, couronné par trois villages : *Tir'ilt el hadj Ali*, *Taguemmount Gadefel*, *Ir'il-Guefri*. Ce dernier village est le plus considérable des trois et le plus pittoresquement situé, sur le dernier sommet du chaînon, qui tombe à pentes raides dans la plaine. Ces pentes sont couvertes de nombreux oliviers, en face des Irdjen. Après être tombé brusquement dans la plaine, le chaînon de Ir'il-Guefri semble se continuer par le petit relèvement de *Tala Amara*, sol de figuiers et de céréales. La branche orientale du chaînon d'Afensou ne tarde pas elle-même à se ramifier. D'abord fortement déprimée, elle se relève par la crête d'*Igoûfâf*, village aujourd'hui abandonné depuis qu'une bourasque renversa une partie de ses maisons. D'une part, un petit contrefort porte à son sommet *Baliâs* et sur ses pentes orientales *Igounân*. D'autre part, la chaîne se partage encore, sa pente orientale la plus considérable porte plusieurs villages connus sous le nom collectif de *Tizi Rached*. En bas de Tizi Rached se tient le marché du mardi ou du *tléta*, l'un des plus considérables de la Kabylie. En se dirigeant vers Tala Amara, on rencontre *Tacherahît*, où l'on a confiné les habitants d'Ichéraouïa, et où résidait le marabout Sidi Seddik.

Toutes les collines qui succèdent aux pentes de la montagne jusqu'à l'Oued Sébaou, à partir du Tleta jusqu'à Tala Amara, sont couvertes d'une forêt d'oliviers et surtout de figuiers. Des traces d'occupation romaine se rencontrent à Tala Amara. Deux villages situés sur le prolongement de la chaine centrale des Raten, appartiennent encore à la fraction des Akerma, ce sont: *Aguemmoun* et *Azzouza*, ce dernier considérable et riche en oliviers.

Le reste de la chaîne, avons-nous dit, appartient aux Irdjen. A mesure que celle-ci s'abaisse, elle devient meilleure et plus boisée ; les oliviers toutefois dominent sur les versants du sud-ouest. Sur la crête, on rencontre *Aït Saïd ou Zeggan Tamazirt, Tar'animt.* Sur les versants qui aboutissent à l'O. Aïssi, notons trois centres de population d'une certaine importance, *Aït Hag, Aït Yakoub* et *Aït Halli,* des Irdjen.

Au confluent de l'Aissi et du Sébaou, sur un sol plat, est construit en gourbis, le village de Asikh ou Meddoûr, des Amraoua.

III. — NATURE ET ÉTAT DU SOL.

Les grands soulèvements du sol, en Kabilie, se présentent généralement sous la forme d'arêtes allongées, étroites, à crête saillante et rocheuse. Rarement on rencontre des sommets ballonnés, si ce n'est au point de décussation des chaînons, ainsi Aboudîd, *le pieu,* et le Sebt des Yahya.

Les pentes sont très raides. La crête du chaînon des Raten qui compte 1,000 mètres à sa partie moyenne, est éloignée de six kilomètres seulement du Sébaou, qui coule à une altitude de 140 à 120 mètres. Pour les vallées secondaires et les ravins, les pentes sont beaucoup plus raides, mais nous manquons de chiffres pour les traduire.

Une inclinaison pareille et la violence du régime des eaux ne comportent pas une couche épaisse de terre végétale. Dans toute la Kabilie du Jurjura, abstraction faite de la vallée de Ber'ni à Drâ-el-Mizân, on ne rencontre l'humus en couches d'une certaine puissance que sur les rives du Sébaou moyen, bordées de collines d'une grande fertilité. Un fait curieux à signaler et qui prouve la haute antiquité des centres de population, c'est que ces villages kabiles, presque tous bâtis sur la roche, sont immédiatement entourés d'une zone épaisse de terre végétale, grasse et noire, comme de la terre de bruyère : c'est le produit des immondices et des déjections de toute sorte accumulées depuis des siècles.

Tous les émergements rocheux sur lesquels sont construits les villages appartiennent aux formations primitives.

Chez les Raten, on rencontre particulièrement des micachistes donnant, aux abords du Fort-Napoléon, des amas considérables de lamelles qui atteignent parfois la largeur de la main.

Tout près du fort, sur les pentes du mamelon de Refià sont des roches calcaires d'une grande puissance pouvant être travaillées pour les constructions sous forme d'un marbre blanc à grains assez gros, dont les fragments sont employés pour la fabrication de la chaux.

Le plâtre employé pour la construction du Fort, était apporté des environs de Soûmeur, le pays de Lalla-Fathma.

Sur les pentes du Taskenfout nous avons trouvé une roche très pesante, qui pourrait contenir de la baryte.

La fabrication des tuiles, générale dans toutes les tribus, et celle de la poterie qui ne l'est guère moins, mais spécialement exploitée avec plus de perfection dans certains cantons, attestent la présence généralement répandue de l'argile.

IV. — HYDROLOGIE.

Les sources sont abondantes en Kabilie. Il en existe de petites à la naissance de tous les grands ravins. C'est dans les petits ravins, à une altitude moindre, que jaillissent les plus puissantes.

Les saisons exercent une influence très marquée sur le régime des eaux. En hiver, la plupart des ravins se transforment en torrents. En été, les rivières ne donnent plus qu'un mince filet d'eau. Dans la gorge où coule le Sébaou, grossi de l'Oued Aïssi l'on ne rencontre plus en été qu'une nappe d'eau de quelques mètres de largeur et que l'on traverse en ayant de l'eau quelque peu plus haut que la cheville.

En été, quelques sources seulement débordent de leur bassin.

Le long des cours d'eau, sont construits de nombreux moulins. Beaucoup de canaux d'irrigation sont détachés des cours d'eau pour l'arrosement.

Toutes les fontaines d'une certaine puissance sont entourées de plantations, particulièrement de courges et de poivrons.

La position des villages est une condition défavorable pour l'approvisionnement d'eau.

Quelques fontaines à mi-côte, malgré l'abondance de leurs eaux, ne peuvent être exploitées que pour l'arrosement des jardins.

L'année 1858 fut d'une sécheresse notable. Fort-Napoléon dût ménager ses eaux quelque peu insuffisantes. Nous nous rappelons que les femmes d'Aït-Frah, village d'une population de mille habitants, étaient forcées d'employer une partie de la nuit à la fontaine, tandis qu'il suffit ordinairement de quelques heures de l'après-midi pour compléter l'approvisionnement.

Généralement, un travail de maçonnerie est pratiqué pour contenir les eaux des sources.

Quand leur éloignement ne permet de les employer que pour l'irrigation des jardins, ce travail est en maçonnerie sèche. Quand le village vient s'y approvisionner, la source est recouverte d'une construction solide à la chaux, toujours pittoresque et souvent élégante. Telle est la forme la plus ordinaire de ces constructions. Les terres sont soutenues par une muraille de deux à trois mètres de longueur sur une hauteur un peu moindre, et d'une épaisseur d'un demi-mètre. Contre cette muraille, s'élève un massif de maçonnerie d'une hauteur et d'une largeur légèrement inférieures saillant d'un mètre ou plus et se terminant supérieurement en voûte. Dans ce massif, sont percées deux ouvertures d'une hauteur qui permet d'entrer sans se courber pour puiser. Dans le fond règne, de part en part, un bassin sur lequel n'empiète pas la portion de maçonnerie percée d'une arcade comprise entre les deux ouvertures. La plupart de ces bassins contiennent près d'un demi, d'un quart de mètre cube d'eau. Tel est donc l'aspect sous lequel se présentent ces fontaines vues de face : deux U renversés, et accolés, inscrits dans un plus grand, lequel est lui-même inscrit dans un carré. Ces constructions bien entretenues, d'une blancheur éclatante, ombragées par de grands arbres, avoisinées de pentes raides, nues ou semées de frênes, sont en outre pittoresquement encadrées et d'un très bel effet.

Quelquefois la construction diffère par la nature et la forme de son couronnement. Au lieu d'une voûte simplement, il existe un toit et alors les proportions sont plus fortes. Chez quelques-unes de ces fontaines, le toit se prolonge en avant, supporté par des poutres. Bien souvent le long du bassin et en avant, une poutre creusée permet d'y verser un peu d'eau au moyen d'une grosse et massive cuiller qui reste là à demeure et au service des passants.

Parfois des fontaines sont exclusivement réservées aux femmes pour l'approvisionnement de l'eau et cela par mesure de jalousie.

C'est habituellement vers trois heures de l'après-midi que les femmes vont à la fontaine faire la provision d'eau.

V. — MÉTÉOROLOGIE.

Les conditions topographiques de la Kabilie l'ont dotée d'un climat exceptionnel en Algérie. Le Jurjura l'enceint au sud, élevant à plus de deux mille mètres sa cime rocheuse. Au nord une chaîne moins élevée court parallèlement à la mer. Le massif intermédiaire atteint souvent une hauteur de mille mètres. Ajoutons à cela des émergements rocheux très fréquents, des pentes raides et couvertes d'une végétation ligneuse abondante, et nous concevrons que la Kabilie doit avoir des hivers froids et humides.

L'automne de 1857 fut heureusement très doux. Les fortes pluies ne commencèrent que vers la mi-novembre, se continuant trois ou quatre jours, puis récidivant après quelques jours d'intervalle. Au lieu de pluie, c'était parfois des brouillards épais. La neige commença vers la mi-janvier et se maintînt pendant une quinzaine de jours à la hauteur extrême d'environ six décimètres. Quelques jours encore, la neige tomba, dans le courant de février. Cet hiver nous fut donné comme très doux par les Raten.

La cîme du Jurjura se couronne ordinairement de neige dans le commencement de novembre. Il est rare que celle-ci ne fonde complètement pendant le cours du mois de mai. C'est en automne que commencent les brouillards, pour se prolonger pendant l'hiver et le printemps. La petite chaîne qui longe la Méditerranée en est le plus fréquemment couverte.

Leur masse va rejoindre les nuages qui couronnent les cimes du Jurjura, tandis que, des hauteurs voisines de Tizi-Ouzzou, s'en détache une colonne qui envahit plus ou moins rapidement le massif des Raten.

Les brouillards sont froids et épais et se résolvent en une pluie fine et serrée. On sait que les brouillards sont un accident commun dans tous les massifs montueux de l'Algérie, et que souvent la marche de nos troupes en a été arrêtée.

Les pluies sont également en Kabilie ce qu'elles sont par toute l'Algérie, c'est-à-dire qu'elles sont torrentielles, qu'elles durent trois ou quatre jours lors de leur saison, et qu'elles sont séparées par de plus longs intervalles de beau temps. Des ravinements en sont la suite ordinaire. Leur régime a dû nécessairement dicter certaines conditions de culture et d'habitation. Les semis aventurés sur des pentes par trop raides en sont fréquemment les victimes. Si elle n'était plantée au pied d'un arbre, la vigne en serait fréquemment déracinée. C'est encore pour se protéger contre les pluies tout aussi bien que contre les surprises de l'ennemi que les villages sont perchés sur les crêtes : abondantes en automne, moindres en hiver et au printemps, les pluies sont très rares en été.

La température n'atteint pas, dans la saison chaude, la hauteur habituelle dans la plaine. Nous avons vu rarement le thermomètre monter à 35 degrés. Il y a près d'un mois de différence entre la plaine et la montagne pour l'époque des récoltes : les pentes moyennes oscillent entre ces deux extrêmes.

L'air est toujours rafraîchi par la brise de mer, et le sol n'est jamais dénudé. En somme, la chaleur estivale, en Kabilie, est tempérée.

Notons cependant une grande différence entre la montagne et les petites plaines, comme celle du Sébaou, de Drâ-el-Mizân.

Tizi-Ouzzou, bien qu'enclavé dans la Kabilie, jouit d'une température qui rappelle celle des pays à tentes.

Le sirocco se fait peu sentir. Parfois les vents, qui ont un accès à l'ouest, sont très violents. Nous nous rappelons encore la nuit qui précéda l'audacieuse ascension chez les Mâtka, sous le commandement du général Pélissier, le 1er novembre 1851. Nombre de tentes furent renversées ou déchirées, puis les nuages amoncelés se crevèrent et transformèrent soudain en un torrent infranchissable le ravin à sec de la veille. Cette tempête fut à peu près générale par toute l'Algérie.

Une tempête pareille se déclara dans la nuit du 17 au 18 novembre 1858. Plusieurs constructions eurent leur toit enlevé. Déjà dans le courant de l'année, le même fait s'était présenté mais avec moins d'intensité.

Si nos souvenirs ne nous trompent pas, l'éclair brille fréquemment en Kabilie, mais il tonne beaucoup plus rarement.

Le nombre des orages nous paraît être de quinze à vingt dans l'année. Nous avons éprouvé deux secousses de tremblement de terre, la plus forte le 1er octobre 1858.

C'était entre une heure et demie et deux heures de l'après-midi; nous nous sentîmes d'abord assez fortement balancé sur notre chaise, puis après un instant de calme, se manifestèrent deux nouvelles secousses moins intenses.

En Kabilie, comme du reste dans toute l'Algérie, l'air a beaucoup plus de transparence qu'en Europe. Quand du haut d'Aboudid on jette un regard sur le Jurjura, on pourrait en compter tous les ravins.

Notons encore une différence, c'est que la transition entre le jour et la nuit est beaucoup plus brusque qu'en France, et ce fait n'est peut-être pas sans influence dans l'étiologie des ophthalmies. Les marais n'existent pas à proprement parler dans la Kabilie du Jurjura, et c'est une condition que nous rappellerons en parlant de l'étiologie de la fièvre intermittente. Les terrains bas de Sikh ou Meddoûr ne sont qu'une minime exception à la règle générale.

VI. — PRODUITS DU SOL.

De la description topographique de la Kabilie on peut pressentir quels sont actuellement les produits de ce sol ingrat, habité depuis des milliers d'années.

A part les vallées de Drâ-el-Mizân et du Sébaou, toute cette contrée est coupée par des soulèvements aux pentes abruptes, aux crêtes rocheuses. Sur un tel sol, la végétation ligneuse, solidement fixée au sol, pouvait seule avoir des chances de prospérité. Depuis longtemps aussi on a dit que la Kabilie n'était qu'une immense forêt, et qu'on pouvait la traverser constamment à l'ombre. La part faite de l'exagération, cela est encore vrai de nos jours. Peu de pays sont aussi boisés que la Kabilie. Les habitants ont compris que c'était par la culture des arbres qu'un sol pareil pouvait être exploité.

Nous allons énumérer d'abord les produits spontanés avant de parler de ceux qui doivent au travail de l'homme leur existence et leur prospérité.

1° VÉGÉTATION LIGNEUSE SPONTANÉE. — Le *chêne* est dans la catégorie en question, l'essence la plus répandue. Il en est de plusieurs espèces.

Le *chêne vert*, *kerroûch*, ainsi qu'en d'autres cantons de l'Algérie, revêt un grand nombre de croupes des montagnes.

Le *chêne liège*, *iggui*, pousse par tous les longs ravins envahis par la broussaille. Les pentes qui de Cherrita descendent vers les Yenni en contiennent qui sont exploités déjà depuis l'occupation du Fort-Napoléon.

Le *chêne à gland doux*, *belloûth*, est plus répandu ; on le rencontre dans tous les sols rocailleux où l'on ne pourrait le remplacer avantageusement. Son abondance, qui a dû décroître progressivement à mesure que le travail séculaire de l'homme transformait la surface du sol, son abondance est l'indice de la pauvreté de la tribu Le gland doux est la ressource des tribus pauvres : il entre pour un tiers dans leur consommation alimentaire. On le fait sécher, on le moud et on en mêle la farine à celle de l'orge pour faire un couscous d'une qualité très inférieure que les consommateurs accusent d'être lourd et indigeste.

Le *cèdre*, *iguenguen*, tapisse les pentes rocheuses qui de la cîme du Jurjura, descendent aux Zouaoua, mais il ne paraît pas aussi abondant ni d'une aussi belle venue que ceux qui revêtent les montagnes moins arides de Teniet el Had et de Batna.

L'*orme*, dont le nom kabile, *oulmou*, rappelle de bien près l'*ulmus* des Latins, l'orme croît partout, mais surtout dans les ravins. On en rencentre de beaux échantillons, c'est l'un des supports de la vigne.

L'*aulne*, *âcerçîf*, est aussi commun que l'orme ; il habite de préférence les ravins humides.

Le *micocoulier*, *ibiquès*, n'est pas plus rare que les deux essences précédentes. Il atteint souvent de fortes proportions et n'a pas non plus d'autre usage que de supporter la vigne.

Telle est encore l'unique fonction du *cerisier*, *ardrîm*, que l'on rencontre assez abondamment, mais rarement avec de fortes proportions, et dont les fruits sont abandonnés aux oiseaux.

Le *tremble* n'est pas très répandu.

Le *peuplier* se rencontre en assez grande quantité dans le lit de l'Oued-Aïssi, au-dessous des Irdjen. Il en est deux variétés.

Le *pin*, *azoumbey*, rare dans la Kabilie du Jurjura, l'est beaucoup moins dans la vallée du Sahel.

Je n'ai rencontré qu'un seul *érable*, *michmich*, en avant de Tablabalt.

Le *lentisque*, *tidekt*, est beaucoup moins commun en Kabilie que dans le pays arabe. On y rencontre encore plus rarement le *pistachier*, *tismélelt*.

2° ARBRISSEAUX.—Le *sureau*, *khilouân* en certaines localités et *arouoûri* dans d'autres, croît abondamment dans les haies de clôtures, qu'il peut constituer exclusivement. Il atteint d'assez fortes dimensions.

L'*aubépine*, *idhmîm*, au lieu de former des haies comme en France, pousse isolément et atteint parfois les proportions d'un arbre. Sur beaucoup de sujets, on rencontre au printemps les fleurs de l'année avec les fruits d'antan.

Le *prunellier*, *berqoûq bououchchen*, c'est-à-dire prunier de chacal, ne se rencontre guère que dans les haies, et peu fréquemment.

C'est encore dans les haies qu'on rencontre l'*églantier*, *tâfart*, le *chèvre-feuille*, *anâref*, la *salseparcille*, *iskirchi*, les *clématites*, *touzzint* et *azenzou*, la *ronce*, *anejjil*. La salsepareille est particulièrement abondante chez les Irdjen, non loin du Souk-el-Had, le long de la route. On nous a affirmé qu'elle était parfois exploitée. Le *lyciet*, *aoudjes*, garnit aussi les haies.

Citons encore parmi les arbrisseaux : le *laurier-rose*, *ilili* ; le petit *jujubier*, *azouggar'*, que l'on ne rencontre guère qu'à une altitude inférieure à sept cents mètres et dans un sol rocheux ; le *tamarisc*, *âmemmay*, qui aime les positions basses et humides ; la *bruyère*, *akhlendj*, qui se plaît particulièrement sur les côteaux graveleux; le *genêt épineux*, *ouzzou*; le *lierre*, *adâfâl* ; le *cytise*, *ilouggui* ; le *jasmin* ; l'*anagyris*, *oufni*, commune chez les Irdjen et aux environs de Tâla-Amara, etc. Nous terminerons par l'*arbousier*, *sisnou*, qui repose agréablement la vue par le mélange de ses fleurs et de ses fruits ; et par le *garou* qui porte le même nom que chez les Arabes, *lezzâz*.

3° Essences cultivées.—Le *figuier*, *tanqolets*, nous a paru l'arbre le plus répandu, l'olivier seul pourrait lui disputer le pas. C'est la providence de la Kabilie, tous les terrains lui conviennent à peu près ; il ne redoute aucune altitude habitée, sa pousse est rapide et la main qui l'a planté recueille bientôt ses fruits. Pendant l'expédition de 1857, on mutila bon nombre de figuiers à Cherrita, c'est à peine si l'on s'en aperçoit aujourd'hui. Des rejetons abondants et bien nourris ont déjà remplacé les troncs démolis. Toutes les tribus, même les plus pauvres, ont des figuiers.

La *caprification* scrupuleusement pratiquée par les Kabiles, assure l'abondance et la qualité du fruit. Nous décrirons la manière dont elle est pratiquée en Kabilie.

Parmi les figuiers, il en existe une espèce à laquelle on a donné le nom de mâles, *dokkâr*, en raison de ses fonctions et à l'instar des palmiers.

Le *dokkâr* a souvent un port tout particulier qui permet de le reconnaître à première vue. Ses feuilles sont plus finement découpées que celles du figuier femelle, ses rameaux sont plus déliés. C'est à tort que l'on a donné au dokkâr le nom de *figuier sauvage*. Il se trouve dans les plantations sur le même pied que le figuier femelle, objet des mêmes soins, seulement en plus petit nombre. L'un et l'autre se propagent de la même manière. Une longue expérience a dû faire connaître depuis bien longtemps aux Kabiles, le nombre nécessaire de figuiers mâles pour féconder un nombre donné de figuiers femelles. D'après mes observations, sur une centaine de figuiers femelles on ne compterait guère qu'un figuier mâle.

Le figuier mâle produit une quantité prodigieuse de fruits; il est rare qu'ils soient tous employés, à moins que la qualité supérieure de l'arbre, constante ou accidentelle, n'ait été reconnue par l'expérience. On m'a fait voir de ces figuiers, sur lesquels on avait de la peine à glaner quelques fruits. S'il en est de bons, il en est aussi de mauvais, et nous dirons tout à l'heure pourquoi; c'est là, sans aucun doute, une des raisons pour lesquelles certains propriétaires de figuiers doivent acheter des *dokkârs*. Le mercredi 30 juin, j'en vis pour la première fois en vente sur le marché indigène de Fort-Napoléon; la douzaine valait deux sous. Au marché suivant, 7 juillet, ils étaient un peu moins chers; on en donnait huit pour un sou. Nous citerons encore une autre raison pour laquelle on peut être dans l'obligation d'acheter des *dokkârs*, bien que l'on en ait sur pied. En raison de leur exposition, les figuiers mâles ou femelles peuvent avancer ou reculer l'époque de leur maturité; pour que l'un féconde l'autre, il faut à chacun d'eux de certaines conditions. A une hauteur de mille mètres, avec des pentes aussi abruptes que celles de la Kabilie, il n'est pas indifférent qu'un figuier soit planté sur les versants nord ou sur les versants sud. Chez un même propriétaire, tel figuier femelle peut être nubile, et ses figuiers mâles n'être pas encore aptes à la fécondation.

Ajoutons enfin que beaucoup de villages, perchés sur les crêtes, ont des propriétés dans la plaine.

C'est généralement au mois de juin que les figues mâles ont atteint le développement que comporte leur emploi. Leur volume est celui d'un petit œuf de poule, c'est-à-dire qu'elles mesurent environ 45 millimètres en largeur et 55 en hauteur. Le développement est plus précoce dans la plaine que dans la montagne, de telle sorte que la fécondation, commencée dans la plaine au commencement de juin, ne s'achève dans la montagne qu'à la mi-juillet. En même temps, les figues se ramollissent et leur ombilic devient perméable, il en sort des moucherons. On en fait donc la cueillette au fur et à mesure des besoins et de la maturité, et on procède à la fécondation de la manière suivante. On les réunit par groupes de quatre ou cinq, et même de dix en les enfilant au moyen d'un brin d'herbe que l'on fixe par un nœud. Dans cette anse, on passe un fil qui sert à suspendre le groupe de dokkârs à un pétiole, à une branche, à une figue même, en différents endroits du figuier femelle, et en nombre tel, que sur un arbre de belle taille il s'en trouve environ une cinquantaine. Les dokkârs restent ainsi suspendus indéfiniment; au bout de quelques jours, ils se flétrissent, puis se dessèchent. Après la cueillette des figues femelles, quand l'arbre est dépouillé de ses feuilles, on retrouve toujours les dokkârs, tous ratatinés, au grand étonnement de quiconque les voit sans connaître leur fonction.

Quel est le but de cette suspension, quels en sont les avantages et les résultats ? Voici ce que les Kabiles ont appris par une longue expérience. Les figuiers femelles qui ne sont pas fécondés, portent bien des fruits, mais en petite quantité, mais d'un moindre volume, mais moins susceptibles de conservation. Beaucoup de ces fruits, dès qu'ils approchent du volume d'une noix, jaunissent, se flétrissent et tombent. La suspension des dokkârs sur un figuier femelle, ou, ce qui revient au même, la présence d'un figuier mâle au milieu d'une plantation, a pour résultat d'empêcher cette chute et ce dépérissement.

Les figues femelles se maintiennent beaucoup plus sûrement, en beaucoup plus grand nombre, jusqu'à la maturité ;

elles prennent plus de développement, sont d'une qualité meilleure, et sont plus susceptibles d'être conservées.

Maintenant, comment cela s'opère-t-il ? Voici l'explication donnée par les Kabiles.

La figue mâle, parvenue au degré de développement que comporte son emploi pour la fécondation, renferme des insectes ailés qui sont les agents de cette fécondation. Ces volatiles portent le nom de *tîzît*, ce qui en langage berbère signifie moucheron ou petite mouche, et n'est, en définitive, que le diminutif du mot *îzi*, mouche. On le désigne encore par l'expression arabe de *nâmoûs*, qui signifie moucheron, cousin, moustique. Les dokkârs suspendus, les moucherons en sortent par leur ouverture ombilicale, se répandent sur les figues femelles, y entrent par leur ombilique, s'y enfoncent plus ou moins profondément, y séjournent un temps plus ou moins long, jusqu'à ce qu'ils y périssent; et c'est leur séjour dans les figues femelles, c'est le travail intime qu'ils opèrent, l'influence mystérieuse qu'ils apportent, qui déterminent la différence entre une figue fécondée et une qui ne l'est pas.

Mais, de ces moucherons, il y a deux sortes : l'un est noir et petit, l'autre jaune et à longue queue. Le moucheron noir est le principal, sinon l'unique agent du travail fécondant ; le moucheron jaune ne fait rien ou peu de chose, disent les indigènes : il ne peut pénétrer assez profondément dans la figue pour y cacher sa longue queue, de sorte que les fourmis qui rôdent sur les figuiers, rencontrant cette queue, en profitent pour tirer au dehors ces moucherons, qui deviennent leur butin. Le travail des moucherons jaunes est tout au moins incomplet.

Les noirs et les jaunes se trouvant en proportion variables, la prédominance des jaunes, dans certains dokkârs, en fait rejeter l'emploi. Près du village de Taguemmount-u-Iladdâden est un dokkâr que je visitai au mois de juillet ; la terre était jonchée de figues mâles et le figuier se trouvait encore couvert de fruits déjà flétris. Je demandai pourquoi ce dokkâr était ainsi négligé. On me répondit que ses fruits ne valaient rien, qu'il ne contenaient que des moucherons jaunes. Non loin de là, on m'en fit voir un autre sur lequel je pus à peine rencontrer encore quelques figues : l'expérience avait appris qu'elles étaient excellentes, on les avait toutes utilisées.

Pour les figues femelles, il est un moment où elles subissent le plus avantageusement l'influence salutaire des dokkârs, c'est le moment où elles ont acquis ou dépassé le volume d'un gland. Cette époque, tout comme chez les dokkârs, est subordonnée à des conditions d'altitude et d'exposition.

Il est enfin des signes auxquels on reconnaît que les figues femelles ont subi l'influence des mâles : les écailles, jusqu'alors aplaties, se relèvent, on aperçoit au milieu d'elles des taches noires dues à la présence des moucherons, dont on voit déborder les ailes ; un bourrelet se dessine tout autour de l'ombilic, en même temps la figue semble saisie d'une surexcitation nutritive ; les figues marquées à ce cachet ne tomberont plus.

La caprification fut connue dès les temps anciens et nous la trouvons mentionnée par les naturalistes de tous les âges.

Voici ce qu'en dit Aristote dans son livre V de l'histoire des animaux :

« Le caprifiguier engendre des moucherons. D'abord, un vermisseau s'engendre dans les figues, puis, l'enveloppe rompue, il s'en échappe un moucheron qui, changeant d'habitation, se porte sur les figues non mûres, pénètre dans leur cavité et les empêche de tomber. C'est pour cela que les cultivateurs ont l'habitude de suspendre les fruits du caprifiguier sur le figuier, et de planter celui-ci près de celui-là. »

Pline est beaucoup plus explicite. Nous lisons au livre XV :

« Quoi de plus merveilleux que la précocité de ce fruit qui, seul entre tous les autres, est porté rapidement à la maturité sans autre secours que celui de la nature? On nomme caprifiguier un figuier sauvage qui n'arrive jamais à maturité, mais qui donne aux autres ce qu'il n'a pas lui-même, car la nature transforme à son gré la force productive, et la putréfaction même engendre quelquefois des êtres.

« Ainsi, le figuier sauvage produit des moucherons qui, n'ayant point de nourriture dans l'arbre natal lorsqu'il se pourrit, se jettent sur le figuier domestique, et, par d'avides et fréquentes morsures, ouvrent le fruit, pénètrent dans son intérieur et introduisent avec eux la chaleur du soleil et l'air qui fait mûrir la figue. C'est pourquoi, dans les plantations de figuiers, on place un figuier sauvage devant les autres dans la direction du vent, afin que son haleine porte sur les plantations le vol des insectes. On a même découvert un procédé consistant à apporter et à jeter sur le figuier domestique des moucherons groupés ensemble. »

L'Orient a pratiqué et pratique encore la caprification. Nous trouvons cette coutume relatée par un auteur de matière médicale, Dâoud el Antaki, qui vivait il y a trois siècles environ, auteur qui ne le cède pas au classique Ebn Beithâr, et qui a sa place dans la Bibliothèque orientale de d'Herbelot. Nous lisons à l'article *tîn*, figuier :

« Il en est une espèce mâle qui donne de gros fruits que l'on suspend avec des fils et qu'on attache sur sa femelle. Il en sort des volatiles pareils à des moucherons qui envahissent la femelle, se fixent dans ses fruits et y exercent une influence salutaire, analogue à celle de la fleur mâle du palmier. Ces fruits n'ont pas d'autre emploi que celui dont nous venons de parler. »

Tournefort a parlé de la caprification dans son voyage en Orient : il dit qu'un figuier caprifié donne 180 livres de figues contre 25 que donnent les autres.

L'utilité de la caprification semblerait assez bien établie par une expérience de plus de vingt siècles : on l'a cependant contestée. Pour notre part, nous la croyons aussi utile, aussi rationnelle et plus nécessaire que celle des palmiers. Nous allons dire pourquoi.

Les figuiers, comme les palmiers, ont les sexes séparés. Il faut donc que le pollen soit transporté d'un arbre à l'autre ; mais ce transport est beaucoup plus difficile chez les figuiers que chez les palmiers. Les fleurs mâles sont enfermées dans une cavité ; cette cavité est divisée en deux portions d'inégale capacité. En haut, dans le tiers ou le quart supérieur, sont les étamines ; plus bas sont des organes floraux dont les coques, au lieu de graines, portent les insectes dont nous avons parlé. Ces insectes acquièrent leur développement complet à l'époque de la maturité du pollen. Mais ce pollen est enfermé : les vents ne peuvent l'emporter, comme ils le font pour le palmier. Eh bien, ce sont les moucherons qui vont s'en charger, ce n'est qu'en traversant les étamines, ce n'est que tout chargés de pollen qu'ils peuvent s'échapper de la figue mâle, et, une fois sortis, leur instinct les emporte sur les figues femelles où ils déposent la poussière fécondante. Pour féconder les palmiers, on secoue un régime de fleurs mâles sur les femelles ; pour féconder les figuiers, on cueille des fleurs mâles et on les suspend sur les femelles : la présence d'un figuier mâle au milieu de figuiers femelles dispense de la suspension des dokkârs ; la caprification se fait toute seule.

— *Des fruits du caprifiguier et de leurs moucherons.* — *Comment ces derniers se perpétuent.* — C'est au mois de mars, alors que les branches sont encore dénuées de feuilles, qu'apparaissent les fruits du dokkar qui doivent servir à la caprification. Pendant les mois d'avril et de mai, ils continuent à se développer jusqu'à ce qu'ils atteignent le volume d'une noix ou même un volume supérieur. Si on les ouvre au commencement de cette période, on trouve une grande cavité dont les parois sont tapissées de villosités pressées les unes contre les autres et qui ne sont autre chose que des fleurs à l'état rudimentaire. Peu à peu cette cavité se rétrécit. Les fleurs prennent de l'accroissement, leurs pédicules s'allongent, et l'on distingue à leur sommet un globule rempli d'un liquide transparent. Ce globule tient la place d'un ovaire ou plutôt c'est un ovaire appelé à remplir d'autres fonctions. Quant aux organes mâles, logés supérieurement, ils sont encore tellement rudimentaires que nous ne ferons actuellement que les mentionner. Petit à petit, le liquide contenu dans les globules s'épaissit et perd sa transparence. Quelques jours encore et l'on peut y distinguer une pulpe organisée qui ne tarde pas à se présenter sous la forme d'un ver. De petits points noirs apparaissent de chaque côté de l'une de ses extrémités, puis des stries noires et transversales, puis enfin se dessine un moucheron. Dès lors la cavité de la figue est entièrement remplie. Pédicules et coques ont grandi et sont pressés les uns contre les autres. En même temps la figue prend extérieurement une teinte jaunâtre et se ramollit. Elle touche à sa maturité, mais au lieu de graines, les ovaires enfanteront un cynips.

Le fruit du dokkar est donc en réalité hermaphrodite ; les deux sexes sont représentés dans sa cavité : supérieurement sont les étamines, inférieurement les ovaires. Ceux-ci, entourés à leur base de cinq languettes calicinales, sont surmontés d'un style. Mais le pollen des étamines n'est pas à leur destination. Un insecte y a déposé son œuf ; un insecte au lieu d'une graine doit en sortir ; l'ovaire est devenu matrice.

Si l'on ouvre alors une figue, on voit toutes les coques accuser par leur teinte noirâtre la présence d'un moucheron prêt à les percer et à s'envoler. Sur l'une des faces une ouverture se fait par laquelle s'engage le cynips pour sortir de sa prison, parcourir la cavité de la figue et s'échapper par son ouverture ombilicale (1).

Mais comment, dans quelles conditions, pour quelle destination va-t-il abandonner le dokkar ?

Au moment où le cynips atteint les dernières limites de sa vie intrà-utérine et qu'il est prêt à s'échapper, les anthères sont chargées d'une poussière seminale abondante : le pollen est en pleine maturité. En même temps les écailles qui bordent l'ouverture de la figue se sont écartées, un large pertuis s'est fait par où les moucherons peuvent s'échapper. Mais ils ne peuvent le faire qu'en traversant la poussière abondante du pollen, qu'en s'en chargeant le corps et les ailes. C'est, tout chargés de pollen, que l'instinct dirige leur vol vers un autre figuier dont autrement les fruits en seraient privés. Cette entrée n'est pas aussi facile que la sortie, elle se fait cependant et si l'on ouvre alors les figues, on rencontre dans leur intérieur une dixaine de moucherons : quelques-uns se trouvent aussi empêtrés dans les écailles ombilicales qui bordent l'entrée du fruit.

A l'heure où le pollen a pénétré dans la figue avec le cynips, elle subit un surcroît de nutrition ; un bourrelet en circonscrit l'ouverture, qui est en quelque sorte le sceau de la caprification. L'influence salutaire exercée par le cynips sur la figue comestible, influence qui s'abrite derrière une expérience de vingt siècles, ne saurait s'expliquer que par la présence du pollen dont le cynips est le véhicule.

Que devient le dokkar suspendu en chapelets une fois que ses habitants l'ont abandonné ? Il se flétrit, se dessèche et pendant l'hiver, plus tard même, on le rencontre sur les arbres au grand étonnement de qui méconnaît ses fonctions.

Mais comment se perpétue d'année en année la race des

---

(1) Nous avons dit ailleurs qu'il y avait deux cynips, un noir et un jaune. Le dernier nous ayant paru complètement étranger à la propagation de l'espèce, uous n'avons pas à nous en occuper ici.

moucherons? Tel est le résultat de nos observations faites pendant l'automne de 1858 en Kabylie.

Une fois les dokkars d'été parvenus à maturité, c'est à dire vers le mois de juillet, il en pousse d'autres, non plus au-dessous, mais dans l'aisselle des feuilles. Quand ces nouveaux dokkars, ou dokkars d'automne, ont acquis le volume d'une aveline, on y trouve une cavité dont les parois sont tapissées de fleurs à l'état rudimentaire. A mesure que les fleurs se développent, la cavité se rétrécit d'autant. Alors on rencontre dans cette cavité une demi-douzaine environ de petits vers. Les moucherons des anciens dokkars ne sont pas tous partis vers les autres figuiers, quelques-uns ont pénétré dans les fruits nouvellement poussés à leur côté et y ont déposé leurs œufs. Peu à peu la nouvelle figue grossit, et au lieu de vers elle contient des moucherons. Tant que ces moucherons se rencontent dans la figue, sa cavité se maintient. Un moment vient où les moucherons ne se rencontrent plus dans la cavité, mais aux abords du pertuis ombilical, où bien engagés dans ses écailles, comme s'ils voulaient en sortir. Les moucherons ont pondu. Les fleurs grandissent et bientôt on rencontre dans leurs ovaires des embryons tout comme au printemps. Ces embryons peuvent quelquefois, si la saison le permet, arriver à l'état de moucherons susceptibles d'être dégagés de leurs coques et de prendre leur vol. Mais ces cas sont rares : ce sont seulement les fruits hâtifs et favorisés par une heureuse température qui sont témoins de ces évolutions complètes : l'immense majorité reste à l'état d'imprégnation pendant toute la durée de l'hiver. Les évolutions de leurs habitants subissent un temps d'arrêt.

Là s'arrêtaient nos observations premières. Nous les avons reprises dès le commencement de cette année et voici ce qu'elles nous ont appris.

Avec le mois de mars, la vie se réveille dans les dokkars d'automne que nous avons laissés imprégnés, et l'on peut dès-lors observer chez leurs embryons les développements ultérieurs que nous avons observés chez les dokkars d'été.

Pendant ce mois les dokkars mûrissent, et les larves deviennent moucherons. Si l'on ouvre une figue, les coques noires et gonflées accusent la présence d'un insecte prêt à rompre son enveloppe. Chose curieuse, le complément de développement de l'insecte peut se faire alors même que le fruit est enlevé de l'arbre et privé de vie. Des dokkars que nous avons laissés ouverts sur notre table ne donnaient rien dès les premiers jours, puis se couvraient de moucherons noirs et jaunes, dont la sortie se prolongeait pendant une huitaine de jours.

Aux approches d'avril, les moucherons sont prêts à sortir, les dokkars ayant atteint leur maturité. Cette maturité se trahit encore par la mollesse et une teinte jaune. Comme en été, l'ombilic s'entr'ouvre pour laisser passer les prisonniers, avec cette différence toutefois qu'il n'y a pas de pollen, les anthères restant avortées. A quoi du reste eut servi le pollen ?

C'est au commencement d'avril que les moucherons prennent leur vol. Une fois envolés, le dokkar qui les portait depuis l'automne, réduit à l'état de cité déserte, ne tarde pas à se flétrir et à tomber.

Que deviennent les cynips? Cette fois ils ne quittent plus le caprifiguier. De nouveaux dokkars ont poussé vers le commencement du mois de mars. Vers la fin du mois ils ont acquis le volume d'une noix ou plus encore. Si on les ouvre, alors dans leur cavité se voit une demi-douzaine environ de cynips. D'où viennent ces cynips? Assurément des dokkars d'automne. Que font-ils? Ils parcourent les fleurs inférieures et dans chacun de leurs ovaires déposent un œuf et cet œuf deviendra le cynips agent de la caprification, par le transport du pollen, dans le courant de juin.

Ajoutons encore un fait curieux. Les nouveaux dokkars, au moment où les anciens se dépeuplent, ont généralement l'ombilic entr'ouvert pour faciliter leur entrée aux volatiles émigrés qui viennent les imprégner.

En résumé, le caprifiguier donne deux portées par an. L'une commence en mars et mûrit en juin, l'autre commence en automne et mûrit au printemps de l'année suivante. A chaque époque de maturité correspond une éruption de cynips. De ces deux éruptions l'une sert à la caprification et à la propagation de la race, l'autre n'a que le dernier de ces deux rôles.

L'*olivier* est la richesse de la Kabilie. L'olivier se complaît dans les bons terrains, cependant on le voit prospérer sur des pentes maigres, mais bien exposées, et ne dépassant pas une hauteur de sept à huit cents mètres.

Ses proportions égalent, sinon en hauteur, du moins en étendue, celles des plus beaux arbres de nos forêts. On est saisi d'admiration quand on considère ces troncs énormes couverts de rameaux toujours vigoureux. Il n'est pas rare de rencontrer des troncs ayant, à fleur de terre, deux ou trois mètres de diamètre : ainsi au Tlêta des Raten, chez les Bou-Chaïb, etc., bon nombre de ces arbres doivent exister depuis un millier d'années. L'olivier croît lentement et se conserve indéfiniment. Nous en avons trouvé d'évidés au point qu'un cavalier pouvait passer au travers et qui ne se couronnent pas moins de feuilles et de fruits.

Dans nos guerres en Kabilie, quand on était réduit aux voies de destruction, ce n'était qu'à la dernière extrémité qu'on s'attaquait aux oliviers : les Kabiles ne tardaient guère à se rendre.

L'olivier est généralement greffé. Il porte alors en Kabilie le nom d'*azemmoûr* : à l'état sauvage, on l'appelle *zeb-boûdj*.

Parfois l'olivier se rencontre en massifs très étendus que l'on peut considérer comme de véritables forêts. La forêt des

Guechthoûla mesure plus d'une lieue de long sur une moindre largeur. Les pentes occidentales des Yenni sont ombragées de beaux oliviers très compactes. Si, du Souk el Had des Raten on remontait l'O. Aïssi et l'O. Djemâ jusqu'à la hauteur de Cherrita, pendant une marche de quatre heures on longerait des massifs d'oliviers presque ininterrompus. Les pentes des Raten qui descendent à l'O. Sébaou sont parsemées de beaux oliviers, plus serrés et plus grands autour du Tléta. La fraction des Oumalou n'est pas moins bien partagée.

Dans la partie moyenne de la vallée des Bou-Chaïb on rencontre d'énormes et nombreux oliviers qui rappellent ceux du Tlêta.

Les Menguelât en possèdent une belle forêt au-dessus du Djemâa. Si nous franchissons le Jurjura, nous trouverons une égale richesse dans la vallée de l'Oued Sahel. Sur la rive gauche, en face des Beni-Mansoûr, s'allonge une forêt de beaux oliviers. Les Our'lîs, les Fenaya, les Himmel, etc., sont à citer entre tous.

La cueillette des olives se fait à la fin de l'automne et pendant l'hiver, on les entasse dans un enclos en branchage adossé à l'habitation, par masses qui dépassent souvent un mètre cube. Quand viennent les beaux jours du printemps, on les expose au soleil sur un terrain sec pour compléter leur maturation.

Les procédés d'expression de l'huile sont variés. Nous commencerons par exposer les plus simples.

Chez les pauvres gens, on fait un trou au milieu de l'habitation, *berkâ*, et la femme presse avec ses pieds comme le font nos vendangeurs.

Chez d'autres, on cherche une portion de roche excavée sur laquelle on dépose les olives, puis on y promène une grosse pierre d'une forme plus ou moins ovalaire.

Beaucoup d'huile reste encore après ces manipulations grossières. Voici comme on procède à son extraction.

Près des fontaines sont creusés des trous d'environ huit

décimètres de profondeur sur autant de largeur : les parois sont garnies de pierres. On y pratique une rigole qui y conduit l'eau de la fontaine, puis on y jette les marcs. Alors on les agite avec un bâton jusqu'à ce que les noyaux soient complètement dépouillés et que les marcs aient donné toute l'huile, qui, plus ou moins pure, plus ou moins liquide, est recueillie à la main et jetée dans des vases déposés au bord de la fosse. Les dernières portions extraites ne sont guères qu'une écume grossière.

Les plus riches ont des pressoirs.

L'appareil se compose de deux pièces : outre le pressoir, il y a la meule.

Telle est la construction de la meule :

Deux fortes poutres profondément et solidement enfoncées en terre en soutiennent une transversale. Dans cette dernière est un trou dans lequel s'engage l'extrémité supérieure d'un arbre vertical auquel est annexée une meule également verticale. Cette meule, de près d'un mètre de hauteur sur une épaisseur de deux à trois décimètres, est fixée à une perche horizontale qui traverse l'arbre vertical et à l'autre extrémité de laquelle on attache un bœuf. Elle tourne sur un massif de maçonnerie légèrement excavé sur lequel on dépose les olives. Une fois broyées, les olives sont soumises au pressoir dont telle est la forme.

Deux poutres solides sont également fichées en terre, comme dans l'appareil précédent, mais plus rapprochées. Elles sont reliées par une pièce horizontale *takhenzirt*, percée d'un écrou dans lequel s'engage la vis *mor'zel*. Une large pièce de bois creusée et armée d'une rigole repose entre les deux poutres verticales ; on y entasse une demi-douzaine de couffins remplis des olives broyées. La tête de la vis ne porte pas immédiatement sur les couffins, mais sur une planche évidée à ses deux extrémités pour l'engager entre les deux poutres verticales.

La pressée se fait comme dans nos campagnes pour le raisin, au moyen d'une perche que l'on engage dans les trous dont la tête de la vis est percée crucialement.

Les olives sont de nouveau soumises à la presse, après avoir été préalablement soumises à la cuisson.

Ces pressoirs, assez grossièrement exécutés, le sont néanmoins solidement.

Des cercles en fer consolident les pièces qui doivent supporter le plus de fatigue.

La grande difficulté est le transport de la meule qui exige le concours d'une foule considérable et s'exécute sur une sorte de traineau. Ce transport est un événement et une occasion de réjouissances.

Une des huiles les plus renommées dans la Kabilie du Jurjura est celle d'Aït-Frah, de la tribu des Raten.

L'année 1857 fut une année d'abondance. L'huile obtenue dans le commencement de 1858 se vendait généralement quinze sous le litre.

L'année 1858 dut être beaucoup moins bonne ou plutôt d'une production presque nulle.

Parmi les applications de l'"huile nous en citerons une, la fabrication du savon, qui se fait particulièrement dans un village des Raten, voisin de Fort Napoléon, Aït-Atelli.

Un arbre d'une grande importance en Kabilie est le frêne, *aslen*.

La Kabilie nourrit peu, mais nourrit du bétail, mulets, bœufs, vaches, moutons et chèvres, et le fourrage lui manque ; c'est au frêne à combler cette lacune. Quand la terre est séchée par la chaleur estivale et que les pâtures sont insuffisantes, on enlève les feuilles du frêne et on les donne au bétail rentré le soir à la maison.

Les feuilles du figuier même sont également récoltées pour cet usage. Les frênes sont très abondants et de la plus belle venue ; malheureusement cet émondage les enlaidit souvent. On ne conserve que certaines branches que l'on étête tous les deux ans, de telle sorte que le frêne dépouillé de ses feuilles ne présente qu'un tronc divisé en quelques grosses branches, lesquelles se divisent également en quelques rameaux sans ramuscules.

Le bois du frêne est aussi exploité pour la fabrication des vases à manger le couscous, et vu les dimensions de cet arbre, on peut exécuter des plats d'une très grande largeur.

Les *noyers* sont abondants en Kabilie et y croissent parfaitement : on sait l'usage que l'on fait de leur écorce comme dentifrice et pour colorer les lèvres en brun. Les noix sont généralement fortes et dures.

Le *carroubier* est à peu près aussi répandu.

Les poiriers, *tifirâs*, sont assez communs et parfois atteignent de très fortes proportions, mais ce ne sont généralement que des poires d'été, dont les fruits ne peuvent se conserver.

Les poiriers sont communs sur la colline d'Habboûda et chez les Irdjen.

Les pommes sont d'une qualité très commune, ainsi que les prunes.

De tous les arbres fruitiers, le grenadier, *taroummant*, est le plus répandu et donne de beaux fruits.

Dans quelques cantons, on cultive le cognassier, dont nous croyons devoir rapprocher le nom kabile *taktoûnya*, du nom latin *cydonia*.

Quelques pentes bien exposées donnent des pêches et surtout abondamment des abricots.

On cultive également les nèfles.

Les *orangers* sont rares ; seulement, il est une tribu privilégiée, les Toudja, qui les cultive avec succès. Dans le reste de la Kabilie, quelques bonnes expositions permettent leur culture.

Nous terminerons par la *vigne*, que l'on rencontre partout.

Il est rare que la vigne soit plantée à la manière européenne : la raideur des pentes et le régime des eaux lui seraient funestes. On la plante au pied d'un arbre, chêne, frêne, orme, aulne, micocoulier, cerisier, etc. ; puis une fois grandie, on dirige son ascension sur son tuteur, qu'elle ne tarde pas à envahir et parer de ses pampres.

Généralement les ceps de la grosseur du bras s'élancent d'un plein jet aux premières branches, à une certaine distance du tronc : souvent les ceps sont plus volumineux. A deux kilomètres du Fort-Napoléon se voit une vigne appuyée sur un chêne modeste, qui rachète en largeur les dimensions qu'elle n'a pu prendre en hauteur. Son tronc, aussi volumineux que celui d'un homme, se tord à la surface de la terre pendant une dizaine de mètres, puis décoche en se partageant un rameau gros comme la cuisse et long de trois mètres, d'où s'échappent des branches suspendues au chêne.

Les raisins, *tizoûrîn*, sont de plusieurs espèces. Les meilleurs sont les blancs, à reflets ambrés, et les noirs. Il en est de gros d'une qualité inférieure. Les grappes, surtout de la dernière espèce, atteignent un développement parfois considérable.

La vigne, *tara*, est abondante et produit beaucoup. Une quantité prodigieuse de raisins fut apportée au marché pendant l'automne de 1857. En 1858, plusieurs colons achetèrent assez de raisins pour faire plusieurs hectolitres de bon vin. Quelques tribus sèchent le raisin que l'on mêle au couscous, etc.

4° Végétaux herbacés alimentaires. — Le blé, *irdân*, n'est cultivé en grand et avec succès que dans les riches vallées du Sebaou moyen et de Borni.

L'orge, *timzîn*, est cultivée partout, mais parfois à la pioche, en raison des difficultés du terrain.

Dans le canton de Dellys et dans la vallée du Sebaou, de larges espaces sont consacrés à la culture du sorgho, *bechna*.

Les fèves, *ibiou*, sont cultivées à peu près partout. On cultive également les pois, *djilbân*, et les lentilles, *tilentil*. Nous ferons observer l'analogie de cette dernière expression kabile avec l'expression latine correspondante.

Le maïs et le haricot sont plutôt dans les jardins qu'en plein champ. C'est aussi dans les jardins que l'on cultive le poivron et la courge, partout où le voisinage des fontaines le comporte.

Deux légumes sont particulièrement cultivés en grand au voisinage des villages, et souvent dans des petits coins de bonne terre qui semble rapportée ou produite par les détritus de toute sorte ; ce sont le navet et l'artichaut sauvage, *târ'a dioûts*. L'artichaut commun *târ'a* se cultive aussi, mais pour la côte des feuilles seulement et non pour le fruit. Le sauvage est un *scolymus*.

Parmi les plantes spontanées et alimentaires nous citerons la bourrache, *chikh elbaqoûl*, et la mauve *mejjîr*, ainsi que la patience et l'oseille, *tasemmoumt*. Au milieu de ces petits jardins on rencontre souvent quelques tiges de coriandre, *quasbar*, et de nigelle, *sânoûdj*.

L'ail, *tîchirt*, et l'ognon, *azlîm*, sont l'objet d'une culture assez étendue.

Les champignons sont assez communs, surtout l'agaric comestible, *aguersâl*. C'est aux autres espèces que m'a paru s'appliquer la dénomniation de *tor'lar'at*.

L'asperge, *azekkoûm*, est commune dans les haies.

Parmi les plantes alimentaires exploitées ou négligées par les indigènes, citons encore la roquette, *ochnâf*, la raiponce, *tamsoukht t'ar'at* (l'oreille de chèvre), la mache, *ibra-n-tekouh*, le cresson, *guernounech*, le pissenlit, *tour'mas tamr'art*, la dent de vieille, expression conforme à celle des Arabes, *dorsat el adjoûz*.

5° PLANTES INDUSTRIELLES. — Le lin parait avoir été autrefois l'objet d'une culture assez étendue ; les Raten n'en cultivent plus, que nous sachions.

Un certain nombre de tribus cultivent encore aujourd'hui le tabac.

On rencontre communément le roseau, *ar'anîm*, qui reçoit de nombreuses applications.

Le palmier-nain, *ouser*, et le *halfa*, dont il se confectionne tant d'objets de sparterie, sont rares sur les versants septentrionaux du Jurjura.

Le long des haies croît partout la garance, dont le nom kabile *taroubiat*, rappelle le *rubia* des Latins : ses propriétés sont connues et appliquées.

Dans certaines pièces d'eau croît la massette, *taboûda* et *berdi*, dont les feuilles sont employées à confectionner des coussins pour les jougs de bœufs.

6° Plantes médicinales. — La scille, *frâoûn*, et l'asphodèle, *berouâq*, se rencontrent surtout dans les parties basses; la dernière particulièrement.

La centaurée, *glîlou*, est commune sur les pentes moyennes. Nous avons essayé d'en populariser l'emploi chez les Kabiles qui en ignoraient les propriétés.

Autour des maisons, dans les coins amendés par les immondices, croît le datura stramonium, que d'aucuns m'ont désigné sous le nom de *djehennéma*, nom qui est aussi celui du xanthium strumaria. Dans les mêmes conditions poussent de belles tiges de belladone, appelée par les Kabyles *bounerdjoûf*, par transposition, car les Arabes l'appellent *bourendjoûf* A ce propos, nous ferons observer que ces transpositions se remarquent fréquemment de l'arabe au kabile. Ainsi, *merrioût*, le marrube, devient *mernouït*; *'aousedj*, lyciet, *aoudjes*.

La rue, *aourmi*, croît sur les hauteurs qui atteignent un millier de mètres. Il en est de même de l'absinthe, commune aux environs du col de *Chellâta* et chez les *Bou-Yoûcef*. Les propriétés emménagogues de ces plantes m'ont paru ignorées des indigènes.

Le morelle porte un nom, *touch chânin*, dérivé de la racine *cuchchen*, chacal, qui rappelle celui qu'elle porte en arabe, *aneb eddîb*, raisin de chacal.

On lit dans Ebn Beithar, sous la rubrique *adhrîlâl*, que cette expression signifie en berbère *pied d'oiseau*, et que la plante s'appelle en égyptien *pied de corbeau*. Nous avons publié l'article d'Ebn Beithar relatif à cette ombellifère dans le numéro de la *Gazette médicale de l'Algérie*, année 1862, d'après un beau manuscrit qui la fait croître chez les *Oudjehân* au lieu des *Bou-Chaïb*, comme a lu M. Dietz (*Analecta medica*, 28).

Une autre ombellifère, voisine de la précédente, porte encore un nom que l'on trouve dans les écrivains arabes, celui de *meur r'ennis*.

Le thapsia garganica, *adhbîb*, *dryâs* des Arabes, est connu aussi sous le même nom chez les Kabiles et jouit de la même réputation.

La mélisse porte un nom qui n'est autre que celui de l'abeille, *tizìzouît*. Le calament fleurit tout l'automne le long des haies et dans les lieux humides.

Le pouliot porte un nom qui rappelle le latin pulegium, à savoir *fligou*.

Citons encore dans cette catégorie le chiendent, *affer*, la chicorée *tmerzoûga* (l'amère), dénomination que nous avons entendu affecter à l'urospermum, l'aristoloche, *faquoûs bou r'ioûl*, le concombre d'âne.

7° Autres végétaux. — Le long des haies on rencontre l'ombilic de Vénus, *tybaq bouquîn*; la bryone, *tiferdoûdi*; de petits sedum, *tyboûchint tamchicht*, les tétines de chatte, dénomination qui n'est autre chose que la traduction de l'arabe, *abzuz quatta*; divers galium; des orchis, *azlim bou ouch chen*, ognon de chacal, particulièrement les espèces apifer, arachnites, maculata, antropophora; des limodorum; des cyclamens, *tazerdart*; des géraniums, *takjert tasekkourt*; des cerinthe, *aïfki tar'ioult*, lait-d'ânesse; le fumeterre, *tygâd gu isri*; l'ortie, *azeq doûf*; le chardon à foulon, *tahdjânit gu izem*, queue de lion, etc.

Sur les côteaux arides et à travers la broussaille croissent de nombreux cistes, *touzzelt*, dont quelques espèces paraissent employées en infusion théiforme, notamment chez les Mechdalla.

Sur les côteaux moins arides, pousse la fougère, *tifilkoût ;* expression que nous rapprocherons du latin filix ; le dys ; la violette ; la linaire, *boû tinzêr ;* expression analogue à celle d'antirrhinée ; des silènes, *tar'ir'acht ;* la lunettière, *tifelleft ;* le souci, *touzla gu izgaren ;* le coquelicot ; le mélilot et la coronille, *ayâth ;* quelques trèfles, *tikfist ;* le lupin, très abondant aux environs du Fort-Napoléon et qui porte le nom d'*ibiou gu îlef*, ou fève de cochon ; l'inula, *magrâmân*, *afedjdâd*, qui jaunit tous les côteaux en automne ; l'avoine sauvage, *azekkoun ;* des daucus ; des chardons, *usnân bou r'ioûl*, ou chardon d'âne ; des vipérines, *iles foûnes*, ou langue de bœuf ; des andryala, *tadoûin tikhsi*, laine de brebis ; des livèches, *ir'sès ;* des héliotropes ; des thlaspi ; des anagallis ; des orobanches ; du mille pertuis ; de l'aigremoine ; des lotus ; du bouillon blanc ; des scabieuses, du plantain, *agoucim bour'ioul*, (cure-dent d'âne).

La plupart des côteaux pierreux sont couverts de stœchas, *amezzîr*.

Le long des petits cours d'eau ou dans les endroits frais fleurit le caltha, *tibiout ;* la scrophulaire, le lychnis nocturne, des renoncules, *tamejjirtn tamguergourt*, mauve des grenouilles, etc.

VII. — ANIMAUX.

Animaux domestiques. — Le *cheval* est très rare en Kabilie. Le tableau suivant donnera une idée exacte de la fréquence des autres animaux domestiques.

Sur une population de 16.000 âmes, la tribu des Raten compte : mulets 258, — ânes 642, — bœufs 1,356, — moutons 666, — chèvres 972. — Dans la circonscription de Fort

Napoléon qui comprend outre les Raten, les Menguelât les Yahya, les Bou-Youcef, les Itourar et les Illiten, tels sont, pour une population de 38,000 âmes les chiffres des animaux domestiques : Mulets 598, — ânes 1,334, — bœufs 2,656, — moutons 1,915, — chèvres 2,326.

Le *cheval* se dit en Kabilie *aoûdiou*. Ce mot dérive de l'arabe, la rareté du cheval ayant fait tomber en désuétude l'expression berbère *iyès*, que l'on retrouve dans le sud. —

Le mulet se dit *accerdoûn*, l'âne *ar'ioûl*, le bœuf se dit *azgar*, et la vache, *tafoûnest* ; le mouton *ikerri* et la brebis *tikhsi* ; le bouc *akilouâch* et la chèvre, *târ'at*.

Les chiens, *akjoun*, *aïdi*, sont moins nombreux que chez les Arabes, les chats, *amchich*, plus fréquents.

ANIMAUX SAUVAGES. Ce n'est point ici une énumération complète de la faune locale, mais une indication des espèces les plus saillantes, à notre connaissance du moins.

Le singe, *ibki*, est très commun dans la haute Kabilie. Dans l'année 1858 les Kabiles en apportèrent environ une cinquantaine au Fort.

Le lion paraît avoir existé jadis. Un village des Raten porte le nom d'*Aguemmoûn gu izem*, la colline du *lion*.

Il existe encore, dit-on, de la panthère.

Le chacal, *ouchchen*, est moins répandu qu'au voisinage des pays à tentes. Il en est de même de l'hyène, *ifis*. On rencontre aussi un petit renard.

Le sanglier, *ilef*, habite les côteaux inférieurs et les parties fourrées de la plaine. Il est moins commun au nord du Jurjura que dans la vallée de l'O. Sahel.

Comme les autres animaux traqués par l'homme, le lièvre, *oûtsoûl*, est moins commun en Kabilie que dans les plaines. On rencontre assez fréquemment des hérissons et des porcépics (*aroui-inissi*).

Parmi les oiseaux, plusieurs grands rapaces sont représentés en Kabilie. Ainsi l'aigle, *ichcher*, le vautour, le gypaète, le duc, le chat-huant, la chouette.

Il y a des corbeaux, *aguerfiou*, des guépiers, des geais, des merles, des grives, *amergou*, des moineaux, des chardonnerets, etc.

L'alouette, la caille, la perdrix sont moins communs que chez les Arabes.

La cigogne est rare au nord du Djurjura, nous l'avons rencontrée en d'autre points de la Kabilie. L'hirondelle s'y familiarise avec l'homme comme partout.

La poule, *aïdzîd*, est commune; on élève aussi l'oie.

Quelques chasseurs apprivoisent la perdrix *tasekkourt*; nous en avons vues qui paissaient en liberté, comme des poules, sous la surveillance de leurs gardiens. On les expose dans une cage où par leurs cris elles appellent les perdrix libres.

Les rivières de Kabilie ne peuvent être poissonneuses. Çà et là dans les fonds, on pêche le barbeau. Quelques cours d'eau renferment des anguilles, et les petits, des crabes.

Les tortues terrestres et aquatiques ne sont pas communes en Kabilie. Nous n'avons pas appris qu'il existât des vipères. Les couleuvres *azrem* ne sont pas rares.

Les papillons ne nous ont pas paru bien fréquents.

Les abeilles sont élevées dans un grand nombre de localités et le liége est employé à la confection des ruches.

Les cantharides ne sont pas aussi communes que semblerait le comporter l'immense quantité de frênes. Nous nous rappelons avoir observé des accidents chez des soldats qui avaient puisé à des sources ombragées par des frênes, chez les Merraï, en 1850.

Le scorpion, assez commun dans la grande Kabilie en général, surtout sur les hauteurs moyennes et bien exposées, ne l'est pas dans la Kabilie du Jurjura,

Dans quelques petits marais des environs d'Asikh ou Meddour, on a trouvé des sangsues.

VIII. — RACE HUMAINE.

La Kabilie du Jurjura est à peu près exactement représentée par l'ensemble des quatre cercles de Dellys, Tizi-Ouzzou, Drâ-el-Mizan et Fort-Napoléon.

La population se décompose ainsi :

Dellys..................	69.064	habitants.
Tizi-Ouzzou.............	88.840	—
Drâ-el-Mizân............	33.799	—
Fort-Napoléon..........	37.867	—
Total....	229.570	habitants.

La carte de la grande Kabilie de 1855, du dépôt de la guerre, la seule carte d'ensemble que nous ayons à notre disposition, ne comporte pas un toisé complètement exact de la surface terrestre occupée par ces quatre cercles. Nous croyons toutefois nous écarter fort peu de la vérité en donnant à ce grand quadrilatère les dimensions moyennes de 86 kilomètres de l'est à l'ouest et de 44 du nord au sud; d'où résulte une contenance de 3,784 kilomètres carrés. Le chiffre de la population étant de 229.570 habitants, nous arrivons à 60 habitants par kilomètre carré.

La grande Kabilie, cette fois restreinte aux deux bassins de l'Isser et du Sébaou, malgré l'âpreté du sol, serait donc à peu près aussi peuplée que la France, pour laquelle nous trouvons le chiffre de 67 habitants par kilomètre carré, dans les dernières statistiques officielles. Le chiffre de 60 habitants par kilomètre carré prend plus d'importance encore si nous nous plaçons sur le terrain de l'Algérie. En donnant au Tell une population d'un peu plus de 2 000. 000 d'habitants et une superficie d'environ 150. 000 kilomètres, nous arrivons à 15 habitants seulement par kilomètre carré.

Nous trouvons un chiffre beaucoup plus faible encore, celui de 5 habitants, si nous cherchons le rapport de la superficie totale de l'Algérie (le Sahara compris) à sa population.

Nous avons dit que le toisé de la superficie occupée par les cercles de Dellys, Tizi-Ouzzou, Drâ-el-Mizân et Fort-Napoléon ne pouvait être rigoureusement exact : nons en avons probablement surfait le contenu. Maintenant nous allons, dans un cercle restreint, opérer sur des bases positives, et nous verrons une densité plus considérable de la population, là précisément où le sol est le plus ingrat, là où la population berbère est la plus pure de tout mélange.

Un officier compétent nous a fait le toisé de la superficie comprise entre le Sébaou moyen, l'O. el Kossob, l'O. Boubéhir et le Jurjura : il l'a trouvé de 1,020 kilomètres carrés. Nous avons nous-même fait ce calcul, et en laissant de côté les Amrouas, qui débordent quelque peu la rive droite du Sébaou, nous sommes arrivés au chiffre de 998 kilomètres, qui concorde sensiblement avec le chiffre précédent, réserve faite des éliminations.

Telle est la populatisn de l'espace dont nous avons posé les limites.

Maïka	6.729
Khelifa	2.165
Betrounâ	1.910
Zmenzâr	5.488
Aïssi	14.465
Fraoucen	4.938
Khelili	2.827
Bou Châïb	2.900
Drâ el Mizân (moins quelques tribus.)	27.185
Fort-Napoléon	37.837
Total	106.444

Ici, au lieu de 60 habitants, nous en trouvons 106 par kilomètre carré.

C'est à peu près le chiffre de la population spécifique de

l'un des départements les plus peuplés de la France, celui du Pas-de-Calais, où il atteint 104 habitants.

Nous trouverons un chiffre plus élevé encore en nous restreignant à la grande tribu des Raten. Son territoire peut être évalué en chiffre rond à 120 kilomètres carrés. Avec une population de 10,801 habitants, nous arrivons à 140 habitants par kilomètre carré.

Si dense que soit cette population, nous croyons qu'elle l'a été plus encore à des époques très rapprochées de l'époque actuelle.

Les guerres avec la France ont dû nécessairement apporter un obstacle à la multiplication de l'espèce humaine, par les vides qu'elles ont faits, par la destruction des ressources locales, par les entraves qu'elles ont apportées au commerce extérieur, etc. Il y a plus. Nous avons observé chez les Raten, les ruines de quelques bourgades. Ainsi, entre Taguemmont gu Adefel et Tir'ilt-el-hadj Ali, ainsi entre Aboudid et Aguemmoûn Izem, ainsi le vieux Misser et Igoufâf. Ces désertions ont été diversement motivées. Pour Misser, ce fut une question de sécurité. Pour Igoufâf on dût céder aux intempéries atmosphériques. Pour les deux autres bourgades nous manquons de renseignements. Sans doute les populations se sont portées autre part : mais il n'en est pas moins vrai que ces désertions, ainsi que nous nous en sommes assurés, ont entraîné dans le sol une moins value qui a dû se traduire par une diminution dans les ressources alimentaires et partant un obstacle à la multiplication de l'espèce. Il en fut ainsi dans la Kabilie comme sur les autres points de nos possessions africaines. Le fanatisme a déterminé quelques émigrations dans le Levant.

La population de la tribu des Yenni paraît avoir baissé depuis les derniers évènements. Nous sommes étonné de ne la voir figurer dans la statistique officielle que pour le chiffre de 2,378 habitants, et le plus considérable de ses centres de population, Aït Lahsen, pour 689 seulement. Nous avons visité Aït Lahsen, et en comparant son étendue et sa compacité avec quelques villages tels qu'Aït Frah, Taourirt des Menguellât, qui comptent un millier d'habitants, nous lui en aurions donné environ 3,000. En somme, la population de la grande Kabilie a décidément depuis quelques temps une baisse appréciable.

Nous avons oublié de prendre aux mêmes sources le chiffre de la population pour le reste de la Kabilie, qui se résume à peu près dans le bassin de l'O. Sahel. Dans ses recherches sur les migrations des tribus, M. Carette évalue cette population, sous le titre de Kabilie orientale, à 130,900 habitants. Ce chiffre, ajouté à celui de la Kabilie occidentale, ou du Jurjura, nous donne un total de 360,000 habitants de race berbère. C'est le groupe le plus considérable, attendu que l'Aurès n'a qu'environ 200,000 habitants.

Pour le cercle de Fort-Napoléon, nous avons pris les chiffres de répartition par âges et par sexes. La population s'élève à peu de chose près à 38,000 habitants, qui se décomposent, en nombre ronds, en 10,000 hommes, 12,000 femmes et 16,000 enfants.

Nous manquons de documents pour établir positivement la fécondité des mariages ; mais de tout ce que nous avons vu nous sommes autorisé à conclure que la fabrication de l'espèce humaine est active en Kabilie. Comme en tous pays musulmans, le célibat n'est pas plus compris que pratiqué. Quand on entre dans un village kabile, on est frappé de la grande quantité d'enfants qui se présente partout.

Les décès en bas-âge sont nécessairement fréquents dans un pays ou sévit la variole, vainement combattue par l'inoculation, où règne la fièvre, où la syphilis étend partout ses ravages et les transmet de génération en génération, où le climat a parfois de brusques alternatives, où la charité publique n'est pas constituée, où le divorce vient souvent rompre la famille, où les discordes civiles déplacent et compromettent les fortunes, où les ressources alimentaires sont insuffisantes, où l'émigration est une nécessité, où les lois de l'hygiène sont en général méconnues.

L'alimentation du pauvre est insuffisante et grossière; les glands et les figues y entrent au moins pour la moitié. L'abus des fruits en automne entraîne l'affaiblissement des facultés digestives. Les Kabyles sont assez mal vêtus. Le vêtement du pauvre se borne à une mauvaise gandoura, descendant jusqu'aux genoux, et surmontée d'un beurnous indéfiniment porté, dans lequel plusieurs couches de lambeaux recousus les uns sur les autres ne laissent plus apercevoir l'étoffe primitive.

Les habitations ne sont bien installées que pour protéger contre le froid : la lumière n'y pénètre pas assez, l'air n'y est pas renouvelé, les déjections animales et la fumée les infestent.

Dès sa jeunesse, le Kabile garde les troupeaux, exposé à toutes les intempéries. Une fois adulte, il passe quelques années à l'étranger, et pour réaliser quelques économies, il doit mener une vie de dénument. En somme, la vie est rude en Kabilie, et si l'on voit de robustes vieillards, c'est que leur tempérament fortement trempé leur a permis de résister aux influences qui en ont enlevé tant d'autres.

Nous dirons plus loin le nombre des victimes de la fièvre, de la syphilis, des ophthalmies, des accidents traumatiques.

Malgré toutes ces conditions fâcheuses, nous voyons la population presque aussi dense en Kabilie qu'en France. Nous pouvons donc admettre avec Malthus, que les causes d'accroissement de la population sont en opposition constante avec les causes de destruction. Les causes d'accroissement nous les avons déjà signalées, ce sont l'absence du célibat et la fécondité des mariages. Ce n'est pas à des Musulmans qu'il faudrait prêcher la *contrainte morale.*

Malthus établit aussi comme une loi suprême qui régit les populations, que les subsistances en sont le régulateur, et qu'un pays est peuplé en raison des subsistances qu'il peut produire. Cette loi nous paraît démentie par les faits, et ne pouvoir être admise absolument que dans l'antagonisme et l'isolement perpétuel des nations. Certes, la Kabilie ne saurait produire une somme de subsistances suffisantes pour nourrir sa population, mais l'appoint est fourni par la voie de l'industrie, du commerce et de l'émigration. Dans ses remarquables études sur la Kabilie, M. Carette a démontré que les tribus fixées sur les cantons les plus ingrats étaient celles précisement qui étaient les plus riches ; l'observation directe nous a prouvé que ces renseignements étaient exacts, et ses conclusions légitimes. Autant les villages kabiles des confins sont misérables, autant ceux de la haute Kabilie sont confortables. Dans ce massif de la grande Kabilie, nous voyons la richesse s'accroître de la circonférence au centre, nonobstant l'aridité croissante du sol.

Malgré sa turbulence, malgré ses dissentions, la démocratie Kabile avait bien ses avantages. Elle offrait du moins à l'épargne, à l'accumulation des produits du travail, une garantie que n'eurent jamais les populations plus ou moins soumises au gouvernement turc. L'indépendance ne servait donc pas moins les intérêts matériels des Kabiles, que leurs intérêts moraux.

La colonisation, comme occupation et exploitation directe du sol, n'aura que peu de chose à faire en Kabilie : tout au plus pourra-t-elle s'établir dans la plaine de Drâ el Mizân et dans la vallée du moyen Sébâou. La propriété est ici, non pas comme en pays arabe, collective, mais privée ; la population est très compacte, et un tel sol ne saurait être exploité que par les rudes habitants qui l'occupent depuis des siècles.

Nous interviendrons en Kabilie soit par l'établissement d'usines qui travaillent les matières premières fournies par le sol et surtout les huiles ; soit en amenant les Kabiles à perfectionner leurs procédés et leurs instruments grossiers, ce qui sera pour eux une cause de plus-value, comme qualité et comme quantité.

Avec la paix et la sécurité, la population de la Kabilie deviendra plus dense encore qu'elle ne l'est actuellement. La médecine et l'hygiène y aideront aussi, en amoindrissant les causes de destruction.

Nous avons maintenant à exposer les traits physiques et moraux des populations kabiles.

Quant à leur origine, ces populations appartiennent à deux races : la race arabe et la race berbère.

La race arabe est à peu près exclusivement représentée par les marabouts qui passent pour s'être introduits dans le pays, à la suite de l'invasion, comme agents de propagande religieuse. Les marabouts ne présentent qu'une fraction minime de la population. Ils composent à peu près exclusivement certaines petites tribus.

Il nous a semblé que les marabouts étaient plus nombreux dans la Kabilie du Jurjura que dans le bassin de l'O. Sahel. La tribu des Raten, en particulier, compte un certain nombre de bourgades à peu près exclusivement habitées par des marabouts. Ainsi Mestiga, chez les Irdjen ; Agouni Atiq, Ir'zer n Zouït, Achlou chez les Akerma, Si-Klaoui, Aroust, chez les Oumalou : Iahlem, Aït Meraou chez les Aguacha. D'autres villages, tels qu'Aguemmoûn, sont habités concurremment par des marabouts et par des Kabiles. Si l'on s'enquiert auprès des indigènes de la population de ces villages mixtes, ils font la distinction des deux races, et répondent qu'il y a tant de Kabiles et tant de marabouts.

Les caractères de la race sont à peu près effacés chez les marabouts, qui ne se distinguent plus guère des Kabiles que par leur caractère religieux et par leur instruction. Nous aurons à reparler d'eux sous ce double rapport.

Quant aux Kabiles, on sait parfaitement aujourd'hui ce qu'ils sont et d'où ils viennent.

De grands travaux historiques, au premier rang desquels se placent ceux de M. de Slane, ont jeté un jour tout nouveau sur la race berbère. On n'en est plus aujourd'hui à considérer les Kabiles et les Châouia comme des reliquats des invasions, et particulièrement de l'invasion Vandale.

Il serait hors de propos d'entamer ici une dissertation historique ; nous mentionnerons seulement une tradition que nous avons recueillie sur les lieux, nous restreignant à notre rôle d'observateur.

Sur de vaines analogies de consonnance on a voulu rapprocher le nom de Frâoucen de celui de Français, ou plutôt de Francs. On sait qu'au troisième siècle une bande de Francs traversa les Gaules et l'Espagne et débarqua sur les côtes de la Mauritanie, sans que nous sachions ce qu'ils sont devenus depuis. Toutefois, il serait difficile de croire que ces Francs ont pu, de la Tingitane, se rendre aux pieds du Jurjura. Il eut été plus rationnel de rapprocher le nom de Frâoucen de quelques noms de chefs indigènes qui apparaissent dans la lutte des Quinquégentiens contre les Romains.

Quoi qu'il en soit, les traditions locales, et nous les avons recueillies sur place, admettent un mélange de sang berbère avec le sang romain : ces traditions portent particulièrement sur les Frâoucen et les Bou Châïb.

Une voie romaine remontait le Sébâou, en passant par Djemââtessahridj. Elle débouchait dans la vallée de l'O. Sahel, à Tubusubtus, aujourd'hui Ticlât, où se voient encore des restes considérables de l'occupation romaine. Le marché de Djemââ-es-sahridj est tout couvert de ruines romaines. Nous y avons découvert un bas-relief antique et une médaille de Ptolémée. Djemââ-es-sahridj, à une altitude de 460 mètres, se trouve immédiatement dominé par les montagnes des Frâoucen. Dans ce même massif, Koukou, des Yahya, qui s'élève à 933 mètres, conserve encore des ruines où nous avons cru reconnaître l'ouvrage des Romains. Les populations voisines de la rive gauche du Sébâou durent se trouver en contact assez intime avec les Romains, et probablement à demi soumises, la résistance se concentrant sur les pentes abruptes du Jurjura.

Les invasions durent aussi occasionner des refoulements et un mélange de la race latine avec la race berbère.

A l'appui des traditions, nous allons produire un nouvel argument, la confrontation de quelques expressions kabiles qui rappellent les expressions latines correspondantes Par la nature des idées qu'elles expriment généralement, ces expressions peuvent être considérées comme des mots d'emprunt.

LATIN.	KABILE.	FRANÇAIS.
Ager	Iguer	Champ
Hortus	Ouorti	Jardin
Ulmus	Oulmo	Orme
Rubia	Taroubiat	Garance
Cydonia	Tactoûnia	Coing
Pulegium	Flìgou	Pouliot
Lens, lentis	Tilentit	Lentille
Filix	Ifilcou	Fougère
Mergus	Amergo	Grive
Porta	Tabourt	Porte
Saccus	Asakkou	Sac.

(On pourrait invoquer aussi les noms des mois vulgairement employés par les Kabiles, en dehors des choses de lois et de religion. Ainsi : Ienaïr, Fibraïr, Mars, Mayou, etc. Il est vrai que ces noms se trouvent aussi dans les livres, particulièrement quand il s'agit d'astronomie et d'agriculture.)

En retranchant pour certains noms les deux *t* berbères, initial et final, on arrive encore pour ces noms à une ressemblance plus frappante.

Il y a sans doute autre chose qu'un emprunt, c'est-à-dire une onomatopée dans la ressemblance entre *tussis*, toux, et le berbère *toussout*.

Il y a des idées et des instincts communs à tous les peuples. C'est ainsi que les noms composés de certaines plantes en kabile, sont identiquement la reproduction de leurs noms arabes. Le pissenlit se dit en kabile *tour'mas tamr'ar't*, *dent de vieille*, ce qui est la traduction du *dhorsat el adjouz* des Arabes. Il en est de même *d'azlim bou ouchchen, oignon de chacal*, l'orchis et *bsol eddib* de *tibouchint tamchicht, tétons de chatte*, les petits sedum et *absâz quotta*.

La race kabile présente un ensemble de caractères qui la différencient de la race arabe. Les Kabiles sont généralement de taille moyenne. Il n'est pas rare cependant d'en rencontrer d'une taille élevée, et cela surtout chez les individus à l'aise. Tels nous avons vus plusieurs amins, certains négociants du haut Jurjura, plusieurs mkazni du bureau de Fort-Napoléon, plusieurs de nos clients.

Leur tête est plus massive et moins sèche que celle des Arabes : leurs traits sont moins fins. Une vie laborieuse les endurcit à la fatigue et imprime à leur physionomie un cachet particulier. On rencontre quelques beaux types, annonçant moins l'intelligence cultivée que la franchise et l'énergie.

Dans nos promenades sur les marchés, nous étions frappé de la dureté de ces traits, accusant une population attachée à un sol ingrat, toujours préoccupée de ses moyens de subsistance, étrangère aux loisirs qu'une vie plus facile permet aux Arabes, aussi bien qu'aux horizons que la vie nomade ouvre à leur imagination. Un Kabile se distingue aussi facilement d'un Arabe, que parmi les antiques une tête grecque d'une tête romaine.

Beaucoup de Kabiles ont les cheveux rouges. Un plus grand nombre ont les yeux bleus. Parmi nos clients, nous avons observé quelques jeunes filles aux yeux bleus, aux cheveux blonds, d'une beauté vraiment remarquable. C'est à tort, suivant nous, que l'on a voulu voir, depuis Bruce, dans ces deux faits, un indice d'un mélange de sang germanique. Ces attributs nous paraissent tenir au sol et au climat : ils sont plus rares chez les Berbères de l'Aurès : on ne les retrouve plus chez les Touaregs.

Chez l'un et l'autre sexe, les enfants sont généralement

beaux. Les garçons, en raison de leur genre de vie, ne tardent pas à prendre le cachet de dureté que l'on rencontre chez les adultes. Les femmes n'ont pas ce cachet. Outre qu'elles ont toujours quelque chose de la coquetterie et du riant de leur sexe, leurs occupations sont moins pénibles, elles sont plus propres et mieux tenues, l'état sédentaire et la coutume leur assigne dans la société kabile un rang plus élevé que celui que les femmes occupent parmi les Arabes. Leur physionomie plus calme et plus digne reflète cet ensemble de conditions plus avantageuses. Comme preuve de la position des femmes kabiles, nous citerons un couplet guerrier que nous a conservé M. Hanoteau :

> « Celui qui veut posséder les femmes ne doit pas reculer au jour du combat. Qu'il se conduise bravement quand le plomb sifflera, il pourra choisir alors parmi les jeunes filles. »

La femme arabe n'a pas droit à de tels chants.

Les traits actuels des Kabiles ne sont certainement pas les traits originaux de la race. En quittant ses plaines et sa vie nomade pour faire place à l'invasion arabe, la race berbère a dû subir avec le temps l'influence d'une nature sauvage et d'une vie de labeur. Les vrais représentants de ces anciens Numides, que l'on nous dit passer une partie de leur existence à cheval, ce sont les Touâregs qui, par leurs traits allongés et leur haute taille, diffèrent essentiellement de leurs frères de la montagne. Le Kabile a tellement dégénéré qu'il connaît à peine le cheval, et qu'oubliant le nom qu'il porte dans son langage, il en a emprunté un à la langue arabe.

Il est un tronçon de la race berbère qui nous fournit encore une preuve de l'influence séculaire du climat et de l'isolement, ce sont les Mozabites. Tout entiers au commerce, ils passent une partie de leur existence dans les villes de l'Algérie ; mais schismatiques, ils sont tenus à l'écart et presque méprisés à l'égal des juifs et ne s'allient qu'entre eux. Par la coloration de leur peau et l'ensemble de leurs traits, ils ne diffèrent pas moins des autres Berbères que des Arabes. Des altérations analogues s'observent aussi dans le Touât.

Nous avons parlé des Grecs et des Romains à propos de la physionomie des Kabyles : cette comparaison pourrait s'établir également au point de vue moral. Aux Arabes on pourrait attribuer les vers du poète :

> Orabunt melius causas cœli que meatus
> Describent radio et surgentia sidera dicent.

Quant aux Kabiles, ce n'étaient pas les peuples, mais la nature qu'ils avaient à dompter. Deux grandes préoccupations les absorbent : sauvègarder leur indépendance et s'assurer des moyens de subsistance. Autant l'Arabe a l'imagination prompte, autant le Kabile a les instincts positifs, conséquences forcées de conditions d'existence différentes.

Déjà M. Carette a signalé cette différence qui se traduit jusque dans les dénominations topographiques. Chez les Arabes elles représentent une image ; chez les Kabiles, elles expriment, simplement un fait. Tandis que l'Arabe appellera telle montagne la Montagne au Bec d'Aigle, Djebel Nifennser, le Kabile dira : la Montagne du Chêne, Aguemmoûn ou Querroûch.

Les instincts de la race ne furent pas cependant toujours aussi terre-à-terre, alors que de larges horizons étaient ouverts à son activité, et les annales des Berbères eurent souvent de l'éclat, même en dehors de leurs efforts pour conserver leur indépendance.

Sans remonter jusqu'aux Numides, nous rappellerons que les montagnards de la Kabilie résistèrent constamment aux Romains, qui ne purent jamais les soumettre complètement; que de leurs montagnes mêmes sortit cette puissante famille de Nubel, qui faillit enlever l'Afrique aux maîtres du monde.

L'époque la plus brillante pour la race berbère fut celle où elle entra en possession de ses destinées. La domination des émirs arabes n'avait été qu'une exploitation : celle des princes berbères eut un caractère tout différent. Presque toutes leurs dynasties ont un caractère de grandeur et comptent des hommes éminents. On ne trouverait guère dans l'Europe du moyen âge de grandes figures comme celle de Youcef ben Tachfin et Abdelmoûmen.

Les sciences, les lettres et les arts furent encouragés et fleurirent dans le Magreb central. Les Zyanides à Tlemcen et les Hammadites à Bougie en furent constamment les protecteurs. Il en fut de même des Hafsites à Tunis.

Bougie fut au treizième siècle un grand centre d'études où vinrent séjourner ou même se fixer des savants de tous les pays de l'Orient et de l'Occident, et particulièrement de l'Espagne. Nous devons à M. Cherbonneau de curieux détails sur cette époque intéressante de l'histoire du Magreb central. Ils sont tirés de l'ouvrage d'un Kabile, originaire des R'oubri, tribu de la rive droite du haut Sebaou, sous le titre de *Biographie des savants de Bougie.* Quelques-uns de ces personnages, aussi bien que Robrini, étaient originaires des montagnes du Jurjura. Nous en trouvons un de Dellys, un des Itourar', un des Aïssi, un des Raten. Ce dernier, Atiet Allah ben el Mansour el Irateni, ayant appris qu'un thaleb avait un livre intéressant, le lui emprunta et l'apprit par cœur en une seule nuit. Parmi une trentaine de noms, il en est un tiers appartenant à des médecins. L'un d'eux était assez éminent pour être appelé, par le sultan, l'Avicenne de son siècle. Ajoutons que cette époque était aussi celle du médecin Tifâchi, originaire de la ville de Tifâch, dont les œuvres nous sont parvenues.

Malheureusement l'état du sol et les morcellements que ses grands reliefs imposent fatalement aux populations ne permirent jamais aux Berbères de constituer définitivement une nationalité puissante et compacte. Il était dans les destinées du Magreb d'être à perpétuité la proie des déchirements ou des invasions.

Les tribus cantonnées dans le massif du Jurjura subirent les destinées de la race.

Un jour il semble qu'elles vont se grouper.

A l'époque des Barberousses, nous voyons apparaître dans la grande Kabilie un petit état connu dans l'histoire sous le nom de royaume de Koukou. Mais cet état ne fait que paraître : son souvenir a disparu dans les populations et il n'en reste plus que deux canons et une inscription à demi fruste que nous sommes parvenu à peu-près à déchiffrer.

L'invasion seule, l'agression venue du dehors pouvait réunir les Kabiles en un faisceau : rendus à eux-mêmes la discorde les divisait, et les liens de confédération se brisaient ; car ils étaient aussi jaloux de leur indépendance au dedans qu'au dehors. Chaque tribu, chaque village, se maintenait toujours à l'état de défensive sur une colline rocheuse.

L'autorité chez les Kabiles, fut toujours locale et élective.

Rarement le mandat se prolongeait au-delà d'une année souvent il durait moins. *L'amin* n'était que l'instrument de la coutume et de la Djemâ. Le danger commun seul lui donnait quelque initiative et quelque puissance. Par intervalles, des personnalités éminentes se trouvaient investies d'une autorité qui s'éteignait avec elles.

Les Kabiles ne reconnaissaient d'autre loi que la coutume. Parfois écrite, cette coutume se bornait à un petit nombre de dispositions pénales L'assemblée l'interprétait, mais il n'existait aucune force constituée chargée de son application. Le Kabile en appelait à son fusil et se faisait justice lui même. Parfois cependant, mais rarement, la peine du talion n'était pas exercée et se rachetait par le *prix du sang*. Bien souvent les querelles privées devenaient générales et la guerre s'allumait acharnée de tribu à tribu, de village à village.

Ainsi que nous l'avons exposé, les villages kabiles sont déjà bien défendus par leur position. Cette position cependant pouvait n'être pas suffisante pour garantir contre les surprises de l'ennemi. D'ailleurs les replis du terrain pouvaient recéler des agresseurs : les travaux des champs pouvaient être inquiétés aussi bien que la prise d'eau journalière par les femmes.

Tous les mouvements de terrain qui avoisinaient un village étaient couronnés par un poste, connu sous le nom de *tar'orfat*, où l'on montait constamment la garde aux moments des hostilités. Des postes protégeaient également les fontaines et les pentes cultivées ou complantées. Ainsi la R'orfa de Sidi Ameur était construite sur un chaînon dépendant des Atelli, entre ce village et celui d'Azzoûza, villages en guerre l'un contre l'autre. Sur les pentes opposées qui descendent d'Azzoûza, est la petite bourgade d'Agouni ou Atiq, habitée par quelques familles de marabouts qui vinrent peut-être s'installer sur ce petit ressaut de terrain pour tenter un rapprochement entre les deux villages ennemis Dans ces hostilités intestines, les marabouts restaient toujours neutres. Ils n'intervenaient que pour prêcher la paix, qu'ils n'obtenaient pas toujours, malgré l'autorité que leur donnait leur double caractère d'hommes instruits et d'hommes religieux. Disons toutefois que cette autorité n'est pas aussi puissante qu'on pourrait le croire. Les Kabiles sont musulmans, il est vrai, mais avant tout ils ont les instincts belliqueux, ils aiment à respirer la fumée de la poudre. Les marabouts n'en brûlent pas et la considération qu'on a pour eux en est amoindrie.

Pour écarter ou atténuer les désastres qu'entraînaient ces hostilités incessantes il y avait quelque chose de plus puissant que la voix des marabouts, c'est l'*anaya*, que les Kabiles peuvent revendiquer en propre, car on ne l'a rencontrée que chez eux.

Qu'un Kabile donnât à quelqu'un l'anaya, c'est-à-dire qu'il le couvrît de sa protection, qu'il lui en donnât pour gage un objet quelconque, un chapelet, un bâton, voire même un animal, devant ce gage de protection les rancunes se taisaient et la personne du protégé devenait sacrée pour ses ennemis. La violation de l'anaya équivalait à une déclaration de guerre.

Nous nous sommes fait raconter sur place un fait de ce genre qui perpétuera dans l'avenir la mémoire de cette institution, car il valut un surnom à un village de la tribu des Menguelât, Taourirt 'n'taïdit, dont le nom signifie Taourirt à la chienne.

Voici à quelle occasion :

Un Kabile du village voisin d'Elqorn, qui avait des ennemis, s'en vint un jour demander l'hospitalité de la nuit à un de ses amis de Taourirt des Menguelât. L'ami était absent, mais l'étranger, par mesure de sûreté n'en accepta pas moins des femmes l'hospitalité. Le lendemain, ne croyant pas pouvoir s'en retourner en plein jour, il demanda un gage d'anaya. La chienne de la maison, bien connue dans le voisinage, lui fut donnée pour l'accompagner à ce titre. Nonobstant l'anaya, ses ennemis l'assaillirent et le mirent à mort.

La chienne s'en revint à la maison tachée de sang. On soupçonna le meurtre ; on se mit sur la route qu'avait du suivre le malheureux hôte de la veille et on découvrit un cadavre. La guerre était fatalement ouverte entre les deux villages; ce qu'elle dura de temps on n'a pu nous le dire, mais seulement qu'elle fut longue et acharnée. Chacun des deux tenait à faire subir à son adversaire autant de pertes qu'il en avait faites lui-même. On ne s'arrêta qu'après que les deux villages eurent perdu soixante-cinq victimes. Depuis lors Taourirt des Menguelat prit le nom de Taourirt 'n'taïdit, c'est-à-dire de Taourirt à la chienne.

L'Islamisme est la religion des Kabiles : mais en matière religieuse les Berbères ont apporté le même esprit d'indépendance qu'en matière politique. On sait que les hérésies qui déchirèrent la Numidie au quatrième siècle de notre ère se compliquèrent fortement de questions de nationalité. Il en fut de même au moyen-âge. De nos jours encore une grande fraction de la race berbère, les Mozabites, se trouve en dehors de l'orthodoxie. Dans la Régence de Tunis c'est encore chez les Berbères que la même secte hérétique a des adhérents..

Les Kabiles n'ont pas le fanatisme des Arabes. C'est moins encore la religion qui les arme contre nous que l'amour de l'indépendance. Quand Bou Bar'la vint les soulever, il commença toujours son appel à la guerre dans les foyers du fanatisme. Ainsi dans la vallée de l'O. Sahel à Tamocra, des Aïdel, tribu de marabouts; ainsi dans le Jurjura, chez les Guechthoula, près du tombeau de Sidi Abderrahman bouquobrein.

Une habitude qui s'est conservée pour nous, prouve une certaine tolérance. Il est d'usage en Kabilie que la mosquée serve d'asile au voyageur. Nous avons fait plusieurs excursions et constamment la mosquée a été mise à notre disposition toutes les fois qu'elle était suffisamment confortable. L'amin et les notables préféraient nous l'abandonner plutôt que se gêner un peu en nous livrant quelque pièce de leur habitation. Là nous nous installions complètement, couchant, fumant, mangeant et buvant des mets et des boissons pour eux prohibés. Il en fut ainsi à Tàka des Yahya, pendant le mois du Ramadhan. Nous devons ajouter qu'une telle hospitalité nous étonnait, nous gênait même et que nous eussions préféré la recevoir en d'autres conditions.

Dans cette mosquée de Tàka deux inscriptions nous ont frappé. L'une portait: « Occupe-toi des choses d'ici-bas comme si tu devais vivre toujours; et des choses de l'autre monde comme si tu devais mourir demain. » L'autre ainsi conçue, était en quelque sorte à notre adresse : « Si quelqu'un s'occupe de choses profanes dans son temple, Dieu abrègera son existence. »

Pendant ce mois du Ramadhan la plupart de nos clients se refusèrent à l'ingestion des médicaments, notamment du sulfate de quinine, bien que nous eussions inscrit sur notre porte en grands caractères arabes un verset du Coran qui permet aux malades et aux voyageurs de rompre le jeûne sauf à en rendre plus tard l'équivalent. Il faut dire aussi que bien peu de musulmans usent de cette liberté : ils préfèrent s'acquitter complètement du jeûne à l'époque prescrite pour ne pas se trouver gênés plus tard.

Comme nous l'avons dit, deux grandes préoccupations absorbaient les Kabiles : la liberté et les subsistances. Les travaux de l'esprit furent le partage à peu près exclusif des marabouts. L'activité intellectuelle des Kabiles se porta tout entière vers la culture et l'industrie.

Les Arabes exclusivement agriculteurs et pasteurs ne pouvaient se suffire à eux-mêmes, malgré le cercle borné de leurs besoins : ils étaient les tributaires des Kabiles qui pour eux travaillaient le bois et le fer. C'était encore aux Kabiles que les citadins empruntaient des artisans, à commencer par les maçons. Les arts de luxe même étaient cultivés par les Kabiles : c'étaient eux qui fournissaient le Magreb d'armes et de bijoux. Outre ces derniers objets, la tribu des Yenni avait une spécialité, celle de fabriquer de la fausse monnaie.

Devant consacrer un chapitre spécial au commerce et à l'industrie, nous ajouterons seulement quelques mots. Malgré l'âpreté du sol, malgré leur démocratie par trop radicale, ombrageuse et turbulente, malgré le voisinage du gouvernement turc, les Kabiles ont couvert leurs arides rochers d'une végétation luxuriante et d'une population compacte : on ne saurait assurément leur refuser une certaine dose d'intelligence, de la sève et de l'énergie. Sous le généreux patronage de la France, leurs facultés natives grandiront en puissance et en fécondité. Bien des faits et notamment l'accueil que certaines tribus ont fait à des transfuges, leur empressement à utiliser leurs connaissances supérieures, prouvent que les Kabiles ont l'instinct du progrès, surtout industriel, et qu'ils ne sont pas frappés de cet esprit d'immobilisme qui est plutôt l'apanage fatal des gens de la tente : la fixité de l'habitation est une condition de progrès.

A côté de la rudesse et de la fierté, nous trouvons dans l caractère kabile un grand fonds de loyauté et de franchise. Ces qualités ressortent de l'institution de l'*anaya*, qui prouve qu'ils savaient aussi respecter dans autrui la dignité personnelle et imposer silence à leurs rancunes.

Depuis la conquête ils ont fait preuve d'un bon esprit. Pendant l'hiver de 1857 à 1858, un officier ramenait sans escorte sa femme de Bougie à Fort-Napoléon. Pendant notre séjour nous n'avons pas entendu parler de crimes contre les propriétés. Deux homicides ont eu lieu. L'un dicté par des rancunes de famille, l'autre commis par un mari contre sa femme en flagrant délit d'adultère. Avant de se faire justice, le mari avait annoncé ce qu'il venait d'apprendre et ce qu'il allait faire, et sa conduite avait eu l'approbation de tous.

Quant aux facultés affectives, elles ont plus de relief et plus de consistance chez les Kabiles que chez les Arabes. Les liens de la famille y sont plus étroits. L'attachement au sol contribue également à les resserrer. La femme jouit d'une plus grande considération. Maintes fois nous avons surpris ces rudes montagnards en de tendres épanchements d'amour filial.

Nous avons toujours reçu d'eux une hospitalité cordiale et empressée. Des relations de bonne amitié contractées avec quelques-uns d'entre eux nous ont laissé de durables souvenirs (1).

Par position nous étions en rapport surtout avec la partie la plus misérable et la moins éclairée de la population. Leur dénûment, leur saleté, leur rudesse, leurs exigences, leur confiance exagérée mirent souvent notre patience à de rudes

---

(1) L'Arabe n'est pas avare de protestations d'amitié, mais ses avances sont généralement intéressées, pour peu que la personne à qui il s'adresse ait de l'influence : une *position* le flatte, et pour y arriver il a recours à la protection. Vaincu de la veille, il accepte avec empressement un emploi dans l'administration imposée aux siens. Le régime politique des Kabiles ne comporte pas ces défauts.

épreuves. Nous devons dire cependant que nulle part et jamais dans l'exercice de notre profession, nous n'avons éprouvé de satisfaction morale comme celle que nous ont procurée ces pauvres gens, dont la reconnaissance ne nous a jamais fait défaut. Celle des femmes avait un cachet particulier. C'est toujours avec plaisir que nous relisons le dossier volumineux de nos notes journalières.

IX. — DE LA FAMILLE.

La famille se constitue chez les Kabiles de la même manière que chez les Arabes.

Vers l'âge de six ans les jeunes filles sont fiancées et on les marie vers l'âge de dix à douze, moyennant une dot de quelques centaines de francs. Cette précocité du mariage, un des grands vices de la civilisation musulmane, malheureusement consacrée par l'exemple du Prophète, ne nous a pas semblé avoir une influence aussi fâcheuse pour les femmes kabiles que pour les femmes arabes, en ce sens que les femmes kabiles ne nous ont pas paru vieillir aussi vite que les femmes arabes. On rencontre toutefois un certain nombre de jeunes filles d'un âge plus avancé, dont le mariage a été retardé pour des causes diverses.

Les femmes kabiles sont fécondes. Qnand on entre dans un village, on est frappé de la grande quantité d'enfants, surtout en bas-âge, qui fourmillent dans les rues.

La polygamie est assez rare en Kabilie. On nous a désigné tel village de quelques centaines d'habitants, où l'on ne comptait qu'un seul polygame.

Le divorce nous a paru moins fréquent chez les Kabiles que chez les Chaouïa, où il nous a été donné comme très commun.

Ce qui distingue la famille kabile de famille arabe, c'est que la condition de la femme y est plus avantageuse. Ce fait qui se traduit jusque dans la physionomie des femmes d'un certain âge, physionomie empreinte d'une sérénité et d'une dignité que l'on rencontre bien plus rarement sous la tente, paraît avoir toujours été caractéristique de la race. On sait que la résistance opposée par les Berbères de l'Aurès à l'invasion musulmane fût dirigée par une femme, Dâmia bent Nifak. Plus tard nous voyons une femme du nom de Chemsi, commander à la tribu des Raten (1). Les noms de femmes réputées saintes et honorées comme telles sont plus communs chez les Kabiles que chez les Arabes. Le nom de Lella Fathma, l'héroïne de Soûmeur, est encore dans toutes les mémoires.

La femme kabile est propriétaire foncière, et nous verrons plus tard quelques actes de donation faits par des femmes. Dans ces actes la femme est presque toujours honorée du titre de *servante de Dieu*.

Il est un fait de philologie qui nous paraît avoir la même signification.

Les formes féminines sont communes à toutes les langues, mais, de toutes les grammaires à nous connues, la grammaire berbère est la seule où l'expression *nous* ait deux genres. Quand ce sont des hommes qui parlent, ils disent : *noukni*, quand ce sont des femmes, elles disent : *noukenti*.

Dans quelques tribus on pourrait peut-être expliquer l'importance de la femme par l'importance de ses travaux et le bien-être qu'ils apportent dans la communauté. Ainsi ce sont les femmes qui tissent les burnous renommés des Ourtilan et des Beni-Abbès : ce sont les femmes qui fabriquent la poterie des Aïssi : mais nous croyons qu'il faut remonter plus haut pour avoir l'explication de ce fait social.

Nous dirons plus tard que les femmes kabiles se présentaient à notre visite avec plus de propreté que les hommes

---

(1) Berbrugger, *Epoq. milit. de la Gr. Kab.*

et un certain sentiment des convenances que nous n'avons pas rencontré chez les femmes arabes.

Quant aux hommes, ils se marient de bonne heure, aussitôt qu'ils peuvent réaliser une dot. Comme en pays arabe et musulman le célibat ne se comprend et ne se voit pas.

Si les femmes sont livrées jeunes, par contre, les vieillards abusent trop souvent et à leur détriment, de la faculté qu'ils ont de convoler à de nouvelles noces en achetant une femme. Les unions, que nous trouvons et avec raison mal assorties et en quelque sorte contre nature, sont chez eux celles qui paraissent les plus naturelles. Ceci rentre du reste dans les idées médicales des Arabes, que les Kabiles ont pu recevoir par l'intermédiaire de leurs marabouts, sans parler de leur instinct luxurieux Plusieurs médecins arabes ont formulé en quelques maximes les règles à suivre pour conserver la santé. Parmi ces maximes, il est rare qu'on ne rencontre pas celle-ci : *gardez-vous d'épouser une vieille femme.*

La famille kabile est souvent nombreuse, et fréquemment un même toit abrite plusieurs générations : d'où l'encombrement, la viciation d'un air restreint et peu renouvelé, la transmission facile des maladies contagieuses. Nous avons entre autres rencontré une famille de galeux, composée de neuf membres, le père la mère et sept enfants, tous infectés. La syphilis est aussi transmise par le contact, et s'il fallait en croire les Kabiles, ce serait là la voie d'acquisition de beaucoup la plus fréquente.

X. — DE LA TRIBU.

La constitution de la tribu kabile n'est pas identique à celle de la tribu arabe. Quand la race berbère occupait aux premiers temps le vaste massif de l'Afrique septentrionale, naturellement elle était nomade et pastorale. En grandissant, elle dut se fractionner, et de nouveaux essaims cherchèrent de nouveaux cantonnements.

L'histoire nous a conservé le souvenir de la plupart de ces migrations, de ces fractionnements échelonnés de l'Est à l'Ouest, des Syrtes à l'Atlantique : nous avons même la filiation plus ou moins authentique de ces nombreux rameaux issus d'une même souche. Alors une dénomination commune impliquait une communauté d'origine. Les invasions déterminèrent des déplacements, des refoulements, des mélanges : elles aboutirent à changer le caractère de la race, qui se fixa dans les montagnes pour sauvegarder son indépendance. Dès lors, les dénominations perdirent leur caractère primitif et eurent une signification topographique autant qu'ethnographique ; les noms de tribus n'indiquèrent plus exclusivement l'origine : ils indiquèrent aussi l'habitation. Plusieurs tribus paraissent avoir aujourd'hui la raison de leur dénomination dans leurs conditions topographiques : ainsi les *Boûdrâr*, gens de la montagne.

Il est des fractions de tribus qui ont une origine distincte de leurs voisines ; ainsi chez les Raten, les Ousammeur et les Oumalou reconnaissent pour ancêtre commun Si Sliman, enterré près de Tablabalt, où se voit encore sa tombe, sorte de tumulus en ruines.

D'un autre côté, le fractionnement des tribus en groupes de deux ou trois villages, ligués entre eux, contre leurs voisins, accuse aussi le relâchement des liens de parenté.

On a cherché plusieurs étymologies au mot kabile, ou mieux kbaïle : une seule nous paraît sérieuse, c'est celle qui fait dériver ce nom du mot *kbaïl*, pluriel de *kebila*, tribu. Les Arabes, soumis à un gouvernement régulier et central ne pouvaient mieux désigner cette agglomération confuse de petites républiques que par le mot *kbaïl*, les tribus. C'est ainsi que chez nous on appelait la Suisse : *les Cantons*.

D'après ce qui vient d'être dit, on a tort de faire précéder le nom des tribus kabiles du mot *Beni*, les *enfants*, les *descendants*, comme on le fait pour les tribus arabes : *Aït* signifie la *maison*, *domus*, les *gens* de.. la *famille* de.. C'est une expression employée aussi pour désigner les diverses familles qui peuvent se trouver dans un même village. Ainsi dans nos interrogatoires, quand nous demandions le nom d'un individu, nous recevions souvent des réponses de ce genre : *Ameur nîts lounes, Rabah' naïts Cassi* : Ameur de la famille Lounes, Rabah de la famille Cassi. Il faut donc supprimer ce mot *Beni*, qui a un autre sens, et mieux encore le remplacer par le mot Aït qui a l'avantage de faire connaître de suite l'origine berbère de la tribu, en même temps qu'il est l'expression de la vérité. Le mot Aït se met aussi devant les noms de villages où parfois il fait partie intégrale de ces noms ; ainsi Aït Frah (1).

Les noms de villages expriment généralement un fait matériel : la position, la nature du sol et ses productions, une industrie, un événement, etc. Ainsi :

Aguemmoûn, la colline.

Taguemmount ou Kerrouch, la colline du chêne.

Taddert ou fella, le village d'en haut.

Agouni ou Djilbân, le champ de pois.

Tifilkoût, la fougère.

Tizi Ouzzou, le col du genêt.

Taourirt n' Taïdits. Taourirt à la chienne.

Ikermoûden, les tuiliers.

Avec les Français et les Arabes, les Kabiles peuvent em-

(1) La pratique semble donner un démenti à notre manière de voir sur les mots *Aït* et *Beni* et les admettre comme équivalents. Dans les livres, le mot Aït ne figure jamais en tête des noms de tribus, mais bien le mot Beni. Nous n'en considérons pas moins cet emploi du mot Beni comme illogique et comme un fait de pruderie littéraire pareil à celui que nous rencontrons dans les actes, où quand l'écrivain rencontre un nom de localité berbère, il a l'air d'en rougir et dit : ainsi appelé *dans leur langue*. Aït ne figure que dans le corps des noms propres, où l'on ne saurait les remplacer sans inconvénient. Les Kabiles vont plus loin avec nous, il est vrai, mais pas entre eux. Quand on leur demande d'où ils sont, il n'est pas rare de les entendre répondre ainsi : des Beni Taguemmount, des Beni Taourirt, etc. Ici l'emploi vicieux du mot *Beni* saute aux yeux de tous.

ployer le mot *ben*, mais entre eux c'est toujours *ou*, fils. Ainsi Mohammed, fils de Moussa, se dira *Mohammed ou Moussa*.

Les noms d'hommes les plus communs sont Mohammed, souvent prononcé *Mohand*, Amar, Saïd, Ali, Ahmed, Hossein, Mzyân, Idir, Bilcassem, Cassi, Brahim, Salem, Ismaïl, Arezqui, Msâoud, Moussa, etc.

Les femmes Fathma, ou Fathîma, Yamina, Smîna, Keltouma, Tâsâdîts, dont le diminutif enfantin est Adîdi, Djohor ou Djohra, Kallo, Yakouo, Aïni, Dehebya, Hammâma, Halima, Zobeida, Zeinab, Melha, Selma, Mekioussa, Mazzouza, ou sa forme berbère Tamazouzt, Fotta, Fottouma Titoum, etc. Ces derniers noms ont un goût de terroir.

XI. — DE L'INSTRUCTION ET DE LA LANGUE.

L'instruction kabile, si peu développée qu'elle soit, est l'apanage exclusif des marabouts.

Comme nous l'avons dit, les marabouts sont réputés d'origine arabe ; on croit qu'ils se sont introduits dans le pays à la suite de la conquête, comme agents de propagande religieuse.

Cette différence d'origine est encore accusée de nos jours principalement par le caractère religieux et la culture intellectuelle. Dépositaire du dogme, le marabout doit l'étudier dans le livre sacré et ses commentaires, cela dans les proportions que comporte la société kabile où il remplit aussi les fonctions d'arbitre, de juge et de notaire.

A part le célibat et la vie cénobitique, les marabouts représentent assez bien chez les kabiles ce qu'étaient au moyen-âge les religieux dans la Gaule, et les *mdersa* peuvent se comparer aux monastères.

Les marabouts ne se font pas faute de rappeler leur origine. Dans nos multiples expéditions en Kabilie, nous avons récolté un grand nombre d'actes de toute sorte, rédigés toujours par des marabouts. Dans les actes de vente, quand il s'agit d'un immeuble, on rencontre toujours un nom berbère de localité encadré dans une phrase telle que celle-ci : En tel a vendu à un tel un champ situé dans un lieu appelé dans leur langue, ou dans la langue des gens du pays : *bilour'et houm, bilour'et ahl el bled*. On dirait que l'écrivain rougit de transcrire ces noms barbares. Nous possédons plusieurs inventaires, plusieurs listes de donations en nature de fruits, de grains, etc. Toujours les objets sont désignés en arabe malgré la vulgarité des noms kabiles.

Il existe donc en pays kabile une certaine culture intellectuelle souvent plus étendue qu'en pays arabe, mais avec cette différence qu'en pays kabile cette instruction est le lot exclusif d'étrangers qui accusent nettement par un certain nombre de faits leur caractère exotique, tandis qu'en pays arabe l'instruction se répand à travers un milieu homogène.

Les Kabiles du Djurdjura, naguères encore, avaient trois principaux centres d'instructions : l'école des Raten près de Tacherahit, celle des Guechthoùla à la zaouïa de sidi Abderrhmân, et celle des Il'oùla, à Chellâta. Cette dernière seule a survécu aux troubles occasionnés par l'invasion française. L'école de Chellâta était depuis bien longtemps dirigée par une famille en grande vénération dans le pays : la malédiction divine est, jusqu'à la quatrième génération, assurée à quiconque oserait nuire ou médire d'un membre de cette famille. Cette famille a un mode particulier de propagation ; son chef n'a jamais qu'un enfant mâle ; il ne saurait en avoir davantage, sinon l'excédant meurt. Les faits actuels donnent encore jusqu'à présent raison aux croyances populaires.

Le chef actuel, Si Ali chérif, est une homme intelligent qui a compris que les temps de fanatisme et d'isolement sont passés : il parle et écrit le français : il a représenté le département de Constantine au Conseil général.

C'est surtout cette zaouïa de Chellâta qui peut se comparer à nos anciennes écoles monastiques. Autour d'une chapelle et d'un enclos où sont déposés les restes des anciens membres de la famille, s'élèvent de petites constructions où se logent les étudiants. Nous en avons trouvé quelques-uns lors de notre visite à Chellâta, le 10 novembre 1857.

Dans ces écoles, l'enseignement portait comme partout sur la grammaire, le Coran et ses commentaires : rarement on allait au-delà.

Il est encore un moyen d'apprécier le degré d'instruction d'un peuple, c'est l'énumération des livres qui lui sont familiers.

Pendant les années 1850 et 1851, nous parcourûmes presque toute la Kabilie, et nous eûmes occasion de recueillir quelques écrits. Nos récoltes les plus copieuses furent chez les Iâla et les Matka, chez ces derniers surtout. Chez les Ouzeldja, nous rencontrâmes particulièrement un grand nombre d'actes et de titres de propriétés. Chez les Matka, nous trouvâmes un fragment considérable d'un Coran imprimé, peut-être en Russie. Dans l'Aurès, nous recueillîmes aussi deux ou trois volumes, et sans l'intervention de quelques juifs nous eussions rapporté davantage du sac de Nâra Les officiers qui ont pris part aux expéditions chez les Menasser, nous ont toujours cité cette tribu berbère comme celle où l'on avait trouvé et malheureusement perdu le plus grand nombre d'écrits. Les livres récoltés par nous étaient le plus souvent des Coran, des traités de jurisprudence de Sidi Khelil ou ses commentaires, le *dalil el khirât*, sorte d'eucologe ou recueil de prières. Nous avons eu jusqu'à trois exemplaires du *dalil el khirat*.

C'étaient ensuite quelques petits traités de médecine, la Haroûnia ou des abrégés de Syouthi, des recueils de formules médicales, des opuscules religieux comme le *Toûhid* de Snoussi, des recueils incomplets de hadits, des recueils consacrés à la confection des amulettes, une quantité prodigieuse de talismans dépareillés, quelques fragments d'astronomie et d'astrologie, quelques autres se rapprochant des sciences occultes. En fait d'histoire, nous n'avons trouvé que celle des *sept dormants*.

Chez les Matka, nous avions fait en 1851 une récolte considérable de volumes : ayant été obligé de nous en séparer pour cause de déplacement, les plus beaux, une dizaine, disparurent. Pendant la même expédition plusieurs ouvrages furent aussi récoltés par les officiers du bureau arabe.

Est-il besoin d'ajouter que chez les Kabiles comme chez les Arabes, le nom de *thaleb* ou *savant* se donne à des gens qui souvent savent à peine lire et écrire et ont retenu de mémoire une partie du Coran, plus ou moins quelquefois énormément et à surprendre les étrangers si l'on ne savait que c'est là la matière principale de l'enseignement.

Citons encore, comme nous ayant fourni un certain nombre d'écrits, la Zaouïa de Sidi Yahya des Aïdel, à Tamocra. Cette Zaouïa qui avait été un des foyers de prédication de Bou-bar'la était parfaitement construite et l'on eut toutes les peines du monde à consommer sa destruction, décidée par mesure politique.

La langue arabe est nécessairement l'instrument de l'enseignement de la pensée écrite.

Maintes fois nous nous sommes informé s'il existait quelques monuments écrits en langue kabile : on nous a répondu parfois affirmativement, mais jamais on n'a pu nous en exhiber un échantillon, et les auteurs de ces réponses affirmatives nous paraissaient sujets à caution : des écrits de ce genre existaient, nous a-t-on dit, à Chellâta.

Depuis quelques années, des travaux remarquables d'histoire et de linguistique sont venus jeter un jour tout nouveau sur la race berbère et ses destinées.

Ces travaux établissent de plus en plus nettement une distinction radicale entre les deux races qui se partagent le sol de l'Algérie et nous permettent d'en suivre les tronçons respectifs dans le temps et dans l'espace. Une grande question reste à l'étude : c'est de rattacher à l'origine des temps historiques, la race et la langue berbère, à une ou plusieurs races, à une ou plusieurs langues. Entre toutes les conjectures, la plus probable à notre avis, est que la race berbère semble devoir être rattachée à la souche chamétique, l'histoire et la linguistique paraissent ici d'accord.

A côté de Procope, qui nous parle des habitants de la Palestine fuyant devant Josué et longeant les rives de la Méditerranée pour s'établir en Numidie, nous trouvons chez les écrivains arabes une tradition fréquemment reproduite qui fait descendre les Berbères de Djalouth, le Goliath des Juifs. Cette dernière tradition, nous l'avons recueillie aussi en Kabilie. On sait que Chanaan était fils de Cham. Quant à la philologie, quelques ressemblances ont été déjà constatées entre le berbère d'une part, l'égyptien et le copte de l'autre (1).

Quoi qu'il en soit, d'autres études ont établi l'identité d'un caractère actuellement usité par un des tronçons de la race berbère, avec un autre que l'on retrouve dans les monuments antiques : l'écriture lybique ne diffère essentiellement pas de l'écriture des Touaregs.

Pour en revenir à la Kabylie nous ajouterons que la langue berbère y est exclusivement parlée par les indigènes. Ceux-là seulement qui ont voyagé comprennent et parlent arabe : parmi nos malades un quart ou un tiers environ pouvaient être rangés dans cette dernière catégorie. Les interprètes que nous dûmes quelques temps prendre sur place, étaient

---

(1) On a fait des rapprochements de mots. Nous avons pu en faire de grammaire en compulsant la grammaire de Champollion et les travaux récents de M. de Rougé.

Les pronoms offrent de nombreuses analogies. Les plus frappantes sont *es* et *sen*, de lui, d'eux, régimes. Les verbes prennent, en égyptien comme en kabile, la forme transitive, par l'apposition de la lettre *s*. Ce qui nous a le plus frappé dans les trois langues, c'est l'emploi commun de la lettre *n* pour exprimer les rapports du génitif et des cas indirects.

d'une insuffisance désespérante, et nous ne fûmes satisfait que d'un caporal de tirailleurs, garçon intelligent et de plusieurs années de service.

XII. — DE LA PROPRIÉTÉ.

En pays Arabe, la propriété collective est la règle et la propriété privée l'exception : le contraire existe en Kabilie, conséquence naturelle de l'état sédentaire des populations.

La propriété, chez un certain nombre de tribus, s'établit et se constate par le seul témoignage. Chez d'autres, la propriété s'établit et se justifie par des actes.

Nous avons recueilli près d'une centaine de ces actes, relatifs à toutes les opérations que la propriété comporte comme ventes, cessions, hypothèques, etc.

Ces actes sont établis en bonne et due forme, avec un exposé de toutes les conditions qui peuvent constituer la validité de la vente ou de l'abandon, et offrir des garanties de toutes sortes aux parties contractantes.

Nous en avons rencontré le plus grand nombre chez les Ouzeldja, en 1851. Les autres proviennent des Matka, des Koufi, des Iâla, etc.

Ces titres sont de petits rouleaux, de véritables volumes dans le genre des *volumina* des Anciens. Chez les Ouzeldja, ils étaient toujours enfermés dans une petite boîte faite d'un seul morceau de bois creusé et fermé par une planchette glissant dans une rainure, à l'instar de ce qui se rencontre aussi fréquemment dans nos campagnes.

Telle est leur forme habituelle

Après la glorification de Dieu et la prière sur le Prophète, l'écrivain, qui est un marabout, expose qu'en sa présence et en présence d'assesseurs ou de témoins dont suit l'énumération, un tel a acheté d'un tel, un terrain situé en tel endroit, ains appelé dans la langue du pays, borné par telle et telle propriété, et constitué par un sol planté ou non planté ; vente faite moyennant une somme dont le montant est de tant de rials en bonne monnaie, reçue par le vendeur ; vente sûre, indissoluble, dégageant complètement l'acheteur et lui assurant la pleine possession de l'objet vendu, sans conteste et sans retour. Ce n'est souvent qu'après cet exposé que suit la liste de la plupart des témoins ; et après avoir dit : en présence de beaucoup d'autres qu'il serait trop long d'énumérer, l'écrivain signe et date.

Ce qui frappe surtout dans ces actes, c'est l'énoncé des qualités requises pour les pièces de monnaie délivrées par l'acheteur. Ceux qui ont l'habitude des indigènes de l'Algérie, Kabyles ou Arabes, ne s'étonneront pas de ces exigences.

Nous allons donner quelques-uns de ces actes.

N° 1. Acte de vente.

Cet acte est de la forme la plus simple. Il a été passé chez les Ouzeldja (vallée de l'O. Sahel).

« A la grâce de Dieu et sous sa protection, Bilcassem Assâmeur a acheté un champ d'Ahmed de la famille d'Ali (*nâts Ali*) appelé dans leur langue *Tril aou Khlef* ; en présence d'Ameur Assâmeur, de Bilkassem Amaibech, de Mohammed de la famille d'Iahya (*ats Iahya*), de Boudjema aferdjadj, d'Ahmed de la famille d'Yahya, de Saïd de la famille Boudâch de Mohammed Moussa, d'Iahya ben Sâmeur, d'Ameur Mouhoub, de Mohammed Abdessalem, d'Ali ben Ahmed ; il a acheté ce champ pour 41 rials, borné en haut et en bas par Mohammed Amzyân. La somme a été reçue et sa réception dégage définitivement l'acheteur, en pièces d'argent exemptes de défauts et de rognures.

« Ecrit par Mohammed ben Cherif ben ed Djoudi, que Dieu le protège ! »

N° 2. Acte de vente.

Cet acte, plus compliqué, se passait chez les Matka.

« Louanges à Dieu : il est unique !

« Et le salut et les bénédictions de Dieu sur son envoyé.

« Sachent ceux de nos excellents et éminents *Eulmâ* qui verront cet acte, que le porteur du sus-dit, à savoir Mohammed ben Ali Azzoug, a acheté un terrain appelé dans la langue des gens du pays *Iguer ellemzin* (le champ d'orge) planté de figuiers, des vendeurs qui sont Mohammed ben Bilcassem ben Ali ben Adar et son frère Sliman; au prix d'une somme dont le montant s'élève à 76 rials, bien frappés, en monnaie de l'époque, complets en poids et en nombre; somme reçue par les vendeurs, réception complète, emportant quittance pour l'acheteur, quittance générale, sans qu'il reste rien à réclamer dorénavant; après avoir refusé les mauvaises pièces et pris les bonnes; vente et achat ayant un caractère légal, obligatoire, définitif et absolu dans toutes les clauses et conditions; sans conteste ni opposition; emportant le droit d'user, de labourer ou de faire labourer, position du propriétaire dans sa propriété, du maître dans son bien. Les bornes du terrain vendu sont : en haut, Amar ben Mohammed ben Sliman, au levant le ravin de la famille Ferhat au couchant Mohammed Moustapha, et en bas Mohammed Moustapha.

« Cela, en présence des assesseurs agréés dont le premier est le saint, le juste Sidi essâïd des Bouhay, et parmi la foule Ramdham ben el houssein Adar, Mohammed ben Moustapha; et parmi les gens de Tâla hamou, El hadj Mohammed Amzyân de la famille Bouzid (*nits Bouzid*), Arab ben Ismâïl, el hossein ou Cassi, Ameur *amr'ar* (dit le vieux) Ramdhan ben el Arbi, et d'autres qu'il serait trop long d'énumérer, salut.

« Ecrit par Mohammed ben Errebî ben Yahya ; que Dieu le protége !

« Dans ce monde et dans l'autre ! »

N° 3. — *Inventaire après décès.*

Cet acte, passé aussi à Tâla hamou, des Matka, est de la même main, c'est-à-dire écrit par Mohammed ben Errebi.

« Louanges à Dieu ! il est unique. Et le salut et les bénédictions de Dieu sur son envoyé.

« Ceci est le recensement de l'argent qu'a laissé le défunt dans la miséricorde du vivant et de l'immuable Ali ben Bilcassem ben Mohammed Amar, sur la volonté de son frère Amar ben Bilcassem de mettre en évidence les créances qu'il a dans la foule. La première est sur Sidi Bilcassem ou Dâmoum, se montant à 3 rials plus 1/4 : ensuite Bilcassem ben Hassen Errebi, 7 rials 1/2 : Mohammed ben Bilcassem Errebi 6 rials 1/2 : El hadj Saïd de la famille Cassi (*nits Cassi*) 5 rials moins un dirhem, Mohammed du village d'Ir'il Asiouân, 21 rials; la servante de Dieu (qu'on le glorifie) Tâsâdits surnommée Takouâch ? 10 rials moins un quart, laquelle servante de Dieu est représentée par Amar ben Mohammed ben Slîmân, son chargé d'affaires. Le tout susdit se monte au total de 52 rials moins un dirhem : laquelle somme susdite est la propriété exclusive de l'orphelin Saïd fils d'Ali ben Bilcassem sus-mentionné.

« Or, le terme convenu entre Amar ben Bilcassem et les débiteurs susdits, à savoir mars, est arrivé, et les débiteurs susdits ont payé sans contestation et sans contrainte, en présence des membres présents de l'assemblée de Tâla hamou, à savoir : Amar surnommé *Amr'ar* (le vieux), Elhadj Mohammed ben Izid, El Hossein ben Cassi, Saïd surnommé Amr'ar, Ahmed ben Ismaïl, et autres qu'il serait trop long d'énumérer en totalité. Et le salut !

« Ecrit par Mohammed ben Errebi ; que Dieu le protége dans ce monde et dans l'autre. »

N° 4. — *Prêt sur immeuble.*

« Louange à Dieu et le salut de Dieu sur notre seigneur Mohammed et sur ses compagnons et sa famille !

« En présence d'El Arab ben si Mohammed, d'Aboulcassem ben Bou Azîz, de Slîmân ben Bou Seksi, de Mohammed ben Rabah, d'Ahmed ben Hadi, et de Saïd ben Akli, lesquels sont témoins que les enfants d'Ahmed ben Obéïd ont engagé un terrain appelé, dans la langue des gens du pays, *Makhoukh* à Sidi Echchérif fils de Sidi Ahmed ben Aboulcassem, pour la somme de 275 rials, reçus de la main de sidi Echchérif susdit. Salut à qui verront cet écrit de la part de l'écrivain ben el Mouhoub ben Abdelkader Ezzouâouy : que Dieu le protége ! »

N° 5. — *Abandon de biens.*

Cet acte est curieux, en ce que le donateur est une femme, de la tribu des Koûfi.

« Louange à Dieu et le salut de Dieu sur notre seigneur Mohammed.

« En présence des assesseurs agréés à savoir : Mohammed Arab originaire des Ksîla et habitant le pays des Koufi, de Bilcassem de la famille Mansour ; la servante du Dieu créateur, qu'on le glorifie ! Fathima, Kessoûmya d'origine, habitant la tribu des Koufi, abandonne tout ce qu'elle possède quel qu'il soit, quelque part qu'il soit et de quelqu enature qu'il soit, comme la dot qu'elle a reçue de son père Ramdhân ben Kessoûm et le reste de son bien à ses enfants Saïd ben Ali et Slimân ben Ali de la famille Dahman, abandon sûr, légal, obligatoire, définitif, parfait dans le fonds et dans la forme ; étant à l'état de santé et dans l'état légal, le désirant et sans être sollicitée, par motif d'affection et pour plaire à Dieu. Et le salut de la part de l'écrivain Elkhider ben Mohamed El Khouâs ont témoigné Sidi Ahmed ben el Mordâd, sidi Bilcassem ben si Ali, Ali ben Moussa, Slimân et Mohammed de la famille Slimân, tous habitants de la tribu des Koûfi et assesseurs agréés. Et le salut. »

N° 6. — *Abandon de biens.*

Cette nouvelle donation entre vifs est encore faite par une femme. Nous la citons surtout pour les épithètes qui précèdent le nom de la donatrice, pour les conditions stipulées et pour les titres des témoins.

« Louange à Dieu, et le salut de Dieu sur notre seigneur Mohammed, sa famille et ses compagnons. En ma présence et en présence des témoins agréés, la servante de Dieu, qu'on le glorifie ! l'honorable, la vénérable Tâsâdits bent Ali ben Amar a abandonné tout ce dont elle a hérité de son père, quelque part qu'il soit et de quelque nature qu'il soit, tant l'héritage primitif que ses bénéfices sans retour vers elle pendant sa vie ni à des héritiers après sa mort, à son frère ben Amar et à son neveu si Ahmed ben Amar, tant à eux qu'à leurs descendants mâles exclusivement jusqu'à extinction de mâles, après quoi le bien fera retour à d'autres membres de la famille, abandon complet, absolu, etc , en notre présence et du Fakih, cadhi de l'Islam sidi Mohammed ben Ali ben Abdel Azîz, du saint et du juste sidi Ahmed elhedjâb, du Fakih sidi Mohammed ben Abderrahman ben Allal, de sidi el Arbi ben Abdelkader, de sidi el Hossein ben el Mouhoub ezzedjâri, de sidi Ali ben Ahmed ben Mohammed, de sidi errebi ben Mohammed ezzedjâri, de sidi Mohammed ben Amar ben Ahmed, et autres qu'il serait trop long de citer. »

Nous ne pousserons pas plus loin nos citations ; nous ferons seulement quelques observations générales.

Nous possédons un acte en triple expédition, relatif à une double acquisition, dont l'une complète l'autre. De ces actes, deux ont les mêmes témoins ; aucun d'eux n'a le même écrivain.

Nous avons plusieurs actes relatifs à des propriétés contestées, soit qu'il y ait eu absence, soit qu'il y ait eu possession et prescription.

Ainsi, des Ouled Moqbel, de la tribu des Ouzeldja, s'étaient établis dans la localité dite *Adriou Aïssoûs*, y avaient cultivé, fait du bois, extrait des pierres et même bâti, quand on vint leur contester la propriété de ce terrain.

Cette opposition fut rejetée par l'autorité de Sidi Khelil qui déclare, dans son Mok'htasser, que si quelqu'un s'établit dans une propriété et en jouit pendant dix ans sans qu'il soit fait opposition, il ne peut plus en être évincé.

Les dates de ces actes, quand elles sont exprimées en toutes lettres, sont généralement formulées ainsi : A la date de l'année 95 du 11e siècle, ou bien à la date de l'année 27 du 13e siècle après 1200.

Nous possédons des listes de recensement de toute l'huile vendue par un propriétaire, avec indication de la quantité et du prix à la suite du nom de chaque acheteur.

XIII. — DU COMMERCE ET DE L'INDUSTRIE.

Nous ne saurions ici traiter *in extenso* du commerce et de l'industrie kabiles; cela nous entraînerait trop loin ; d'un autre côté, nous ne saurions passer sous silence un trait essentiel des populations qui nous occupent.

Cette matière a été longuement traitée, dans l'ouvrage de M. Carette sur la Kabilie, ouvrage qui étonne par la richesse et généralement la sûreté des détails, non moins que par la rare sagacité qui préside à leur mise en lumière. Les expositions algériennes comprennent aussi un certain nombre de produits de l'industrie kabile.

En parlant des produits du sol nous avons fait connaître une bonne part de l'industrie.

Les deux arbres les plus précieux de la Kabilie sont le figuier et l'olivier. C'est par eux, par le dernier surtout, que les Kabiles peuvent aller se procurer le blé qui leur manque sur les marchés arabes, en même temps que le premier leur assure une partie de leur alimentation.

Nous avons parlé des procédés d'extraction de l'huile : nous n'y reviendrons plus.

Le blé se complaît dans certains cantons privilégiés de la Kabilie, comme la vallée de l'O. Sahel, celle du Sébaou, celle de Bor'ni, etc , mais les trois quarts environ du pays en sont dépourvus.

Un peu d'orge est semé dans la montagne et sur les collines.

Le bechna est commun dans les environs de Dellys, dans la vallée du Sébaou, dans celle de l'Isser.

Les Kabiles n'ont pas seulement le moulin portatif des Arabes : ils ont encore des moulins à eau. Les moulins sont d'une construction très simple, et d'après nos informations, les frais d'établissement ne se monteraient qu'à une cinquantaine de francs.

Telle est cette construction. Une saignée est faite à un cours d'eau et sa conduite prolongée le long de la rive, suivant une étendue suffisante pour avoir une chute. Là où doit s'effectuer la chûte, l'eau est recueillie et emprisonnée dans un conduit cylindrique fait d'écorces reliées par des lianes ou des cordes, conduit de quelques mètres de longueur et disposé suivant une inclinaison d'environ soixante degrés. Il aboutit au rez-de-chaussée, à une petite maisonnette coupée dans le sens horizontal par une sorte de plancher. Le plancher est traversé par un axe vertical. A sa partie inférieure, ou rez-de-chaussée, cet axe supporte une turbine ; supérieurement, au premier étage, il entraîne une meule, tournant sur une autre meule immobile. Cette turbine est une pièce de bois, une sorte de grand plat creusé, partagée en cavités rayonnantes par des cloisons allant du centre à la périphérie; son diamètre n'atteint pas un mètre : le conduit en écorce déverse l'eau sur l'un de ses côtés. Les dimensions de la meule sont en rapport avec celles de la turbine.

Les moulins ne sont pas rares. Nous en avons observé plusieurs inoccupés ou en ruines, à la hauteur de Tablabalt, sur le petit ruisseau dit *Ir'zer bou Aïmeur,* qui descend d'Aboudîd. Un peu en amont, près du four à chaux, deux colons viennent d'établir un moulin à la française, que des difficultés diverses n'avaient pas encore permis de mener à bonne fin lors de mon départ de Fort-Napoléon. Nous avons vu plusieurs autres moulins en exercice sur l'O. Eddjemâ, aux abords du marché de ce nom, chez les Menguelât.

D'autres végétaux féculents sont cultivés par les Kabiles, soit en plein champ, soit dans les jardins : ainsi le maïs, les fèves, les haricots, les pois, les lentilles, tous objets consommés sur place ou exportés.

Les fèves sont l'objet d'une culture étendue. Il nous souvient encore de la quantité prodigieuse que nous en vîmes brûler, au mois de juillet 1851, chez les Ouzeldja.

A côté des céréales, il faut placer le gland-doux, fruit modeste mais précieux, qui entre dans la composition du pain chez les pauvres et qui est même un objet d'exportation. Quand le chêne et le figuier donnent, les pauvres kabyles sont à l'abri de la disette.

Quant aux autres fruits, toutes les tribus à peu près peuvent en exporter plus ou moins.

Ce sont, dans l'ordre d'importance, d'abord le raisin, puis les abricots, les poires, les pêches, les pommes, les grenades, les prunes, les noix, les nèfles, les coings, les amandes, les carroubes, les figues de Barbarie.

Les jardins fournissent aussi leur contingent au commerce, ainsi, des ognons, des navets, du poivron, des courges, du tabac.

Nous avons rencontré des choux à Tamocra, village de marabouts, chez les Aïdel.

Nous avons déjà parlé de l'emploi fait en teinturerie de la garance qui croît spontanément en Kabilie. Peut-être existait-il jadis des plantations de pastel. Nous en avons trouvé une tige magnifique à Taguemmount-n-haddâden. L'isatis croît spontanément dans le Jurjura.

L'écorce de grenadier est exploitée comme matière tinctoriale.

Rappelons que la salseparcille est commune en Kabilie, et que, d'après nos renseignements, celle qui pousse en épais massifs, aux environs du Souk-el-had des Raten, est quelquefois exploitée.

Parmi les transformations que les Kabiles font subir aux matières premières, il faut citer la fabrication du savon. Telle est, sur une assez grande échelle, l'industrie du village d'Aït Athelli, distant de quelques kilomètres de Fort-Napoléon. Les gens d'Aït Athelli vont porter leur savon sur les marchés arabes, d'où ils rapportent du blé qu'ils revendent sur les marchés kabiles.

Les forêts fournissent des matériaux à de nombreuses industries.

Sans parler du charbon et du goudron qui se font presque partout, les forêts sont exploitées pour les bois de charpente, les instruments aratoires, les pressoirs, etc., et fournissent à l'exportation surtout des objets de boissellerie et des ustensiles de ménage. On voit des plats d'une seule pièce de très fortes dimensions. Les plats sont une industrie spéciale à certaines tribus.

La menuiserie est également pratiquée en Kabylie et toutes les provisions ne sont pas renfermées dans des vases, des niches, des sacs. Nous avons plusieurs fois rencontré des coffres ou des bahuts. Jamais nous n'oublierons celui que nous avons vu à Aït Mimoun, chez les Yenni. Ce bahut, de grande dimension, par la richesse de ses sculptures entremêlées de têtes de clous en cuivre, mériterait, à côté des bahuts du moyen âge, une place dans nos musées, tout au moins à l'exposition des produits algériens.

On sait que les Kabiles excellent dans la confection des tissus de laine et particulièrement des burnous Les plus renommés sont ceux des Beni Abbès. La laine s'achète aux Arabes.

Parmi les industries relatives aux tissus, il en est une, spéciale à un village des Beni Raten, Taourirt Tamocrant. Là seulement se confectionne l'*achouaou*, pièce de toile brodée qui sert de coiffure aux femmes dans une bonne partie de la Kabylie. Il est à noter que cette industrie est le fait exclusif des hommes, que les travaux seuls de la campagne enlèvent à leurs broderies. Taourirt possède un millier d'habitants. Ses *achouaou* sont transportés jusque dans la vallée de l'O. Sahel, sur les marchés des Ourl'is et des Fenaya, où ils sont échangés contre des couffins, des chapeaux et autres objets en feuille de palmier nain.

La fabrication de la poterie, asssez répandue, est portée chez les Aïssi au plus haut point de perfection. Ce sont les femmes qni travaillent à la main : le tour est inconnu. Malgré l'imperfection des procédés, quelques-uns de ces vases ont un très beau galbe. On s'étonne aussi de la complication de quelques autres, tels que vases accouplés, lampes à becs multiples, etc. : ce qui leur manque c'est l'émail.

Les tuiles sont travaillées par les hommes, à peu près partout. Elles sont soumises à la cuisson de la même manière que les poteries. Une fois séchées, on les empile sur deux ou trois rangs superposés, on les couvre de bois sec et on y met le feu. Avec de tels moyens, il ne faut pas s'étonner que beaucoup d'échantillons, ceux de la superficie, soient gâtés.

La chaux et le plâtre sont exploités par les Kabyles. Entre Imatouken et Taourirt Tamocrant, nous avons vu les restes d'un four, aujourd'hui délabré. Le plâtre est moins commun toutefois au nord qu'au sud du Jurjura.

Les deux plus beaux édifices montés en plâtre que nous ayons observés sont la mosquée de Taka et celle de Sidi Yahya des Aïdel. Celle-ci était ornée de belles arabesques. Sa destruction fut décidée par mesure politique, et l'on dut y employer le canon.

Dans le bassin de l'O. Sahel, les Barbacha et les Sliman exploitent ou ont exploité les minerais de fer du Kandirou.

Dans la vallée du Sebaou les minerais de fer n'ont jamais été signalés que nous sachions. En revanche, le fer y est travaillé dans presque toutes les localités d'une certaine importance. Il n'est pas de fort village qui n'ait un ou plusieurs forgerons. Il en est qui doivent leur nom à cette industrie, ainsi le village de Taguemmount Haddâden, situé à quelques centaines de pas du Fort-Napoléon, dont le nom signifie la *colline des forgerons*. Une chose nous étonne, c'est que nous nous n'ayons pas ici une dénomination indigène, car *haddad* est arabe, et le fer se dit en kabyle *ouzzal*. Les forgerons fabriquent généralement tous les objets de première nécessité, comme socs de charrue, fers à cheval, serrures, clous, couteaux et tranchants de toute sorte, haches, hachettes, houes, mors, étriers, éperons, peignes à laine, etc.

Quelques-uns, tels que les Flissa et les Yenni, excellent dans la confection des armes blanches. Les derniers fabriquent des armes à feu de toutes pièces, à part les canons de fusils qu'ils achètent.

C'est chez les Yenni que l'on rencontre aussi le plus de ces ateliers où se travaille l'argent pour fourreaux d'armes, ornements de fusils et de pistolets, bijoux, bracelets, *tamzint* (ornements de tête pour les femmes), agrafes, bagues, étuis, etc.

Ce sont les mêmes Yenni qui avaient autrefois la spécialité de la fausse monnaie. L'un d'eux, en notre présence, a gravé sur un chaton de bague, une légende arabe avec promptitude et habileté.

L'argent employé n'est pas pur. On fait parfois le mélange sur place au creuset. Le plus souvent on le fait venir d'Alger, sous forme de lames minces.

Citons encore parmi les produits de ce genre, les poires à poudre et les *laqquâth*, en cuivre. Le laqquâth est une petite pince à épiler que possèdent tous les Kabiles un peu soigneux de leur toilette.

Les cordonniers ne sont pas communs en Kabilie, mais les savetiers y abondent et il s'en installe sur tous les marchés. Du reste, les Kabiles usent peu de chaussures, et s'en font souvent d'un simple lambeau de peau, froncé avec une ficelle. Une chaussure en bois leur est spéciale, c'est le *Kab-kab*, qui ne diffère de celui des bains maures que par l'élévation de ses supports,

Parmi les produits de la Kabilie, citons encore le miel et la cire. La cire était depuis longtemps en Kabilie un objet important d'exportation, dont le gouvernement turc se réservait le monopole, là où s'étendait sa domination. Nous possédons un acte revêtu du sceau du bey de Constantine, Abdallah, qui nous fut rapporté de Collo en 1843. Cet acte enjoint aux habitants de Collo de ne vendre les peaux et la cire qu'à leur caïd exclusivement. Abdallah Bey gouvernait à Constantine au commencement de ce siècle. On sait que la bougie de cire passe pour avoir pris son nom de la ville de Bougie..

Le commerce des Kabiles porte non-seulement sur des produits du crû mais encore sur des produits exotiques. Les tribus, connues sous le nom collectif de Zouaoua, sont celles qui fournissent le plus de colporteurs.

Le commerce de colportage se fait sur les marchés kabiles et sur les marchés arabes. Il met en circulation principalement des tissus, de la mercerie, de la quincaillerie, des épices et des drogues.

Outre les tissus indigènes et leurs similaires fabriqués en Europe, les colporteurs s'approvisionnent dans nos villes de cotonnades, calicots, mouchoirs, soieries, etc., de miroirs, peignes, fils, colliers, bagues, verroteries, ciseaux, souliers, de l'acier, du fer, etc.

Leurs épices sont la muscade, le poivre, la cannelle, le gingembre, le clou de girofle, le nigelle, l'anis, le fenouil, le carvi, le safran, le piment, la *quemîha* (amandes de cerises), etc.

Les drogues sont surtout des matières tinctoriales et des médicaments.

Dans la première catégorie sont le henné, l'alun qui se dit en kabile *âzârif*, le kohol, le sulfate de fer, la noix de galle, l'écorce de grenadier, la garance, l'indigo, *nîla*, etc.

Les médicaments sont généralement l'aloës et la myrrhe, le sel ammoniac, le benjoin, la staphysaigre, le fenu-grec, l'asafœtida, la gomme, le galanga, l'encens, le cardamome, la pyrèthre, l'acétate et le sulfate de cuivre, la lavande aspic, le harmel, la salseparcille, le henné, etc.

Toutes ces drogues sont généralement connues par leurs noms arabes : aussi nous abstiendrons-nous de les reproduire.

Comme en pays arabe, les marchés sont hebdomadaires en Kabilie, et sont connus par le nom du jour où ils se tiennent.

Les marchés sont multipliés. Leur fréquence assure non-seulement le commerce d'exportation, mais encore la circulation intérieure. Chacun y apporte ses produits, et comme nous l'avons vu, des Kabiles y étalent également le blé acheté sur les marchés arabes. C'est la vie des populations, aussi sont-ils très fréquentés. Au premier rang, dans la Kabilie du Jurjura, il faut citer celui du Djéma des Menguelat, puis le Tléta des Raten, le Sebt des Yahya, le Djemâ des Frâoucen qui se tient sur les ruines de Djemâat es Sahridj, etc.

Les marchés sont particulièrement fréquentés pour l'approvisionnement de la viande. Les plus pauvres s'ingénient pour ne pas rentrer au logis les mains nettes, dûssent-ils ne rapporter que des issues.

Citons enfin comme dernière ressource des Kabiles, l'émigration ou le séjour dans nos villes. Plusieurs tribus ont leur spécialité. Ainsi les habitants de Mansourah s'emploient à la halle au blé : on rencontre des Raten au marché aux huiles, les Djennâd sont boulangers. D'autres, s'emploient comme maçons, d'autres comme jardiniers. Plusieurs des herboristes, mâles et femelles de la place de Chartres, à Alger, sont originaires de la Kabilie.

XIV. — HABITATIONS.

Comme nous l'avons déjà dit, les villages kabiles occupent les crêtes de la montagne, ou les ressauts qui en accidentent les pentes. La première position est de beaucoup la plus commune. Un bon nombre de maisons reposent immédiatement sur la roche et c'est sur la roche que l'on marche quand on traverse un village. Si la roche apparaît moins sur les flancs du village, c'est qu'elle a été recouverte par des couches de détritus accumulés depuis des siècles et transformés en humus.

L'assiette et le plan des villages sont déterminés par la forme de ces soulèvements, c'est-à-dire que ces villages sont généralement longs et étroits. Il n'y a le plus souvent qu'une rue à laquelle aboutissent quelques ruelles, à moins d'un centre de population important, comme les villages des Yenni, fondés sur des croupes élargies.

Les abords des villages sont habituellement malpropres, entourés immédiatement par une ceinture de fumiers, de détritus et de déjections humaines. Notons une autre condition d'insalubrité intérieure. L'écurie est toujours percée d'une petite brèche qui permet au dehors l'écoulement des liquides. Eh bien, c'est ordinairement dans le mur qui donne sur la rue qu'est percé ce conduit.

Tous les villages ont une mosquée plus ou moins bien construite, suivant l'importance de la localité, mais toujours d'une construction plus soignée que celle des habitations privées. Chez les Yenni, quelques-unes de ces constructions avaient un certain cachet monumental. Assez souvent il y a un minaret attenant à la mosquée. Quand des bâtiments bien blanchis dominent le village, ils contribuent à donner au paysage beaucoup de pittoresque. Ainsi en est-il chez les Akbil; ainsi au village de Taskenfout, chez les Menguelà, etc.

La mosquée de Tâka, des Yahya, malgré ses humbles proportions, n'en est pas moins remarquable. Une ligne d'arcades la partage en deux; le tout est moulé en plâtre, et le toit est parfaitement appareillé. C'est la plus coquette que nous ayons observée.

Il existe encore une autre sorte d'édifice public, un autre lieu de réunion, mais profane. C'est là que se réunissent les oisifs pendant les temps de pluie ou de chaleur. Ordinairement à l'entrée du village, cet édifice est percé sur ses deux pignons de larges ouvertures et son intérieur présente de chaque côté un massif de maçonnerie recouvert de larges dalles. C'est là que l'on s'assied ou même que l'on se couche. Les centres d'habitations qui approchent, atteignent ou dépassent un millier d'habitants, se trouvent sous le rapport de la contiguité des maisons dans les mêmes conditions que nos villes. C'est ainsi que Aït-Lahsen, des Yenni, présente une agglomération compacte de maisons pouvant contenir environ quatre milliers d'habitants. Il en est autrement dans les centres de population au-dessous de cinq cents habitants. Du reste, comme nous l'avons dit, la nature du sol, la configuration de l'émergement rocheux, commande la distribution des habitations.

Telle est généralement la distribution des habitations kabiles d'une importance moyenne. Autant que possible, on ménage une cour. Cette cour donne directement sur la rue ou bien elle est précédée d'un porche ayant à droite et à gauche des bancs en pierre comme dans les lieux de réunions publiques. Sur un des côtés de la cour est le corps de logis. La pièce principale se compose d'un rez-de-chaussée divisé en deux moitiés ; l'une plus élevée est l'habitation proprement dite, l'autre, un peu plus déclive, est l'écurie.

L'habitation de la famille est un sol tassé et parfois bétonné; les murs en sont blanchis à la chaux, parfois enjolivés d'arabesques en détrempe grossière, exécutées par les femmes.

Chez les pauvres seulement le foyer se trouve dans cette pièce.

Chez tous, des jarres de dimensions variables, sont appuyées contre les murs : les unes pouvant contenir plusieurs hectolitres, en terre séchée au soleil et mêlée de menue paille, sont destinées à contenir l'orge, les autres, moins volumineuses, cuites au feu, doivent contenir l'huile.

Dans la vallée de l'Oued-Sahel, particulièrement chez les Himmel, un coin de l'habitation cantonné en quart de cercle et d'un ou deux décimètres au-dessus du sol. était la place réservée pour le lit du maître ou de la maîtresse de la maison. Assez souvent un berceau se balançait au-dessus, toujours à la disposition de la mère. Ce berceau n'était autre chose qu'un plateau en sparterie, duquel partaient quelques cordes se réunissant presque immédiatement et se continuant par une corde unique attachée au plancher.

Quelquefois un bahut, un coffre est destiné à recéler maintes provisions. D'autres fois les meubles sont entassés sur des saillies que forment les murs à l'intérieur. On voit aussi généralement les murs percés de niches où sont déposés divers objets.

Entre cette moitié qu'habite la famille et l'autre moitié qu'habitent les animaux, s'élève un mur de séparation d'environ cinq décimètres de hauteur. Au-dessus des animaux est établi un plancher déterminant un nouveau compartiment qui sert tantôt de grenier, tantôt de dortoir, ou bien qui joue les deux rôles à la fois. Pour lit, on a des nattes et des tapis plus ou moins épais, plus ou moins durs.

Le Français qui voyage en Kabilie et qui n'est pas encore initié aux coutumes locales, trouve étrange, après toutes les prévenances dont il a été l'objet, cette hospitalité nocturne en commun avec les bœufs, et cependant c'est là la pièce du maître, c'est la plus chaude.

L'immense majorité des habitations sont recouvertes en tuiles, plus rarement elles le sont en liége.

L'air et la lumière rentrent à peu près exclusivement par la porte d'entrée; c'est à peine si quelques petites lucarnes sont percées dans les murs.

Quand l'habitation se résume dans cette pièce unique, et c'est le cas le plus commun, quand la famille est nombreuse et qu'un mariage vient ajouter une nouvelle famille à la famille première, on conçoit que cet amas d'hommes et d'animaux se trouvent en des conditions hygiéniques détestables. La lumière n'y pénètre pas suffisamment, l'air n'y circule pas, la fumée y séjourne; enfin la litière et les déjections des animaux chargent l'atmosphère d'émanations putrides. L'habitation doit être certainement considérée comme une des causes de la fréquence des ophthalmies.

XV. — VÊTEMENTS.

Les vêtements des Kabiles ne diffèrent pas essentiellement de ceux des Arabes. Longtemps on a cru que les Kabiles portaient habituellement un tablier de cuir, parce qu'on les voyait ainsi chercher du travail dans la plaine à l'époque des moissons. Ayant à marcher dans les broussailles, ils portent des jambières, lambeaux de burnous ou de bas assujettis par des cordes. L'hiver, ils se chaussent d'une sorte de sabot qui ressemble au *kebkeb* des bains maures, sinon qu'il est plus élevé d'un décimètre environ.

Les Kabiles sont généralement sales, et cette saleté doit entrer en ligne de compte pour expliquer la gravité et la chronicité de certaines affections, telles qu'ulcères, ophthalmies, etc. Quand ils travaillent l'huile surtout, il semblerait qu'ils craignent de toucher à l'eau. Les enfants sont généralement beaux jusque vers l'âge de dix ans, mais la saleté les défigure. C'est encore à l'incurie qu'il faut attribuer la fréquence des teignes et les ravages de la syphilis.

Il nous est arrivé plusieurs malades affectés d'ulcères à la plante des pieds, assez profonds pour y loger une noisette ou une noix. Des lambeaux dégoûtants les recouvraient : la peau se cachait sous une croûte épaisse et dure.

Quand nous demandions pourquoi ils ne portaient pas de chaussures, tantôt on nous répondait qu'on n'en avait pas le moyen, tantôt on nous montrait une paire de souliers, mais dans le capuchon.

XVI. — ALIMENTS.

Le couscous est encore la base de l'alimentation, mais il est loin de valoir celui des Arabes. Trop souvent il est fait avec un mélange de farine d'orge et de farine de gland. On conçoit qu'une telle nourriture est lourde ; c'est, du reste, ce qu'accusent les consommateurs. Nous avons déjà dit que certaines tribus de l'Oued-Sahel, de la vallée du Sébaou et de celle de Bor'ni, récoltaient de beaux blés. Ainsi que les Arabes, les Kabiles consomment aussi la farine sous forme de pain, *ar'roûm*. On use également de la farine de *bechna*, sorgho. La figue sèche prend ensuite le pas dans la consommation alimentaire ; c'est elle qui est la provision du voyageur. En automne, il se fait un abus de fruits verts, figues et raisins : d'où les indigestions et les engorgements ; c'est l'époque où les Kabiles se plaignent le plus de la faiblesse, de la paresse de leur estomac, de la *laquya* ou *tamaguirt*.

Les Kabiles font un usage plus fréquent des légumes que les Arabes, et ces légumes sont ou bien mêlés au couscous, ou bien mangés isolément. Nous avons déjà donné la liste de ces végétaux alimentaires.

Nous ajouterons encore que les plus communs sont les fèves, les navets et les artichauts sauvages, *tar'adioûts*, scolymus.

Presque tous ont de ces derniers, que l'on récolte au printemps et dont on mange la côte.

N'oublions pas de rappeler l'huile d'olive, dont il se fait une grande consommation.

La viande s'achète au marché, où chacun s'ingénie, même les enfants, pour réaliser un petit pécule qui permet d'en rapporter au logis. Il est une coutume heureusement instituée pour faire manger de temps en temps de la viande aux pauvres. Il s'en fait une distribution à laquelle prennent part tous les membres du village, hommes et femmes, grands et petits. Cette distribution peut avoir une triple provenance. Par l'*oûzya, timechert*, on opère par souscription, chacun donnant suivant sa fortune, peu ou prou, ou même rien : alors on partage par maison. L'oûzya peut avoir lieu environ une fois par mois. D'autres fois, ce sont des personnes riches ou des individus qui lèguent à leur décès une certaine somme affectée à l'achat de bestiaux, et ce legs porte le nom de *sedâkat* ou aumônes.

Enfin les amendes sont aussi converties au même usage.

Dans ces deux derniers cas, le partage se fait, non plus par maisons, mais par têtes (1).

Il est une habitude qui, sans être générale, est assez répandue pour que nous l'ayons remarquée toutes les fois que les Kabiles nous ont reçu. Après le repas, on nous servait du savon et de l'eau, pour les mains et la bouche. Quand le Kabile jouissait d'une certaine aisance, l'eau versée sur les mains était reçue dans une sorte de cuvette à double fond, dont la paroi supérieure était percée de trous. L'eau salie par le lavage des mains et de la bouche allait se cacher dans ce réceptacle. Nous admirions avec quel soin ils se rinçaient la bouche, dans laquelle ils inséraient alternativement l'un des doigts indicateurs.

(1) Le tableau que nous avons donné du bétail fait voir que la production du lait, *aïfki*, et de ses dérivés, n'est pas abondante.

XVII. — DE LA MÉDECINE CHEZ LES KABILES.

Avant d'exposer comment les Kabiles envisagent les maladies, conçoivent et pratiquent la médecine, nous croyons devoir dire quelques mots sur les naissances et les mariages.

Nous tenons des détails sur les accouchements d'une de nos clientes les plus assidues, de la tribu des Raten, groupe de Sidi Rached, affectée d'albugo.

Assez rapprochée pour nous rendre des visites fréquentes, âgée de 45 ans et d'un caractère liant, cette femme avait fini par se mettre avec nous sur un pied de confiance et de familiarité qui nous permettait de lui adresser des questions que nous n'aurions pu poser à d'autres.

Suivant Kolla bent Aïni, la durée de la grossesse peut dépasser neuf mois et atteindre jusqu'à dix. Elle n'a pas vu de femmes enceintes réglées, mais elle en a connu qui l'étaient pendant l'allaitement. A sept mois l'enfant est réputé viable. Il n'y a pas d'accoucheuses de profession, mais il y a des femmes ayant plus ou moins d'habitude et dont on réclame l'assistance. Les hommes s'éloignent, mais on laisse les enfants en bas-âge. Les douleurs peuvent durer de un à deux jours. Jamais on ne rompt la poche des eaux. Dans les présentations vicieuses on ne pratique d'autre manœuvre que la traction sur les parties sorties. Si l'accouchement est par trop lent, une femme place sa tête sur le ventre de la patiente et enlaçant ses mains derrière son dos, presse de part et d'autre pour déterminer l'expulsion de l'enfant. L'accouchée se tient généralement par terre. Quelquefois elle s'assied et l'on reçoit l'enfant dans un pan de robe. L'enfant n'est pas lavé : des onctions sont pratiquées sur ses articulations. On lui coupe le cordon qui tombe dans une huitaine de jours, et on répand à l'endroit de l'alun pilé. On ne tire pas sur l'arrière-faix, mais on attend son expulsion spontanée : quelques femmes succombent aux suites de sa rétention.

Ce que nous savons de l'allaitement, repose sur des renseignements et des observations pour ainsi dire de tous les jours. Il se prolonge pendant plusieurs années, parfois quatre ou cinq ans, s'il ne survient pas de nouvel enfant. Dans ce dernier cas même, l'allaitement est souvent double et quelquefois on nous a dit que chacun avait sa mamelle en titre, l'un à droite, l'autre à gauche.

Les mariages se font d'aussi bonne heure chez les Kabiles que chez les Arabes. On ne conçoit pas davantage le célibat. Quand on a le moyen de se mettre en ménage, on le fait. Le prix moyen de la dot est de cent douros, ou cinq cents francs.

Bien souvent la femme est fiancée plusieurs années avant le mariage, c'est-à-dire vers l'âge de sept ans. Il nous est arrivé dans le printemps de 1858 une jeune et jolie petite fille de sept ans dont les fiançailles avaient été rompues par suite d'un accident. L'enfant s'était laissée tomber dans le feu qui lui avait brûlé toute la partie postérieure du membre inférieur gauche. La dot, en raison de sa beauté, s'élevait à six cent cinquante francs. C'est généralement vers dix à douze ans que les fiancées sont livrées à leurs maris.

Certaines maladies retardent le mariage des jeunes filles. Nous nous en rappelons deux, de dix-huit ans : l'une, d'une riche et belle nature, avait une double keratite dont l'une fut heureusement améliorée par nous; l'autre, d'une nature plus distinguée et plus délicate, avait également une affection de la cornée, entretenue par un double entropion que nous opérâmes aussi.

La polygamie n'est pas très-commune, du moins simultanément, mais elle l'est beaucoup plus consécutivement. Jusqu'au terme de sa carrière, le Kabile, comme l'Arabe se fait un plaisir, j'allais dire un devoir de la cohabitation conjugale. Une quarantaine de sujets, souvent des vieillards, sont venus nous demander des aphrodisiaques. Si nous leur objections leur âge, ils nous répondaient que c'était moins pour eux que pour satisfaire aux désirs de leurs conjointes, et ce que nous savons des mœurs musulmanes, nous fait penser que souvent ils disaient vrai. La femme réclame impérieusement son droit, autorisée du reste par la loi, et se fait une vanité de le voir bien accompli.

Comme en pays arabe, le divorce est fréquent.

Le Kabile est superstitieux comme l'Arabe, mais il a moins de fanatisme.

A l'origine de ses maladies il n'aperçoit bien souvent que Dieu et les génies. Quand nous interrogions nos malades et que nous voulions remonter à la cause, on nous répondait le plus souvent : cela vient de Dieu. A cela nous répondions : et pourtant l'homme agit ; si tu reçois un coup de bâton, ce n'est pas la main de Dieu qui a tenu ce bâton, mais la main d'un homme. On ne tardait pas à comprendre. Les habitants du village d'Ichéràoua, sur l'emplacement duquel on a construit le fort Napoléon, furent cantonnés près des constructions appartenant au marabout sidi Seddik, homme influent que l'on dut transporter en France. Au commencement de 1858, plusieurs ophthalmies se déclarèrent et la croyance se répandit dans le pays que c'était une punition de Dieu qui vengeait le marabout lésé dans ses propriétés, et que la maladie durerait tant qu'il n'y serait pas réintégré.

Un grand nombre de maladies et particulièrement les maladies nerveuses sont réputées le fait des génies. Maintes fois encore, on nous a désigné une espèce de génie qui répond à nos fées, *âfrît*. Comme dans nos campagnes, on croit aussi que ces fées et génies peuvent agir à l'instigation des hommes ; en un mot, on croit aux sorts, le plus souvent introduits avec les aliments. Dans la majorité des cas, les sorts sont jetés par vengeance, à la suite de querelles de ménage, de jalousie. Quand nous traiterons des maladies en particulier, nous raconterons l'histoire intéressante d'une hystérique affectée de sort et évincée par une rivale.

Un grand nombre de maladies sont considérées comme produites et entretenues par des vers : ainsi les maladies des dents, des oreilles, les abcès, fistules, etc. Quant à la thérapeutique les Kabiles méconnaissent les indications. Ils se figurent qu'à chaque maladie correspond un spécifique. C'est à sa recherche que doit tendre le médecin : c'est sa connaissance qui fait l'efficacité de ses cures.

Le médecin consommé pour eux est donc celui qui sait parfaitement reconnaître une maladie et le remède correspondant.

Une des grandes difficultés de mon service était l'interrogation, et cette difficulté provenait d'une double source, l'insuffisance des interprètes et les préjugés des malades. Ce ne fut qu'après plusieurs essais que je finis par trouver un interprète à la hauteur de son rôle, intelligent et possédant bien l'arabe et le kabile. Mais les malades eux-mêmes étaient souvent un obstacle. Non-seulement ils se prêtaient difficilement à une interrogation méthodique, mais ils n'en comprenaient d'abord pas la nécessité. Beaucoup venaient me demander directement un remède Quand je voulais pénétrer dans les détails de leur affection, ils commençaient fréquemment par me dire : nous appelons cela ainsi, et ils croyaient en avoir dit assez.

Ce ne fut qu'à la longue qu'ils comprirent la nécessité d'un interrogatoire complet.

A leurs yeux, la supériorité de la médecine française tiendrait en grande partie à la supériorité des médicaments.

Il y a plus, ils croient encore que la plupart des médicaments guérissent d'emblée à première administration.

XVIII. — PRATIQUES MÉDICALES.

Nous n'aurons à mentionner ici que certaines particularités, la médecine kabile ayant de nombreux points de ressemblance avec la médecine arabe dont nous nous sommes occupé autre part. Il n'en saurait être différemment. C'est en arabe que sont écrits tous les livres des Kabiles ; un Kabile lettré ne l'est pas autrement qu'un Arabe. Les petits recueils de médecine que l'on trouve chez les lettrés et les médecins arabes ou kabiles sont absolument les mêmes.

C'est chez les Kabiles que se recrutent la plupart des colporteurs qui vendent sur les marchés arabes des médicaments et des drogues.

Plusieurs tribus du Djurdjura, telles que les Ali-ou-Harzoun, etc, ont des dépôts considérables de drogues où viennent puiser les colporteurs.

La médecine est exercée concurremment par les hommes et les femmes. Ainsi que chez les Arabes, chacun a le plus souvent une spécialité.

Malgré la fréquence de la fièvre intermittente, nous n'avons trouvé aucun remède en usage contre elle. Nous avons essayé d'y vulgariser l'emploi de la petite centaurée, assez commune en Kabilie.

Dans les affections de l'œil, on fait un grand usage de l'acétate de cuivre et du sulfate, soit appliqués immédiatement comme caustiques, soit employés en pommade avec du beurre.

L'entropion se traite quelquefois par la suture, et nous avons vu un Yenni qui nous a dit l'avoir pratiquée plusieurs fois d'après un procédé apporté de Syrie.

Le traitement de la syphilis est un des plus méthodiquement institués : nous l'avons déjà donné dans la *Gazette médicale de l'Algérie*, nous le rappellerons sommairement ici.

On prend une once de mercure et un quart de sulfate de cuivre, de verdet et de sel ammoniac. On triture séparément les trois dernières substances, puis on ajoute le mercure et on fait six tablettes dont chacune servira pour une fumigation.

La fumigation se pratique en s'accroupissant sur une marmite remplie de charbons, se couvrant de son burnous et se bouchant les ouvertures naturelles : elle dure un quart d'heure. On en fait une matin et soir, et on continue pendant trois jours. Pendant ce temps, il faut s'abstenir de sel, de viande, hormis celle de mouton, et de figues. On garde la maison, on boit de l'eau chaude et on fait usage de salsepareille.

Ce traitement a ses inconvénients et s'il n'est pas bien surveillé par le médecin qui l'a prescrit, il entraîne des accidents.

Depuis quelque temps les Kabiles font usage contre la syphilis de pilules qu'ils appellent *pilules de Paris* et qu'ils vont généralement se procurer à Constantine. Ces pilules dont nous avons vu des échantillons, nous paraissent être composées de proto-iodure de mercure.

La clef de Garengeot, connue des indigènes d'Alger, ne l'est pas en Kabilie. On extrait les dents avec une mauvaise pince et bien souvent on ne parvient, après bien des efforts laborieux, qu'à rompre la couronne. Maintes fois nous avons dû compléter ces opérations grossièrement exécutées. Un de ces instruments nous a été présenté.

Nous avons vu deux appareils à fracture. L'un d'eux était constitué avec des tiges de férules coupées en long et servant d'attelles. Leurs extrémités percées étaient traversées par des cordons en laine et d'autres liens portaient sur leur partie moyenne. Immédiatement sur la fracture, on avait pratiqué des embrocations d'huile d'olive et on avait recouvert avec de la laine. L'autre appareil se composait d'une seule pièce d'écorce de liége, entourant presque complètement le membre, et du reste assez souple. Comme dans le cas précédent on avait fait une embrocation et appliqué de la laine. Par-dessus l'écorce de liége étaient des liens que l'on serrait par un procédé curieux. Ces liens une fois noués, un cylindre de roseau était passé dans chacun, puis, en le tordant, on serrait le lien, comme on fait d'un tourniquet. Une tige de bois enfilée dans tous les roseaux les maintenait en position.

Une des pratiques les plus curieuses que nous ayions observées en Kabilie est celle de l'*inoculation*, d'un usage qui nous a paru général.

C'est vers l'âge de trois à quatre ans que les enfants sont inoculés. Alors qu'une épidémie de variole se déclare, on fend un bouton avec un couteau, puis une incision étant faite d'un centimètre ou deux d'étendue entre le pouce et l'index, on transporte du pus variolique dans la plaie. La cicatrice consécutive d'une étendue d'environ trois centimètres a une forme elliptique. Nous avons observé des centaines d'enfants et nous avons presque toujours observé cette cicatrice. De l'aveu des Kabiles, l'inoculation n'est pas un préservatif infaillible contre la variole.

Cette pratique de l'inoculation sera quelque temps encore un obstacle à la propagation de la vaccine en Kabilie : quelques années seront nécessaires pour que les Kabiles en comprennent la supériorité.

Nous avons pratiqué plusieurs vaccinations dans le printemps de 1858, dans les conditions suivantes :

Pendant l'hiver, une épidémie de variole avait sévi dans le village de Taourirt-Tamocrant, d'une population de plus d'un millier d'habitants et distant de Fort-Napoléon de cinq kilomètres. Le village, en raison de sa proximité, de ses environs pittoresques, et de l'industrie des coiffures de femmes dont je faisais de fréquentes provisions, était un de ceux où j'étais le plus connu. D'un autre côté, les jeunes Kabiles venaient tous les jours au Fort gagner quelques sous en vendant différents objets et faisant des commissions. J'envoyai préalablement un homme de confiance, qui avait été quelque temps mon interprète, pour prévenir de mon arrivée, le lendemain 4 avril 1858.

Une affluence considérable était réunie sur la place. Je fis apporter une natte pour m'asseoir et de l'eau pour laver les bras. Une quinzaine d'enfants, plus une jeune femme de dix-huit ans qui n'avait pas été inoculée, se présentèrent et se soumirent parfaitement à l'opération. Je n'avais avec moi que des plaques, et le 11 avril, ayant revu mes opérés, je n'en trouvai aucun de réussi. Je recommençai trois vaccinations avec des tubes, et toutes me réussirent. Deux de ces derniers vaccinés vinrent me trouver huit jours plus tard et me servirent à quelques vaccinations heureuses dans la population civile Européenne de Fort-Napoléon.

Le 10, je pratiquai à Taguemmount-Haddâden, village tout près du Fort, quatre vaccinations avec des tubes, et trois réussirent.

Deux autres tentatives, aux villages de Taddert-Oufella et d'Azzoûza, furent infructueuses. On me répondit que tous les enfants avaient été inoculés. Je crus devoir m'en tenir là pour deux raisons. Le courant journalier de malades qui venaient à ma visite ne me permettait pas de m'absenter au loin; de plus, des bruits couraient contre la vaccine. Quelques-uns disaient que c'était un moyen que l'on voulait avoir de marquer les Kabiles. D'autres même avançaient que la vaccine avait pour résultat de diminuer les forces génératrices. Enfin, dans certains coins de l'Algérie, cette mesure en quelque sorte imposée violemment, avait rencontré de la résistance et occasionné une légère émeute. Je crus donc devoir attendre du temps et de l'expérience la destruction de ces préjugés et ne pratiquai plus que deux vaccinations parfaitement réussies, l'une sur un jeune Kabile de Tablabalt et l'autre sur un d'Aguemmoùn, auxquels de fréquents rapports avec nous avaient inspiré une grande confiance. J'eus de plus la précaution de les vacciner concurremment avec un enfant Européen, pour leur prouver que cette pratique était entrée dans nos usages, qu'elle n'avait aucune arrière-pensée. Quelques vaccinations de zouaves furent également faites en présence de Kabiles.

Nous avons déjà dit que les Kabiles admettaient comme causes des maladies des influences surnaturelles, comme l'action des génies, les charmes, les sorts, etc. Ils admettent également les mêmes influences comme agents thérapeutiques.

On a dit que les Kabiles ne portaient pas d'amulettes; c'est une erreur. Il en est peu qui n'en portent et plusieurs à la fois. Quelques-uns m'en ont demandé. Un plus grand nombre, en me faisant l'historique de leur maladie et des traitements qu'ils avaient faits, me mentionnaient les écrits qu'on leur avait composés.

Tout comme chez les Arabes, ce sont des talebs ou des marabouts qui ont cette spécialité, cumulée quelquefois avec la pratique de la médecine. Un jour, je reprochais à l'un d'eux d'abuser de la crédulité du peuple en leur donnant ces morceaux de papier comme des remèdes efficaces. Mais, me répondit-il, nous n'écrivons là que de bonnes choses; où donc est le mal? — Sans doute, mais ne tromperais-tu pas également en recommandant aux Kabiles de jeter des feuilles du Koran dans leurs champs au lieu de blé : crois-tu qu'il en pousserait?

Les amulettes sont portées contre les maladies de l'âme tout aussi bien que contre les maladies du corps.

Une femme de 40 ans de la tribu des Frâoucen vint à nous avec un goître assez volumineux. Suivant un usage assez répandu dans le pays, en pareil cas, elle avait assez habilement masqué son infirmité en faisant tracer par dessus des tatouages figurant un collier à plusieurs rangs. Malgré son âge, dans son veuvage, elle voulait convoler à de nouvelles noces et nous pria instamment de lui faire une amulette pour attirer à elle quelqu'un qui l'épousât. Une jeune et intéressante hystérique des Beni-Thourar' voulait également emporter une amulette en dehors des médicaments que nous lui administrâmes. Une rivale lui avait jeté un sort : nous devions avoir la puissance d'enlever ce sort et de le rejeter sur sa rivale.

Parmi les pratiques superstitieuses, nous mentionnerons la suivante. Un Kabile des Sedka vint nous trouver pour la fièvre qui le tenait depuis longtemps. Il avait bien usé d'un remède, mais ce remède lui répugnait et il préférait notre *quina*. Pour couper les accès, il suspendait la nuit au-dessus de sa tête un crâne humain, et la fièvre le quittait. Qnand il enlevait le crâne, la fièvre réparaissait.

XIX. — DES AMULETTES EN PARTICULIER.

La question des amulettes est des plus curieuses, nous allons l'exposer avec une certaine extension, au moyen des éléments nombreux que nous avons presque tous recueillis en pays kabile.

Nous possédons une quantité prodigieuse de talismans, et même des traités sur la matière. Pendant les années 1850 et 1851, nous parcourûmes avec le 2e bataillon de zouaves, la majeure partie de la Kabilie, du Babôr à Ben-Haroun, des B. Abbês aux Matka. Toutes les fois qu'un village était pris, nous cherchions à recueillir le plus de livres et de papiers qu'il nous était possible. Rarement nous trouvâmes des livres de quelque valeur. C'était presque toujours des fragments de Sidi-Khelil, du Coran, des lambeaux de médecine, et toujours une quantité considérable d'amulettes. Nous ne possédions que deux traités complets sur la manière de composer les talismans. L'un, petit in-quarto de 60 feuillets, bien écrit, a pour auteur Aboul Abbas Ahmed ben Mohammed, originaire de Fez, habitant Maroc, et plus connu sous le nom d'El-Abassi. Cet ouvrage contient une cinquantaine de recettes. En tête de chaque chapitre sont énoncés, d'après Dimiâthi, les paroles qui portent bonheur. Ces paroles ne sont pas extraites du Coran, mais le Coran se trouve fréquemment mêlé aux pratiques que comporte leur emploi. D'autres autorités sont aussi invoquées, parfois même celle du Prophète.

A la fin du paragraphe est figuré le talisman.

Le second est l'œuvre d'Abou Abdallah Mohammed ben Youcef Essenoussi : moins volumineux et moins soigné, il contient peu de figures.

Nous possédions en outre cinq ou six petits recueils incomplets, puis une grande quantité de feuilles volantes.

Parmi les autorités citées par nos auteurs, il en est une que nous ne devons point passer sous silence, c'est celle d'un kabile de la tribu des Menguelat, Aboul Abbas Ahmed ben Ibrahim El Menguelati. Les autres autorités les plus fréquemment citées dans nos manuscrits, sont : Bourzeli, Razzali (1), Chadli, Senoussi, Dimiathi, Tsalbi, etc.

En dehors des ouvrages spéciaux, il est d'autres sources où l'on peut puiser des pratiques talismaniques ou superstitieuses. Les petits traités de médecine répandus en Algérie, tels que la *Harounya* de Manih, et le *Kitab-errhama* de Syouthi, sont généralement farcis de recettes et de figures de cette nature. Les ouvrages plus sérieux, tels que ceux de Ben Azzouz, de Daoud El Antaki, en sont exempts : on y rencontre seulement, notamment chez Ben Azzouz, des hadits ou propos du Prophète, relatifs à la médecine (2). On y

---

(1) On peut voir dans l'ouvrage de philosophie de Razzali, édité par M. Schmolders, une amulette pour la dystocie : mais Razzali n'y croit pas.

(2) Il est rare que l'on trouve des hadits chez les auteurs de premier ordre. Nous en avons cependant rencontré chez Ibn El Ouardi, géographe et naturaliste, Kazuini, etc.

trouve aussi, au commencement et à la fin, sur les feuilles laissées en blanc par le copiste, des recettes superstitieuses, la plupart ayant trait à l'excitation des facultés viriles.

La médecine surnaturelle emploie concurremment ou isolément trois ordres de moyens : la lecture ou la prière, les pratiques et le port des talismans.

Elle s'attaque non-seulement aux faits matériels, comme les maladies, l'impuissance, la grossesse, les animaux domestiques et sauvages, etc., mais encore aux faits moraux et sociaux, comme l'amour, les dissensions, la tiédeur dans le service de Dieu, la mémoire, les projets, etc., etc.

Nous parcourrons chacune de ces méthodes et nous mentionnerons un certain nombre de prescriptions prises dans tous les ordres de faits. Puis nous exhiberons quelques figures.

Quelle que soit la méthode, le Coran est presque toujours mis à contribution. Nous possédons même plusieurs petits écrits où les propriétés de divers chapitres sont indiquées. Nous avons déjà fait remarquer, à propos d'El Abbassi, que es paroles employées dans ses figures talismaniques n'étaient pas empruntées du livre sacré.

Parmi les prières qui ne sont pas tirées du Coran, nous en citerons deux qui sont rapportées au Prophète lui-même : l'une est contre la peste, l'autre contre la perte de la mémoire. Ali dit un jour à Mohammed que la mémoire s'éteignait chez lui et que l'oubli prédominait. Mohammed lui répondit : Je me suis plaint de cela à Gabriel et j'en ai reçu cette réponse : O Prophète, le serviteur de Dieu dont la mémoire faiblit, écrira la prière suivante avec du safran sur un vase propre et le fera passer la nuit dehors. Le lendemain il versera dedans de l'eau de Zemzem (1) ou de l'eau

(1) L'eau du puits de Zemzen a la réputation de conserver la mémoire et jouit de beaucoup d'autres vertus. Les pèlerins en rapportent, et dans l'expédition du général Pelissier, en 1851, nous en avons trouvé une dizaine d'échantillons.

de pluie, il en boira pendant trois jours et il n'oubliera plus rien, eût-il lu l'Écriture, l'Évangile et le Coran. J'en ai bu trois jours, dit Ali, et par le Dieu qui a créé le paradis et l'enfer, je n'ai plus rien entendu que je ne l'aie gardé dans ma mémoire. Telle est cette prière : O mon Dieu, je t'implore et je n'implore que toi et je ne désire que toi, qui accordes à ceux qui demandent, toi qui es le but de nos désirs, toi le vainqueur des vainqueurs, etc.

La prière contre la peste fut également révélée au Prophète par Gabriel. On en fait la lecture sur la tête d'un animal qui est ensuite abattu. Quiconque en mange un morceau est garanti contre la peste.

Nous citerons un certain nombre de versets ou de chapitres du Coran dont la simple lecture est efficace contre les accidents physiques ou moraux.

Le prophète lui-même a dit: Quiconque lira trente-trois versets du livre, ne craindra ni les lions ni ses ennemis, et sera sous la garde de Dieu jusqu'au lendemain. Or ces versets sont les quatre qui commencent la Vache, (IIe sourate), le verset du Trône (même sourate, verset 256), les deux versets qui suivent, les trois versets qui terminent cette sourate, etc.

Ces versets, dit-on, sont des versets protecteurs. Leur simple lecture préserve de cent maladies, comme l'éléphantiasis, la lèpre, etc. Je les ai lus, dit Mohammed ben Ali, sur un vieillard paralytique, et Dieu le guérit de son infirmité.

Tel est le verset du Trône, qu'il suffit de lire sur la tête d'un épileptique pour obtenir sa guérison : « Dieu est le seul Dieu, il n'y a point d'autre Dieu que lui, le vivant, l'immuable. Ni l'assoupissement ni le sommeil n'ont de prise sur lui. Tout ce qui est dans les cieux et sur la terre lui appartient. Qui peut intercéder auprès de lui sans sa permission? Il connaît ce qui est devant eux et ce qui est derrière eux, et les hommes n'embrassent de sa science que ce qu'il a voulu leur apprendre. Son trône s'étend sur les cieux et sur la terre, et leur garde ne lui coûte aucune peine. Il est le Très-Haut, le Grand. »

Pour combattre un sommeil excessif, on lira les versets : « Votre Seigneur », jusqu'aux mots : « Ceux qui font le bien. »

Tels sont ces versets, de la sourate el Araf :

« Votre Seigneur est ce Dieu qui créa les cieux et la terre en six jours, et alla ensuite se rasseoir sur le trône de Sa Majesté ; il couvre la nuit avec le jour, qui, à son tour, la poursuit rapidement ; il créa le soleil et la lune et les étoiles, soumis par son ordre à certaines lois. La création et la suprême modération de tout ne lui appartiennent-elles pas ? Béni soit Dieu, maître de l'univers.

« Invoquez Dieu avec humilité et en secret. Il n'aime point les transgresseurs.

« Ne propagez point le mal sur la terre rendue naguère à un meilleur état ; invoquez Dieu par crainte et par désir, car la miséricorde de Dieu est proche de ceux qui font le bien. »

Pour être sûr de ne pas mourir dans la journée, il faut lire les versets : « Il vous est venu un Prophète, » jusqu'à la fin de la sourate. Tels sont ces deux versets : « Un Prophète est venu vers vous, un Prophète pris parmi vous. Vos iniquités lui pèsent, il désire ardemment vous voir croyants. Il est plein de bonté et de miséricorde.

« S'ils se détournent de tes enseignements, dis-leur : Dieu me suffit. Il n'y a point d'autre Dieu que lui. J'ai mis ma confiance en lui ; il est le possesseur du grand trône. »

Celui qui désire voir le Prophète en songe lira mille fois le Kauther. C'est la sourate CVIII.

« Nous t'avons donné le Kauther.

« Adresse ta prière au Seigneur, et immole-lui des victimes.

« Celui qui te hait mourra sans postérité. »

Il est des sourates qu'il ne suffit pas de lire, mais qu'il faut écrire ou porter sur soi.

Pour être sûr de n'être jamais vaincu, on écrira la sourate Houd (la XIe) sur du parchemin de peau de gazelle et on la portera.

La sourate el Kauther protége également contre les ennemis.

Celui qui écrira la sourate el Araf, (la VIIe), avec du safran et de l'eau de roses sera préservé de Dieu contre toutes les maladies.

Celui qui écrira la sourate de Joseph sans rature et la donnera à porter à une femme enceinte, la fera accoucher d'un enfant mâle qui sera beau et prospèrera.

Nous allons voir un emploi du Koran plus compliqué.

Un grand nombre de recettes portent ce titre : Pour l'amour, c'est-à-dire pour inspirer de l'amour à quelqu'un ou à quelqu'une.

En voici une : Écrire la *fatah* (la première sourate), sur sept dattes ou sept figues et faire manger.

En voici une autre : Écrire sur la main droite, le vendredi, avant l'aube et avec du sang de coq blanc, les caractères suivants : *fekh, fehh, aknich, aqnich, afnich.* En frapper qui l'on aura en vue et on verra merveilles. Si l'on en doute, dit le copiste, qu'on essaye sur un âne et on s'en fera suivre.

Nous en donnerons un troisième ayant trait à un sujet analogue. Pour accroître l'ardeur d'une femme, écrire le long du pénis avec une plume en tige de fenouil les caractères suivants : *sma, smu, sbra, sbra akladj akhladj thef adjug;* voir la femme et elle s'attachera au point qu'elle regrettera l'homme même après sa mort. Cette recette est du cheikh Abderrahman el Masmoudi.

Ces dernières recettes sont suivies dans plusieurs de nos écrits de la réflexion suivante : O vous entre les mains de qui tomberont ces recettes, ne les employez jamais que pour des choses licites et dans la voie de Dieu.

Nous ferons remarquer, à propos des deux dernières, les paroles ou plutôt les caractères insignifiants qu'il faut écrire.

Ceci rappelle les expressions incohérentes employées par nos guérisseurs du secret, telles que : *baré, haré, brancnus Deus.*

Beaucoup de recettes ont pour but de renforcer les facultés viriles. Nous en avons trouvé une seulement d'un caractère différent. — Pour détruire la graine de la concupiscence charnelle. —Pour ce, écrire sur un vase neuf tous les noms de Dieu dans lesquels il entre un i, et boire dans ce vase une fois chaque matin pendant sept jours. Nous ajouterons comme éclaircissement que Dieu a quatre-vingt-dix neuf surnoms, lesquels on récite sur le chapelet musulman composé de quatre-vingt-dix-neuf grains. Les noms dans lesquels il entre un i sont tels que les suivants : *alim, rahim, adhim, halim*, etc.

Il est une recette, la plus fréquemment reproduite peut-être, et qu'on peut assimiler à celles qui ont trait aux rapports sexuels et à leur accroissement de puissance, c'est celle qui a pour titre « Pour délier le noué » c'est-à-dire pour dénouer l'aiguillette.

Le procédé suivant est en quelque sorte classique, attendu qu'on le trouve mentionné presque partout avec ses préliminaires : aussi nous n'en reproduirons pas d'autres.

« Sachez que les nœuds ont trois provenances : le souffle des génies, le sort des hommes et l'œil froid. S'il provient du souffle des génies, et on le reconnaîtra à ce que le sperme est émis avant l'union sexuelle, voici ce qu'il faut faire : écrire ce qui suit sur trois œufs. Sur le premier : nous avons édifié le ciel par l'effet de notre puissance et nous l'avons étendu dans l'immensité (sourate XLI, verset 47). L'homme le mangera. Sur le second : et la terre nous en avons fait un lit pour votre repos (même sourate). La femme mangera cet œuf. Sur le troisième : Et de toute chose, nous avons fait un couple afin que vous réfléchissiez (même sourate). On divisera cet œuf avec les cheveux de la femme et chacun en mangera la moitié.

Contre la fièvre, lire la sourate « n'ai-je pas dilaté ta poitrine » (sourate LXXXXIV), prendre un fil, et toutes les fois que l'on rencontre un k, faire un nœud à ce fil, puis en lier la main gauche.

Contre le *laquya* : écrire sur la main du malade et qu'il la tienne ensuite suspendue en écharpe : « Au nom de Dieu clément et miséricordieux. *Keffou, thama djema lama* ; sors ô *laquya*, par la volonté de Dieu ! »

Contre le mal de dents. Écrire sur la terre les lettres k, h, f. Planter un clou dans la première et lire la sourate : célèbre le nom de ton seigneur (sourate LXXXVII), sept fois. Si la douleur ne se calme pas, replanter le clou dans la deuxième et continuer jusqu'à la troisième s'il est nécessaire.

Contre les maux de seins.

Écrire sur les seins : « Ne vois-tu pas comme ton seigneur étend l'ombre ? » (sourate XXV).

Voici une recette d'un caractère malveillant. Pour diviser deux amis :

Couper une branche d'arbre vert, prononcer un des noms en question et celui de sa mère et dire : qu'un tel fils d'une telle soit séparé d'un tel comme j'ai séparé cette branche de l'arbre qui la portait. Établir un talisman et l'enterrer dans une tête de mort. (Suit le talisman).

Comme nous l'avons dit, un grand nombre de recettes consistent essentiellement dans le port d'une amulette, c'est-à-dire d'un écrit contenant des mots, des paroles, des figures déterminées disposées d'une certaine façon.

Le talisman, *telsem*, se dit généralement *heurz*, en Algérie : on dit encore *hedjab*.

La matière sur laquelle on écrit l'amulette n'est pas toujours indifférente. Le plus souvent on emploie le papier. D'autres fois il est prescrit d'employer le parchemin, voire même du parchemin de gazelle, du plomb, de l'argile, une feuille, de l'argent, etc.

L'encre ordinaire n'est pas toujours suffisante pour l'efficacité de l'amulette. Quelques-unes doivent être transcrites avec de l'eau de safran, de l'eau de roses, de l'eau musquée, du sang, etc.

Enfin il n'est pas jusqu'à la plume qui peut être aussi d'une matière déterminée.

Le jour et l'heure de l'écriture sont encore des conditions indispensables.

Tantôt il faut simplement porter l'amulette, tantôt il faut la porter sur certaines parties du corps. Quelques-unes relatives aux fonctions génitales doivent être portées sur la cuisse. C'est le plus souvent à la tête, à la calotte ou au cou que se portent les amulettes. Les Arabes et les Kabiles les ploient en petits carrés enfermés dans un petit sac de cuir suspendu par un fil ou une tresse. Les riches en portent dans un étui large et plat en argent : les pauvres en portent dans des étuis en fer blanc. Il n'est pas rare de voir surtout de jeunes Arabes ou Kabiles porter quatre ou cinq petits sachets en cuir suspendus à la calotte ou au cou, à l'instar de ce qui se fait chez nous pour les médailles et les scapulaires. On en voit aussi fréquemment au cou des animaux, des chevaux particulièrement. Comme nous l'avons dit, les paroles inscrites sont le plus souvent extraites du Coran.

Le talisman comprend généralement deux parties distinctes : un texte et une figure. Cette figure s'appelle *djedoûl* ou *khatem*. Elle est constituée par un certain nombre de lignes verticales et horizontales qui se croisent perpendiculairement. Outre ces lignes, quand elles font corps avec les mots, il en est d'obliques.

Ces lignes peuvent donc être ou bien de simples traits circonscrivant un certain nombre de petits carrés, ou bien elles ne sont autre chose que des mots prolongés. On sait que l'écriture arabe se prête merveilleusement à cette disposition.

Dans le premier cas, c'est-à-dire quand les lignes sont de

simples traits, les cases qu'elles forment par leur entrecroisement sont destinées à recevoir des lettres ou des paroles.

Tantôt ces lettres sont des caractères isolés et insignifiants, tantôt leur réunion peut former un sens, tantôt les carrés contiennent des mots complets, formant ou non un corps de phrase.

Ces mots ou ces caractères ont encore une certaine manière d'être disposés. Fréquemment ils s'entrecroisent obliquement et se répètent plusieurs fois. Telle est la manière des figures d'El-Abbassi.

Dans les figures talismaniques le nombre des figures horizontales est toujours égal à celui des lignes verticales, et la figure peut prendre son nom du nombre de ces lignes. Nous allons donner un échantillon de la manière d'El-Abbassi.

Telles sont les paroles de la figure. « *Versets de cheikh Ed-dimiathi*, que Dieu nous protége par son intercession ! »

« Donne-moi, ô Donateur, la science et la sagesse. O enrichisseur, donne-moi la richesse et rends-moi les choses faciles. »

On écrira le talisman sur du parchemin propre, avec la Fatha (1re sourate du Coran), « le *besmellah* (au nom de Dieu clément et miséricordieux) ; la prière sur le Prophète (que le salut et les bénédictions de Dieu soient sur Notre Seigneur Mohammed, sur sa famille et ses compagnons). Le jeudi matin, après la prière, on lira mille fois le talisman. On le lira mille fois après la dernière prière de la journée ; on lira l'objet de la demande ; on placera l'amulette sous sa tête, on s'endormira en récitant les paroles inscrites et on réussira. »

Or, telle est la figure :

مسهلا facilitant	والرزق et la richesse	وحكمة et la sagesse	علما la science	يا وهاب ô donateur	لي à moi
والرزق et la richesse	وحكمة et la sagesse	علما la science	يا وهاب ô donateur	لي à moi	وهب donne
وحكمة et la sagesse	علما la science	يا وهاب ô donateur	لي à moi	وهب donne	يا رزاق ô enrichisseur
علما la science	يا وهاب ô donateur	لي à moi	وهب donne	يا رزاق ô enrichisseur	كن sois
يا وهاب ô donateur	لي à moi	وهب donne	يا رزاق ô enrichisseur	كن sois	لي à moi
لي à moi	وهب donne	يا رزاق ô enrichisseur	كن sois	لي à moi	مسهلا facilitant

D'autres fois, avons-nous dit, les lignes des carrés ne sont autre chose que des lettres prolongées. Il est une figure assez fréquemment reproduite, constituée exclusivement par tous les mots de la sourate el Akhlâs (la CXII^e^), sans interposition d'autres mots ni caractères, dans les carrés ou triangles qui résultent de l'entrecroisement des lignes.

Cette sourate a trait à l'unité de Dieu dont elle est la profession de foi explicite. Elle jouit de vertus spéciales et nous l'avons déjà vu recommander. Il n'est pas de musulman qui ne doive la savoir de mémoire. Telle est sa traduction : « Dis : Dieu est un. C'est le Dieu éternel. Il n'a pas enfanté et n'a pas été enfanté Il n'a point d'égal. »

Telle est la figure engendrée par cette sourate ainsi démembrée :

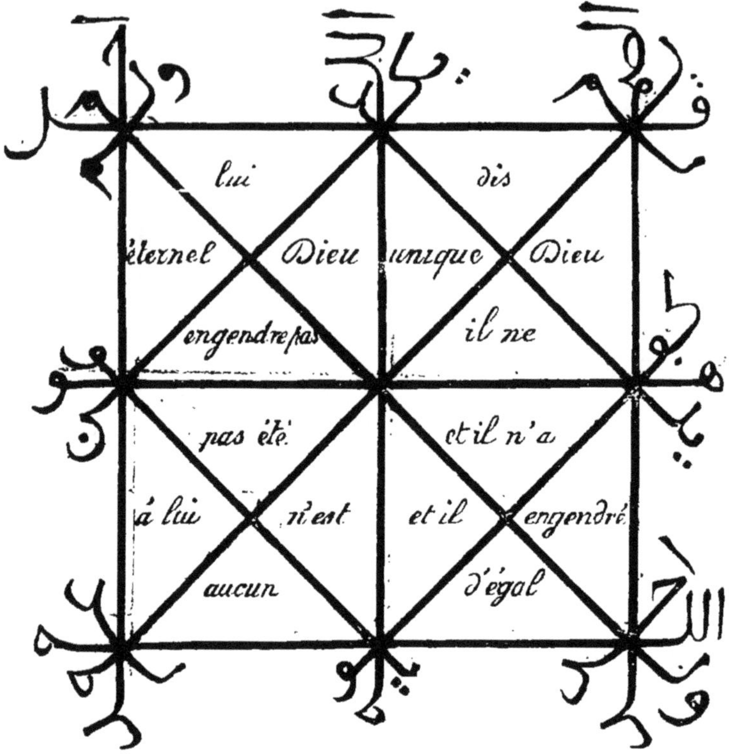

Les mots de la sourate peuvent être reproduits deux fois, c'est-à-dire constituer les figures, puis en remplir les vides comme ci-dessus.

Il n'est pas rare de voir dans des figures constituées par des lignes géométriques, d'autres lignes formées par des mots prolongés et les inscrivant en se croisant obliquement. Les mots qui sont ordinairement employés à cet usage sont ceux des quatre anges : Mikaïl, Djebraïl, Azraïl, Azrafil, des quatre premiers khalifes, Aboubekhr, Omar, Otsmân, Ali, de Haroût et Maroût, de Yadjoudj et Madjoudj, (Gog et Magog). Ce sont encore des paroles telles que les suivantes : sa parole — est la vérité — à lui — la souveraineté. Les mots ou paroles, au lieu de se prolonger, peuvent aussi être inscrits dans des carrés ou triangles.

Il est un groupe de figures assez souvent reproduites dans les talismans et connues sous le nom de sceau de Salomon, *khatem Sliman.*

Telles sont ces figures :

: ɗ ✡ IIII 日 ٩ III ✡ •

On sait que Salomon, qui commandait aux génies, était versé dans les sciences occultes. Nous possédons encore des écrits sur la matière, qui lui sont attribués. Son autorité est souvent invoquée par les fabricants d'amulettes.

Nous avons dit que des ouvrages avaient été composés sur les propriétés miraculeuses du Coran et de chacune de ces sourates. Les mêmes propriétés ont été attribuées aux caractères de l'alphabet arabe, et nous possédons un petit opuscule qui traite de cette matière. Nous en extraîrons quelques recettes.

Au dire de Khouarezmi, écrire quatre *ta* les uns au-dessus des autres, ajouter les paroles suivantes : sa parole est sublime, etc.; sur du parchemin de gazelle. Faire des fumigations, pour lesquelles on mêlera du styrax et de l'encens mâle. Porter le talisman, et on se fera aimer éperdument.

Autre recette. Écrire vingt fois sur une feuille de citronnier la lettre *sad* ; ajouter un *mim*, puis les paroles suivantes : Dieu la lumière des cieux et de la terre. Faire porter pour la lippitude, et on guérira.

Entre tous les talismans, il en est un qui jouit d'une grande réputation en Algérie, et que pour ce motif nous croyons devoir reproduire, en même temps que l'aventure qui le mit en lumière. Il porte le nom de *Mordjana.*

Telle est son origine :

Le cheikh Kemoleddin ben Youcef rapporte ce qui suit, d'après son maître Noureddin el Isbahâni.

Notre souverain, le vicaire de Dieu sur la terre, avait trois favorites, dont l'une s'appelait *Quaouàt el quelb* (force du cœur), la seconde *Badhjatezzennar* (beauté du siècle), et la troisième *Reidoura*, d'une beauté accomplie, ayant été achetées par le khalife, au prix de 60,000 dinars. Il y avait aussi chez le khalife une jeune négresse laide appelée *Mordjâna*. Le khalife en était éperdument amoureux; il ne lui refusait rien, au point que sa famille et son entourage en étaient jaloux. Ils se disaient : qu'a donc cette vilaine négresse, pour que le khalife la préfère à Reidoura et aux autres? Ils la poursuivaient de leurs imprécations, mais sans succès : la faveur de Mordjâna se maintint inaltérable auprès du khalife pendant nombre d'années.

Or, Dieu voulut que Mordjâna fût atteinte d'une grave maladie, dont personne ne put la guérir. Sa faveur toutefois auprès du prince des croyants n'en était pas ébranlée. Il ne fut pas un médecin dans la ville qu'on ne l'appelât pour la traiter, mais Mordjâna mourut : Que Dieu lui fasse miséricorde !

Le prince des croyants fut très affligé de sa perte. Pendant trois jours il ne voulut ni boire ni manger. Il ne voulut pas qu'on l'ensevelît. Il ne donnait d'ordre à personne. Aucun des grands de la cour n'osait lui parler de l'ensevelissement de Mordjâna, quand son oncle Mansour vint le trouver. C'était un vieillard très-âgé, pour qui le khalife possédait une grande affection. Mansour lui dit : Fils de mon frère, que Dieu bénisse ton affection pour Mordjâna; mais n'as-tu pas une consolation dans le Livre et le Prophète : Toute âme goûtera la mort. C'est honorer les morts que de les ensevelir. A ces mots le khalife se prit à pleurer abondamment, puis il donna des ordres pour que le corps de Mordjâna fut lotionné et enseveli ; une laveuse qu'il avait envoyé chercher se présenta et lui dit : J'ai entendu, j'obéis à Dieu, puis à toi, ô prince des croyants. La femme alla vers Mordjâna, remplit son devoir, et pendant qu'elle s'occupait à la laver, elle trouva sur sa tête ce talisman écrit en lettres d'or, enveloppé dans un lambeau de soie verte. Après avoir terminé ses lotions et mis le corps de Mordjâna dans un linceul, elle lui pratiqua des onctions avec du musc, de la galle, du camphre, de l'eau de roses et du safran ; puis elle se rendit auprès du khalife pour lui rendre compte de ce qu'elle venait d'exécuter.

Le khalife s'approcha du corps de Mordjâna, découvrit sa figure et la trouva noire. Alors il se prit à pleurer abondamment. Serait-il possible, s'écria-t-il, qu'elle fut ainsi pendant sa vie ? Aucun des assistants ne put lui dire qu'elle fut antérieurement noire. Peut-être, ajouta-t-il, qu'elle aura commis quelque grande faute et c'est ce qui l'aura fait noircir à sa mort.

Il se tourna ensuite vers la laveuse et arrêta sur elle ses regards en souriant. Cette femme portait alors le talisman. Tu vas m'épouser, lui dit le khalife. Que Dieu prolonge te puissance, ô prince des croyants, lui répondit la laveuse, mais cette faveur est au-dessus de ton esclave. Sur Dieu, réplique le khalife, ce que je dis est sérieux. La laveuse fut au comble de la joie.

Aussitôt que le corps de Mordjâna fut enseveli, on appela un cadhi, on fit comparaître des témoins, et on dressa l'acte de mariage avec la laveuse. Le khalife consomma le mariage et cette femme fut en faveur auprès de lui plus encore que ne l'avait été Mordjâna. Elle devint sa compagne intime : les faveurs et les trésors lui arrivèrent pareillement.

Elle eut du khalife deux enfants.

Quand le khalife mourut, que Dieu lui fasse miséricorde ! la laveuse vécut encore quelques années. Sentant sa fin approcher, elle envoya une dépêche à l'imam Noureddin el Isbahani. L'Imam lui était cher, à cause des rapports qu'il avait avec ses enfants ; aussi lui fit-elle abandon d'une partie de ses biens.

Elle lui montra le talisman précieux et lui dit : O Noureddin, connais-tu ce talisman ? — Non, répondit-il. — Eh bien ! ce talisman est celui qui était sur la tête de Mordjâna. Je l'en ai enlevé et tout ainsi que Mordjâna, j'ai gagné les faveurs du prince des croyants. C'est un merveilleux talisman. Je l'ai conservé jusqu'à ce jour, et je te prie, par les bonnes relations et l'amitié qui existent entre nous, de m'en transcrire deux copies pour mes enfants. Tu le conserveras chez toi et tu n'en refuseras la communication à aucun des croyants.

Dans ce talisman précieux est le grand nom de Dieu que l'on n'invoque jamais sans être exaucé.

Le cheikh lui écrivit donc pour ses enfants deux copies de ce talisman.

Or, cette femme mourut ; que Dieu lui fasse miséricorde !

La renommée de ce talisman se répandit dans les environs et dans tous les pays de l'Islam. Quarante savants le transcrivirent et le conservèrent.

Ce talisman détruit les sortiléges, dénoue les nœuds, facilite l'enfantement, aide à la vision, guérit les maux de cœur, la migraine, les affections du dos et des articulations, toutes les maladies, en un mot. Ses avantages sont tels que Dieu seul en connaît le nombre.

Celui qui le porte n'a rien à redouter des rois, il est à l'abri de toute calamité.

Celui qui l'a écrit et qui le porte dans un lambeau de soie verte, sera préservé de toute disgrâce et de tout accident.

Celui qui le porte dans les assemblées aura la parole persuasive.

Celui qui l'écrit, en fait une infusion et l'administre à un malade, le guérit de tous ses maux.

Ses avantages sont innombrables. Loué soit Dieu, le souverain des mondes.

Telle est la manière dont il commence :

« Au nom de Dieu clément et miséricordieux.

« O mon Dieu ! je te prie par l'*Être* et sa grandeur, par le *Siége* et son étendue, par le *Trône* et son élévation, par la *Balance*, ses plateaux et sa largeur, par la *Plume* et son écritoire, par la *Table* et sa conservation, par la *Sirath* et son étroitesse, par *Gabriel* et sa fidélité, par *Michel* et sa parole, par *Azrafil* et sa fierté, par *Azraïl* et sa sécurité, par les faveurs et leur paradis, par l'Ange et sa souveraineté, par Adam et sa formation, par Ève et sa faute, par Idris et son enlèvement, par Saleh et sa chamelle, par Noé, sa barque et ses prières, par Moïse et sa parole, par Aaron et sa crainte, par David et sa gloire, par Salomon et sa puissance, par Zacharie et son annonciation, par Khider et sa source, par Abraham et son intimité, par Jésus et sa supériorité, par Jacob et son isolement, par Joseph et ses aventures, par Mohammed (que le salut de Dieu soit sur lui) et son intercession, par le Coran et sa lecture, par la science et son étendue, par Abou Bekr et sa retraite, par Omar et sa justice, par Otsman et sa parente, par Ali ben Ali thaleb et son courage, par les premiers et les derniers, par les Mohadjériens et les Ansariens.

« O mon Dieu! je t'invoque par la vérité de ton nom, le plus grand de tous...

« Au nom de Dieu, clément et miséricordieux !

« O mon Dieu! je t'invoque par la vérité de la Sourate el Fatha.

« O mon Dieu, je te prie par la vérité de la Sourate la Vache.

« O mon Dieu, je t'invoque par la vérité de la Sourate Amran.

(Suivent les autres sourates, dont nous nous abstiendrons de donner la longue énumération.)

« O mon Dieu! je te prie par le sublime Coran.

« O mon Dieu! je te prie par la vérité de ton nom grand et suprême que tu as fait descendre sur ton prophète Mohammed (que le salut et les grâces de Dieu soient sur lui!)

« Je te prie, ô mon Dieu, par ton nom suprême qu'invoqua Noé et tu le tiras du déluge. Je te prie, ô mon Dieu, par la vérité de ton nom qu'invoqua Moïse, fils d'Amran et par lui il fendit la mer. Je te prie, ô mon Dieu, par la vérité de ton nom suprême qu'invoqua Zacharie et tu lui fis don d'Yahya. Je te prie, ô mon Dieu, par la vérité de ton nom suprême qu'invoqua Khider et par lui il marcha sur les eaux sans mouvoir les pieds. Je te prie, ô mon Dieu, par la vérité de ton nom suprême qu'invoqua David et il amollit le fer. Je te prie, ô mon Dieu, par la vérité de ton nom suprême qu'invoqua Jacob et tu lui rendis la vue. Je t'invoque, ô mon Dieu, par la vérité de ton nom grand et suprême qu'invoqua Jésus, fils de Marie, et par lequel il fit revivre les morts. Je t'invoque, ô mon Dieu, par la vérité de ton nom grand et suprême qu'invoqua Joseph et tu le retiras de la citerne et de la prison et tu lui confias un grand empire. Je t'invoque, ô mon Dieu, par l'Ecriture, par l'Évangile, par les Psaumes, par le Coran sublime. Je t'invoque, ô mon Dieu, par la vérité de tous tes noms.

« Fais que le porteur de cet écrit s'enrichisse sous ta sauvegarde et ta protection, qu'il soit chéri de tous, qu'aucun ne le frappe, ne le blesse, ne le tue, ne l'afflige en rien...

« Je te prie, ô mon Dieu, par tous les Prophètes, par tous les Saints, par toutes les révélations, que le porteur de cet écrit soit en faveur auprès des chefs, des visirs, des princes et des souverains.....

« Ecarte du porteur de cet écrit tous les maux, la migraine, le crachement de sang, les maux de tête, de poitrine, du dos de l'épine, etc., etc. »

DEUXIÈME PARTIE.

SERVICE MÉDICAL DES INDIGÈNES.

CONSIDÉRATIONS PRÉLIMINAIRES

Avant d'entrer en matière, nous ferons quelques observations sur la nature de notre service et de ce compte-rendu.

Quand, après l'expédition de 1857, le maréchal Randon nous fit l'honneur de nous désigner pour le service médical des indigènes à Fort-Napoléon, ce fut dans l'espoir que notre ministère pourrait avoir quelque heureuse influence sur des populations jusqu'alors indomptées et récemment conquises.

A notre arrivée, on travaillait à la construction du Fort. Nous nous installâmes sous la tente et fîmes des bons de médicaments; nous y restâmes jusqu'en décembre. Nos moyens étaient alors restreints : certains sujets durent être envoyés à l'ambulance. On nous y réserva plus tard une salle ou des tentes.

Les malades ne tardèrent pas à devenir nombreux. Pendant les trois derniers mois de 1859, ils dépassèrent le chiffre de 1,500. Tel jour nous en donna 50.

Dès le 23 septembre, nous les inscrivîmes, avec les renseignements nécessaires, pour suivre la marche de la maladie et du traitement. L'interrogatoire était difficile et long; les trois quarts de nos malades ne parlant pas arabe, et nos interprètes étant d'une insuffisance désespérante.

Les Kabyles, comme les Arabes, ont aussi l'indolence et la résignation musulmanes. Ils aiment les traitements courts. Quelques-uns avaient une ou deux journées de marche pour arriver jusqu'à nous. Parfois ils ne revenaient plus après une première visite ; souvent ils nous apportaient des affections très graves, difficiles ou même incurables avec des moyens plus étendus que les nôtres. Les moyens durent être longtemps ceux d'une ambulance de campagne; or, notre service comportait bien d'autres exigences. Nous n'en avons pas moins consigné tous les cas.

On comprendra facilement, dès lors, comment nos observations seront souvent courtes ou incomplètes. D'une part, le temps nous pressait, car, outre les indigènes, nous avions les civils, plus l'hôpital pendant l'été. D'autre part, nous ne pouvions suivre tous nos malades jusqu'à la fin.

Nous avons cru cependant devoir rédiger ce compte-rendu, qui repose sur des notes recueillies scrupuleusement, jour par jour. Le chiffre de nos malades s'élève à 5,394. Notre statistique peut donc être considérée comme l'expression à peu près exacte de la pathologie d'une contrée jusqu'alors inexplorée : elle pourra fournir quelques renseignements utiles tant à l'administration qu'aux médecins chargés du service d'une population intéressante et bonne, qui mérite les sacrifices faits pour elle, et qui n'a pas cessé d'être présente à notre mémoire.

Nous avons essayé de faire plus pour deux affections : la syphilis et la fièvre intermittente, qui représentent à elles deux la moitié de nos clients. Les deux chapitres qui leur sont consacrés fourniront peut-être quelques documents intéressants à l'histoire de ces maladies en général.

I. — DE LA FIÈVRE INTERMITTENTE.

On sait que l'Algérie est en quelque sorte la terre classique de la fièvre intermittente et qu'elle sévit généralement sur toutes les races qui l'habitent.

Parmi les Européens qui l'ont habitée, il en est peu qui n'aient payé plus ou moins leur tribut à cette affection.

Des travaux d'assainissement et de culture, une installation meilleure, un régime plus modéré, une hygiène mieux entendue ont diminué le nombre des victimes. Cependant, sous l'influence de certaines conditions, l'endémie sévit encore avec son intensité première. Nous en citerons un exemple. En 1856, sur la fin de l'automne, nous fûmes détaché de Mascara pour faire le service d'un bataillon de la légion étrangère, campé près de St-Denis-du-Sig et occupé à parfaire la route de Mascara. Ce bataillon venait de travailler au barrage de l'Habra. Tous avaient été frappés, sans exception ; le médecin avait dû être relevé. De certains jours nous débitions quarante à cinquante grammes de sulfate de quinine, et les envois à l'hôpital étaient très nombreux.

Pendant un séjour d'une quinzaine d'années en Algérie, chargé à plusieurs reprises d'un service médical auprès des indigènes, notamment à Dréan, près de Bône, à partir de l'année 1831, nous avons pu observer l'extension de la fièvre intermittente parmi les populations arabes, et constater les altérations de l'économie qu'elle entraîne à sa suite, particulièrement le développement excessif de la rate et la perversion des fonctions nutritives. Il n'y avait là rien qui dût nous étonner. Les plaines de l'Algérie ou les pays à tente réunissent toutes les conditions favorables pour élever la fièvre intermittente à son maximum d'intensité : pays découvert, sol riche en terre végétale, semé d'eaux stagnantes ou baigné l'hiver, desséché l'été, sous la double influence de la chaleur estivale et du sirocco, installation et hygiène détestestables, etc.

Il nous restait à observer la fièvre intermittente chez les Kabiles ou dans la montagne, et c'est ce que nous avons pu faire amplement pendant un séjour de quinze mois à Fort-Napoléon.

Ici les conditions géographiques sont toutes différentes. Le pays est fermé au sirocco par la haute barrière du Djurjura; le sol est pauvre en humus, les eaux stagnantes sont très rares, l'installation est plus avantageuse Nous devions nous attendre à une extension beaucoup plus restreinte de l'endémie fiévreuse. Eh bien, nos prévisions furent trompées.

La fièvre intermittente est très répandue en Kabilie; elle entraîne les mêmes lésions que chez les Arabes.

On pourrait peut-être invoquer comme preuve de l'extension et de l'ancienneté des sévices de la fièvre en Kabilie, le nom berbère qu'elle porte à l'exclusion d'un grand nombre de maladies connues sous une dénomination arabe.

La fièvre se dit en kabile : *tsaoûla*.

L'expression de *fièvre quotidienne* n'a pas précisément de synonyme, mais un équivalent : on dit une fièvre de chaque jour, *koullès*.

La fièvre tierce se dit *bou ès ou ès*, d'un jour à l'autre.

Notre fièvre *quarte* est celle que les Kabiles appellent *tierce*, *tsamtsellit;* mais cette expression est d'origine arabe et ils en ont une autre toute berbère, celle de *tsaoula tamocrant*, la grande fièvre.

La fièvre double tierce est dite *smâouga*, ou mieux, avec son cachet berbère, *tasmâouit*.

Les chiffres vont démontrer l'extension de la fièvre intermittente en Kabilie. Sur 5,394 malades *inscrits*, nous comptons 2,026 fièvres intermittentes et 59 hypertrophies de la rate. Sur ce chiffre de 2,026 malades, nous estimons à trois ou quatre cents le nombre de ceux que nous avons visités à domicile : les autres se sont présentés à notre visite.

Les 2,026 malades se décomposent en 1850 hommes et 176 femmes.

Le tableau qui suit donne leur répartition par mois :

	Hommes	Femmes	Total
A partir du 23 Septembre 1857..	17	2	19
Octobre.........	238	35	273
Novembre.......	234	31	265
Décembre.......	216	7	223
Janvier 1858..	98	7	105
Février.........	80	4	84
Mars...........	62	0	62
Avril...........	48	4	52
Mai............	50	2	52
Juin............	76	7	83
Juillet..........	65	14	79
Août...........	89	6	95
Septembre.......	224	24	248
Octobre.........	230	24	254
jusqu'au 24 Novembre.......	123	9	132

On voit par ce tableau que les fièvres intermittentes, rares pendant le printemps et l'été, prennent en automne une grande extension et se maintiennent encore pendant l'hiver. Pour avoir une idée vraie de leur marche progressive, il ne faut pas prendre tout à fait à la lettre notre tableau, mais il faut se rappeler aussi que bon nombre de nos malades ne venaient qu'après avoir subi plusieurs accès : l'époque de développement se trouve ainsi reculée.

Bon nombre de malades avaient à faire pour arriver à nous une journée de marche et plus. Avant de se mettre en route, ils attendaient la guérison du temps ou de la Providence. De là une cure plus difficile et des rechutes qui se prolongeaient pendant l'hiver, alors que les agents pathogéniques agissaient avec moins d'intensité.

Si nous devons nous en rapporter à nos clients, quelques fièvres étaient d'une ténacité rare et se prolongeaient pendant des années.

Nous devons faire une remarque à propos du mois de novembre 1857, l'un des plus chargés. Pendant ce mois nous fîmes un voyage que nous poussâmes jusqu'au-delà du Jurjura, et nous vîmes sur place, particulièrement aux marchés du Djemâ des Menguelat, et du Sebt des Yahya, plus de malades que nous n'en aurions reçus à Fort-Napoléon.

Nous allons donner aussi, par tribus, les chiffres de fiévreux les plus considérables.

Tribus	Fiévreux	Population
Raten	1.136	16.802
Chennâcha-Sedka et Ouadya	122	6.212
Menguelat	110	4.144
Frâoucen	94	4.938
Yahya	80	5.329
Yenni	71	2.378
Ouacif	50	2.722
Bou-Youcef	48	3.392
Itsourâr'	36	5.171
Aïssi	35	14.465
Attâf	33	1.017
Akbîl	28	1.584
Bouchaïb	25	2.900
Akkâch	23	1.518
Boudr'âr	21	2.400

Ce tableau veut quelques explications. Les chiffres ne sauraient représenter la densité relative des fiévreux dans chaque tribu, et cela pour plusieurs raisons. Les tribus éloignées fournissaient un contingent moindre que les plus rapprochées, comme on le voit en comparant le chiffre des Raten à celui des autres tribus. Quelques chiffres, ceux des Menguelat, des Frâoucen et des Yahya sont relativement élevés parce que nous vîmes des malades sur place. Le chiffre des Aïssi est très-faible relativement à la population, par la raison que cette tribu est plus à proximité de Tizi-Ouzou que de Fort-Napoléon.

Ce que nous tenons à faire remarquer dans ce tableau, c'est le chiffre assez considérable de fiévreux donnés par une série de petites tribus qui habitent les pentes du Jurjura, à une hauteur de 1,000 à 1,500 mètres, et qui sont en même temps parmi les plus éloignées du fort. Ces tribus sont les Itsourâr', les Bouyoucef, les Akbil, les Attâf, les Boudr'âr, les Akkâch, les Chennâcha. Malgré leur situation, qui semblerait les assurer contre la fièvre intermittente, d'après l'étiologie généralement admise, malgré leur éloignement, ces tribus nous ont fourni un contingent assez considérable ; mais ces tribus ne nous ont envoyé qu'une portion de leurs fièvreux : un nombre beaucoup plus considérable est resté sur place. La fièvre intermittente sévit donc avec une certaine intensité chez des populations montagnardes que leur position semblerait préserver contre l'endémie.

Ce que nous disons de ces tribus, nous devons le dire pour toutes en général, et rappeler l'apathie des Kabiles, leur répugnance à se déplacer, surtout à laisser déplacer leurs femmes. En tenant compte de ces faits et des chiffres que nous avons donnés, on conclura que la fièvre intermittente est beaucoup plus répandue en Kabilie qu'on ne l'aurait cru de prime abord.

La tribu des Raten, au centre de laquelle nous habitions, et dont les limites s'étendent en moyenne à deux ou trois lieues de distance de Fort-Napoléon, nous donne à elle seule un chiffre de 1,136 fiévreux. Nous croyons que l'élévation de ce chiffre a son explication dans la proximité des populations et dans les visites fréquentes que nous fesions dans les villages voisins du fort, quand notre service nous le permettait. Le voisinage de la plaine du Sébaou, pour quelques villages, ne nous paraît pas devoir être pris en très grande considération. Si toutes les tribus eussent été à notre portée comme les Raten, nous serions certainement arrivé à un chiffre de malades extrêmement élevé.

En présence d'un nombre de fiévreux aussi considérable, on est naturellement conduit à se demander quelle peut être la cause de cette fréquence des fièvres intermittentes en Kabilie.

On admet généralement en Algérie que les émanations paludéennes sont la cause habituelle, pour ne pas dire unique, exclusive, des fièvres intermittentes.

En Kabilie, nous croyons que cette cause n'a qu'une action très-restreinte, et qu'il faut en chercher d'autres.

Tout en repoussant les émanations paludéennes comme cause générale et exclusive des fièvres intermittentes en Kabilie, nous devons dire cependant que nous avons constaté cette action d'une manière positive en certains points.

L'espace compris dans l'angle de confluence de l'O.-Aïssi et de l'O.-Sebaou, est assurément un foyer d'émanations paludéennes ; mais ces émanations, après tout, ne peuvent guère sévir d'une façon notable que sur les villages d'Asikh-ou-Meddour, des Amraoua, dont le sol est inondé pendant l'hiver. Nous ignorons jusqu'à quel point les fièvres ont sévi dans ce village qui, en raison de sa proximité et des facilités de communication, devait envoyer la plupart de ses malades à Tizi-Ouzzou. Pendant notre séjour à Fort-Napoléon, les Amraoua nous fournirent une quarantaine de malades, parmi lesquels cinq fiévreux seulement.

Parmi les villages des Raten exposés aux émanations d'Asikh-ou-Meddour, on ne peut guère compter que Tala-Amara ; et encore, ce village est-il un peu abrité, Asikh-ou-Meddour est à 120 mètres d'altitude, et Tala-Amara à 340. Les autres villages qui regardent la plaine sont à une hauteur qui n'est généralement pas moindre de 500 mètres, et qui atteint souvent 7 à 800.

Nous pûmes observer chez des Français l'insalubrité de ce coin de la plaine du Sébaou.

Au commencement de 1858, un détachement d'artilleurs fut détaché de Fort-Napoléon pour aller camper entre Asikh-ou-Meddour et le Soukelhad, non loin de l'ancien camp. Le sol était bas et humide, dominé au Couchant par la chaussée de la route, et au Levant avoisiné par un sol légèrement marécageux envahi par des fourrés de plantes palustres, de lianes et d'arbres amis de l'humidité Presque tous ces artilleurs furent envoyés à l'hôpital de Fort-Napoléon, dont nous fîmes le service, par surcroît, pendant l'été de 1858 ; et pour dernier remède nous dûmes leur donner à presque tous des congés de convalescence pour les guérir de leurs fièvres, tant elles étaient tenaces.

A la même époque, nous reçûmes aussi à l'hôpital un grand nombre de fiévreux appartenant à la garnison. Mais ces fièvres peuvent s'expliquer, tant par le grand remuement de terres que nécessita la construction de Fort-Napoléon, que par une certaine aptitude pathogénique de la plupart des bataillons.

Ce sont là des faits où les indigènes sont hors de cause, et nous revenons à notre thèse.

A part ce petit coin d'Asikh-ou-Meddour, nous ne voyons pas de foyers notables d'émanations paludéennes dans la vallée du Sébaou.

Nous considérons comme insignifiantes les petites pièces d'eau qui se trouvent en bas d'Akbou.

Il est, dans la plaine du Sébaou, une localité qui donne des fièvres, mais que l'on ne saurait considérer comme un foyer d'émanations s'irradiant dans un cercle étendu. Cette localité, c'est Djemâat Essahridj, de la tribu des Frâoucen, assise sur les ruines d'une colonie romaine, dont les bassins encore en usage lui donnèrent son nom. Djemâat Essahridj est à un myriamètre du Sebaou, et à une altitude de trois à quatre cents mètres. Le massif des Frâoucen, d'une élévation double et aux pentes abruptes, la domine au Midi. Son sol est d'une excellente nature et arrosé par des eaux abondantes dont les Romains emprisonnèrent les sources dans des bassins qui leur ont survécu. Les eaux, mal aménagées, s'écoulent à travers des chemins fangeux où l'on se donne peu la peine de leur construire des rigoles. Djemâat Essahridj compte 1,586 habitants, logés dans des maisons mal construites, le plus souvent des gourbis perdus au milieu d'un massif ininterrompu d'arbres fruitiers, de la plus luxuriante végétation. Le 27 octobre 1857 nous visitions Djemâat Essahridj et nous donnions du sulfate de quinine à une douzaine de fiévreux. Djemâat Essahridj développe plutôt les scrofules et particulièrement les goîtres, ainsi que nous le verrons plus tard.

Deux tribus, dont la population représente douze mille individus, habitent la rive droite du Sebaou : ce sont les Djennâd et les Ouagnoûn. Ces deux tribus nous donnèrent ensemble une centaine de malades, parmi lesquels seulement treize fiévreux. Si d'Asikh-ou-Meddour nous remontons l'Oued Aïssi, nous ne trouverons plus qu'un sol tourmenté, que des ravins étroits, rien qui puisse engendrer des émanations paludéennes.

Si l'on ne saurait montrer en Kabilie de foyers notables d'émanations paludéennes, ces émanations ne pourraient-elles pas être amenées de l'extérieur par l'intermédiaire des vents ? Nous ne le croyons pas.

La Mitidja peut certainement envoyer ses miasmes aux Kabiles du voisinage ; mais le théâtre de nos observations en est éloigné et même séparé par des soulèvements d'une altitude supérieure à celle de ceux compris entre le Sebaou et le Jurjura.

Nous ne croyons pas non plus que l'on puisse invoquer l'action de la plaine de Drâ el-Mizan à Borni, plaine qui n'est pas marécageuse, mais une bonne terre de céréales.

Rappelons ici que la grande majorité des villages qui nous

ont envoyé des fiévreux sont construits à une hauteur qui oscille généralement entre 600 et 800 mètres, et que les villages situés sur les hautes pentes du Jurjura ont une altitude supérieure.

Irons-nous chercher la cause des fièvres dans l'action de la chaleur exclusivement, ou dans celle de l'électricité soit tellurique, soit atmosphérique ? Non plus.

Pour nous, la cause génératrice des fièvres est une altération matérielle, une infection de l'air atmosphérique, mais cette infection diffère de celle qui provient des miasmes paludéens et dans sa nature et dans ses conditions. A cette altération, nous devons ajouter les influences du régime et de l'habitation. Cette infection de l'air est également suscitée, entretenue et aggravée par la chaleur, mais les matières qui fournissent les émanations sont d'un ordre différent.

La Kabilie, pays de montagnes tourmentées et abruptes dont les pieds sont lavés par des torrents plutôt que par des rivières, la Kabilie n'a pas de marais ni d'eaux stagnantes ; mais chacun de ses villages tout perchés qu'ils sont sur des crêtes ou sur les versants des contreforts, est un foyer d'émanations infectieuses dont l'action pathogénique est secondée par un ensemble de conditions hygiéniques détestables.

C'est à la chaleur et à l'hygiène locale plutôt qu'aux vents qu'il faut, suivant nous, demander la cause des fièvres intermittentes en Kabilie. Nous allons exposer quels sont ces foyers d'infection dont la chaleur et le régime accroissent la puissance pathogénique.

Du tableau que nous avons donné de la répartition des fièvres dans les différents mois de l'année, il résulte que les fièvres, rares au printemps, s'accroissent en été et prennent subitement en automne un développement remarquable. Eh bien, c'est en automne, c'est vers la fin de l'été que les influences morbides ont le plus de puissance. En tenant compte de la date des invasions, ce serait au mois d'août que commencerait cette recrudescence. C'est à cette époque aussi que se développent les foyers d'infectionet que leur influence est particulièrement secondée par la chaleur et le régime.

A toutes les époques de l'année, les villages kabiles laissent à désirer sous le rapport de l'hygiène. Avec une température basse ou modérée, ce défaut d'hygiène entraîne peu d'inconvénients ; il en est autrement à l'époque de la chaleur.

Et d'abord, les habitations sont étroites, mal aérées, mal éclairées ; l'air y est vicié par une accumulation considérable d'hommes et d'animaux. La partie de l'habitation réservée au bétail laisse écouler généralement dans la rue les produits excrémentitiels liquides. Quant aux produits de provenance humaine, ils font autour de chaque village une large ceinture, une sorte de barrière qui en rend l'abord dégoûtant. La déclivité du sol environnant est la cause naturelle de cette accumulation d'excréments qui sont déposés le plus près possible. Il s'y ajoute des détritus de toutes sortes, et c'est là l'origine de cette terre végétale qui acquiert souvent une grande profondeur autour des villages, installés cependant sur la roche.

En automne, ce sont de nouveaux produits excrémentitiels, de nouveaux détritus, qui séjournent dans les habitations, dans les rues, ou bien sont rejetés à l'arrière des maisons.

Les Kabiles ont quelque peu de bétail : bœufs, chèvres et moutons. Si peu qu'ils en aient, les pâturages sont insuffisants. Pendant la première moitié de l'année, le bétail broute à l'extérieur et se repose la nuit à la maison. Quand vient l'été et la sécheresse, le pâturage fait complètement défaut, et c'est à l'étable que le bétail doit se nourrir. Or, voici comme on y procède :

A défaut d'herbe, on s'adresse aux feuilles des arbres. C'est le frêne et quelque peu le figuier qui fournissent au bétail son alimentation pendant la sécheresse. Telle est surtout la cause de la culture du frêne, culture si répandue en Kabilie, où il acquiert de très fortes proportions. On enlève donc les feuilles, ou plutôt on coupe les jeunes pousses ; et telle est la raison pour laquelle ces arbres si beaux, quand rien ne gêne leur développement, se présentent presque toujours mutilés, sous forme de tronçons d'un aspect disgracieux. Les jeunes pousses sont livrées au bétail qui s'en fait ensuite une litière. Leurs débris sont ensuite rejetés, soit dans les cours, soit dans les rues, soit au dehors des maisons. Voilà donc une masse considérable d'excréments et de détritus que l'eau ne vient pas diluer, qui fermentent au contraire et remplissent l'atmosphère locale d'émanations putrides sous l'influence de la chaleur. C'est alors précisément l'époque où le Kabile est le plus sédentaire et fait usage du régime alimentaire le plus mauvais.

Après avoir battu le peu de céréales qu'il a récoltées, il procède à la cueillette des fruits, particulièrement des raisins et des figues. Mais en attendant qu'ils arrivent à leur pleine et entière maturité, il en fait un abus à l'état frais ; il s'ingère à l'excès des aliments qu'il trouve en abondance et qu'il n'a que la peine de cueillir. Alors les fonctions digestives languissent, et apparaît cette affection répandue par toute la Kabilie et connue sous le nom de *lâguya* ou *tamaguirt*, qui n'est autre chose qu'une faiblesse, qu'une atonie de l'estomac distendu et fatigué par une nourriture aussi insuffisante que surabondante. L'organisme, sous l'influence de ces causes énervantes, avec cette alimentation si peu réparatrice, tombe dans une atonie générale qui le rend incapable de réagir contre les influences morbides devenues précisément plus nombreuses et plus intenses. Gorgé de fruits, le Kabile se couche et prend la fièvre.

Tels sont les faits que nous avons observés et interprétés comme les interprètent les indigènes. Comment veux-tu, me disait l'un d'eux, que les Kabiles ne tombent pas malades ! Ils s'emplissent de fruits jusqu'à ne pouvoir plus souffler; puis ils vont se coucher contre un mur. Nous n'avons pas, me disait un autre, ce qui chez vous stimule la digestion. Le vin nous est défendu et le café n'est pas commun chez nous. Nous n'avons que l'eau.

Nous croyons devoir aussi accorder une influence aux brouillards, et nous rappellerons ce que nous en avons dit précédemment. C'est en automne qu'ils commencent pour se prolonger pendant l'hiver et le printemps. Ils sont épais, froids, et se résolvent en une petite pluie très serrée. La froidure qu'ils amènent, à laquelle succède la chaleur d'un soleil, dont les rayons sont toujours chauds quand ils ne sont pas interceptés, tout cela est assurément de nature à provoquer des fièvres d'accès.

Pendant l'automne, quand notre service nous le permettait, nous visitions l'après-midi les villages voisins. Il n'en est pas d'une distance d'une à deux lieues que nous n'ayons fréquemment visité. Constamment nous trouvions de nombreux fébricitants couchés soit dans les rues, soit dans les maisons : fréquemment nous en trouvions de quinze à vingt dans la même localité.

Il est un village que nous visitions le plus fréquemment et où nous trouvions toujours beaucoup de fiévreux, nonobstant ceux qui nous arrivaient au Fort, dont il n'est distant que de cinq à six kilomètres, c'est Taourirt Tamocrant.

Le 1er octobre 1857 nous y donnions du sulfate de quinine à 15 fiévreux, le 5 à un pareil nombre, et nous devions en renvoyer plusieurs au lendemain faute de pilules. Le 20 septembre 1858 nous en donnions à dix malades, et le 29 à 20, obligé encore d'en renvoyer plusieurs au Fort.

Taourirt-Tamocrant est un des villages les plus pittoresquement situés que nous ayons vus en Kabilie. Ses maisons se développent le long d'une arête dont une mosquée avec son minaret couronne le sommet. Il réunit toutes les conditions que nous avons considérées comme favorables au développement de la fièvre intermittente. Il a d'abord ce qu'ont tous les autres villages, l'insalubrité des habitations et les foyers d'infection, puis il a quelque chose de spécial. On y fabrique les *ichouaouen*, coiffure de femmes adoptée dans une bonne portion de la Kabilie. Quand on parcourt les rues de Taourirt-Tamocrant, on rencontre partout des hommes, — car ce sont les hommes qui travaillent, — on en rencontre partout des groupes occupés à broder l'*achouaou*. Mais aussi on en rencontre toujours de couchés en proie à la fièvre, ou d'autres qui, par leur teinte ictérique ou leur pâleur, accusent des accès antérieurs. La situation de Taourirt est encore défavorable. Malgré son élévation d'environ 700 mètres, ce village est relativement peu élevé. Au sud il est dominé, d'un peu loin il est vrai, par le massif des Yenni qui s'élève à 900 mètres. Au nord il est dominé de près par le massif de Fort-Napoléon et d'Aboudid qui dépasse 1,000 mètres. Le massif des Aïssi le domine également à une certaine distance. Au milieu de ces massifs est creusé le lit tortueux de l'oued Aïssi. L'air doit être plus stagnant à Taourirt, situé sur un contrefort, et dominé de toutes parts. que dans les villages perchés sur les crêtes.

Ainsi nous trouvons à Taourirt une atmosphère à toute époque peu renouvelée, infectée pendant les chaleurs, une alimentation excessive et insuffisante, une industrie qui condamne au repos et à l'insolation ; toutes conditions qui expliquent encore la fréquence des fièvres intermittentes.

Notons encore quelques visites faites dans les villages voisins.

Le 16 octobre 1857 nous nous rendions à Iril Tazert, petit village de 120 habitants et nous donnions du sulfate de quinine à 10 malades.

Le 19 nous en donnions à 12, à Tiriltel Hadj Ali, village de 120 habitants.

Le 22 nous en donnions à 10, à Irilguéfri, village de 350 habitants.

Le 31 nous en donnions à 15, à Iril Tigmounin, peuplé de 240 habitants.

A Tirilt el Hadj Ali, parmi nos fiévreux se trouvaient trois enfants à la mamelle.

Le 17 novembre 1858, de passage chez les Yenni nous donnions du sulfate de quinine à 15 fiévreux.

Le nombre des malades venus à notre visite est certes considérable. 2,026 en 15 mois : mais pour se faire une juste idée de l'extension de la fièvre, il faut songer aussi à ceux que nous rencontrions dans nos tournées. L'intensité des accès et l'éloignement en retenaient un nombre incalculable à domicile. Des demandes auxquelles nous ne pouvions faire droit, vu la modicité trop restreinte de nos allocations, nous étaient continuellement adressées pour des absents, par un des membres de la famille. Tantôt c'était pour un vieillard, tantôt pour une femme, tantôt pour un enfant à la mamelle, qui ne pouvait se séparer de la famille. Parfois on amenait sur une mule un malade que la fièvre prenait en route ou à son arrivée. Nous rappellerons ici un des faits les plus curieux de ce genre.

Le 2 juillet 1858 nous arrivait une jeune femme de l'âge de 14 ans, nouvellement mariée, du village de Taguemmount Guadefel, distant de huit kilomètres de Fort-Napoléon. Depuis un mois elle avait des accès de fièvre quotidiens. Deux femmes, sa sœur et sa mère l'avaient apportée à dos, se relayant à tour de rôle, car le pauvre ménage n'avait pas de monture. La fièvre fut coupée, mais récidiva, et le 19 du même mois, Smina bent Ahmed nous était une seconde fois apportée à dos par sa mère et sa sœur.

Toutes les fièvres cependant ne sont pas contractées en Kabilie : un certain nombre le sont en pays arabe. On sait qu'à l'époque des moissons, bon nombre de Kabiles s'en vont chez les Arabes, avec le tablier de cuir et la faucille, et s'engagent pour toute la durée des travaux, ainsi qu'il arrive en France dans certaines provinces. Plusieurs en rapportent la fièvre ou quelque autre maladie. Quand le Ramadhan, mois du jeûne, tombe à l'époque de la moisson, l'abstinence et un travail excessif à l'époque des chaleurs doivent avoir les plus fâcheux résultats chez les Kabiles moissonneurs. Nous avons recueilli un certain nombre de faits de ce genre.

Sous le rapport des types, il est un fait remarquable à noter, c'est que les deux tiers environ de nos fièvres étaient quartes, d'une invasion ancienne, ayant débuté par un autre type. Nous en étions parfois à nous demander si l'on nous disait toujours vrai, et voici comment. Les Kabiles avaient la plus grande confiance dans le sulfate de quinine. C'est véritablement un remède fait pour eux qu'un remède qui jouit à un aussi haut degré d'une efficacité prompte et sûre. Déja, dans le courant de l'expédition de 1857, une certaine quantité de pilules avaient été distribuées par les médecins de l'ambulance. Dès notre arrivée nous trouvâmes la réputation du sulfate de quinine toute faite, et bon nombre de fiévreux, pour couper court à une interrogation difficile, nous abordaient en disant *quina*, *quina*. Comme nous l'avons déjà dit, des demandes incessantes nous étaient faites pour des absents et particulièrement pour des femmes. Dans la prévision malheureusement trop bien fondée que nous dépasserions nos allocations, sans parler de la crainte que nous avions de gaspiller un médicament précieux, nous refusâmes constamment. Alors on avait recours aux subterfuges. On nous envoyait des enfants qui accusaient mensongèrement la fièvre, et que nous forcions quelquefois à nous avouer qu'ils venaient pour leur mère ou leur sœur. Un de ces enfants eut recours à un curieux stratagème. Comme il nous semblait suspect, nous nous décidâmes à lui donner immédiatement une dose de sulfate de quinine liquide, au lieu de lui confier des pilules. Il huma la solution ; mais aussitôt, tournant le dos, il rendait dans un roseau caché sous son burnous tout ce qu'il venait d'absorber. Quelques-uns de ces enfants reculèrent devant un vomitif ou devant la solution. Le type quarte, en raison de l'éloignement des accès, était celui qui se prêtait le mieux à ces supercheries, attendu que nous donnions toujours du remède à emporter.

Au début nous ne pouvions donner le sulfate de quinine qu'en pilules. Mieux installés, nous le donnâmes en solution et nous nous en trouvâmes bien. Les Kabiles ne tardèrent pas à reporter sur la solution l'estime qu'ils avaient eue pour les pilules. Nous admirions souvent avec quelle intrépidité l'avalaient les enfants, alors que bien des adultes fesaient la grimace.

Chez les tout jeunes enfants nous avions employé d'abord le sulfate de quinine en pommade : nous adoptâmes bientôt un autre mode d'administration, celui des injections alvines. Ceci parut étrange au commencement ; on n'avait pas connaissance de ce mode d'administration ; cependant on l'accepta sans difficulté. Nous l'avions du reste déjà mis en usage pour des adultes auxquels nous injections ainsi de la solution de sublimé contre les ascarides.

Nous fesions autant que possible précéder le sulfate de quinine par un vomitif. Quand l'époque des accès ne s'y prêtait guère, nous préférions donner une dose immédiatement. Nos doses étaient le plus souvent de cinq ou six décigrammes à prendre séance tenante, et nous en donnions une quantité quelque peu inférieure à prendre à la maison.

Outre le sulfate de quinine, surtout quand la fièvre datait de longtemps, nous administrions les toniques ou les ferrugineux à la suite. Nous donnions fréquemment des pilules d'extrait de quinquina, à prendre après le sulfate de quinine.

Nous essayâmes aussi de répandre parmi les Kabiles la connaissance et l'usage de la petite centaurée, qui croît généralement par toute la Kabilie, et dont nous fîmes une récolte aussi abondante que possible. Cette plante qui se dit chez les Kabiles *glîlou* et chez les Arabes *meraret el Ahnech*, fiel de serpent, ne nous a paru nulle part employée ni par les uns ni par les autres.

II. — Hypertrophie de la rate.

Cinquante-neuf malades figurent sous ce titre dans notre tableau. Ce chiffre est loin de représenter le nombre des hypertrophies de la rate que nous avons observées. Il ne répond qu'aux malades qui se sont présentés à nous, accusant cette maladie exclusivement. Bon nombre de fièvres d'accès étaient accompagnées d'hypertrophies de la rate plus ou moins prononcées.

Toutes ces affections de la rate reconnaissaient pour cause une fièvre dont l'invasion remontait à une époque plus ou mains éloignée, généralement quelques années.

Un seul malade se présenta chez lequel, dès les premiers accès, la rate était considérablement tuméfiée. Généralement cette tuméfaction ne se prononçait qu'au bout d'un certain temps.

Parmi les sujets dont nous avons noté les âges, 7 avaient moins de 20 ans, et 36 avaient de 20 à 45 ans. C'étaient à peu près tous des hommes.

Généralement, chez ces malades, les fonctions digestives étaient gravement altérées ; la peau revêtait souvent une coloration terreuse ; il y avait de l'amaigrissement, un état cachectique, parfois de l'infiltration et de l'ascite : presque toujours ils accusaient de la prostration des forces et de l'essoufflement aux moindres mouvements d'ascension.

Dans le plus grand nombre des cas, la rate ne débordait que de 5 à 10 centimètres. Chez trois elle débordait de 15, chez deux de 20, chez deux de 25 et chez un de 37.

Chez quelques-uns le débordement était énorme, la rate se prolongeant non pas seulement en bas, mais à droite au-delà de la ligne blanche.

Nous allons citer quelques-uns des derniers cas.

Le 9 décembre 1857 se présentait Mohammed ben Amara, d'Agouni ou Djelban, de la tribu des Raten, âgé de vingt ans. Depuis deux années il a la fièvre La rate mesure 24 centimètres à partir du rebord costal, et dépasse de 3 centimètres la ligne blanche.

Le 18 février 1858 comparaissait Mohammed ou Ider, des Amraoua, tribu de la vallée du Sébaou, âgé de 25 ans. Depuis trois ans, la rate s'est tuméfiée consécutivement à la fièvre intermittente. Actuellement elle remplit presque toute la moitié gauche de l'abdomen, mesurant de haut en bas 37 centimètres, et s'avançant à droite au-delà de la ligne médiane de 4 centimètres.

Le 14 juillet venait à la visite Zamoun ben Mohammed, des Yala de l'oued Sahel, âgé de 40 ans. Depuis six ans la rate s'est tuméfiée consécutivement à la fièvre. Elle occupe tout le côté gauche de l'abdomen des côtes au pubis, et déborde en bas de deux centimètres en dehors de la ligne blanche.

Le même jour nous recevions Abderrahman ben Mansour de la même tribu, âgé de 40 ans. Il y a un an il eut la fièvre qui ne le quitta pas de trois mois. Aujourd'hui la rate occupe la moitié supérieure de l'espace compris entre les côtes et le pubis ; l'abdomen mesure 1 mètre 5 centimètres de circonférence.

Toutes les tribus fournirent leur contingent, mais les cas du plus grand développement nous vinrent de localités voisines de la plaine.

Cette affection fut une de celles dont le traitement fut pour nous le plus ingrat, en raison de sa longueur et de ses difficultés. Nous eûmes rarement occasion de nous féliciter de quelques succès. Le Kabile aime les médicaments qui agissent promptement : il nous en revint seulement un petit nombre.

Ce traitement variait suivant les indications.

Après un ou deux purgatifs salins nous administrions généralement les ferrugineux. Quand des accès erratiques se continuaient nous donnions le sulfate de quinine. Quand il y avait de l'infiltration, de l'ascite, un traitement était institué en conséquence.

Les Kabiles aussi bien que les Arabes ont l'habitude de traiter la rate hypertrophiée, *thikâl*, par la cautérisation avec le fer rouge.

Il nous vint un cas d'hypertrophie de la rate d'origine traumatique. Une balle était entrée par le côté gauche du thorax : du sang, puis du pus, avaient été expectorés, et le projectile paraissait enfin s'être logé dans la rate, consécutivement tuméfiée.

III. — Ophthalmopathies.

Sous le rapport de la fréquence, les ophthalmopathies viennent après les fièvres intermittentes. Nous avons reçu 1,046 ophthalmiques, dont 773 hommes et 273 femmes.

La plupart des affections de l'œil y sont représentées, comme on le voit par le tableau suivant.

Palpébrite	184
Entropion	42
Tumeur palpébrale	1
Tumeurs et fistules lacrymales	23
Conjonctivite	149
Adhérences palpébrales	1
Pannus et ptérygion	11
Kératite	466
Staphylôme	3
Kyste intraoculaire	5
Atrésie pupillaire	4
A reporter	889

Report....	889
Déchirure de l'iris................	1
Amaurose........................	21
Photophobie......................	2
Héméralopie......................	9
Cataracte........................	66
Ophthalmie complexe.............	52
Cécité (pour mémoire).............	6
Total...............	1.046

Tel est le contingent de chacune des principales tribus :

Tribus.	Ophthalmies.	Population.
Raten...............	377	16.802
Menguelat............	66	4.144
Fraoucen............	50	4.938
Aïssi...............	47	14.465
Yahya...............	46	5.329
Ouacif..............	46	2.722
Chennacha Sedka, Ouadya...............	44	6.212
Itsourar...............	42	5.171
Yenni...............	33	2.378
Ouagnoun............	29	10.206
Amraoua............	24	11.875
Illoula, Slilten........	23	»
Bou-Akkach..........	23	1.518
Bouchaïb............	20	2.900
Flissa...............	19	22.473
Djennad.............	15	1.436
Boudrar.............	15	2.400
Bouyoucef...........	13	3.392
Hidjer..............	11	»
Attaf...............	11	1.017
Akbil...............	9	1.584
Mislaïm..............	9	(Akbil)

Nous devons faire quelques observations sur ces chiffres qui sont loin de représenter la densité relative des ophthalmies parmi ces diverses tribus.

Certaines tribus étaient de beaucoup plus rapprochées de Dellys ou de Tizi-Ouzou que de Fort-Napoléon, ainsi les Aïssi, les Flissa-Mellil et Flissa-el-Bahar, les Amraoua, les Ouagnoûn. Nous n'avions donc qu'une partie de leurs malades.

Quant aux autres tribus, qui se trouvaient naturellement dans notre sphère d'action, il faut tenir compte de l'éloignement. La tribu des Raten nous donne le chiffre de 377 ophthalmiques, chiffre considérable, tout en tenant compte de la population. Nous ne pensons pas que les Raten soient plus affectés d'ophthalmie que leurs voisins. Comme nous l'avons déjà fait observer à propos de la fièvre et de la syphilis, cela tient à la proximité. Si donc nous avions pu séjourner dans chacune des tribus, nous serions arrivé à un chiffre beaucoup plus considérable.

La conclusion de ce qui précède, c'est que les ophthalmies sont encore plus communes en Kabilie que ne pourrait le prouver notre chiffre de 1.046, déjà si élevé.

Nous avons aussi pratiqué longtemps la médecine en pays arabe, et nous avons également été frappé de la fréquence et de la gravité des ophthalmies. Chez les Kabiles et chez les Arabes, les mêmes faits s'expliquent en grande partie par deux conditions qui leur sont communes : la saleté et l'incurie. Toutefois chez les Kabiles nous trouvons des conditions spéciales.

Nous ne pouvions pas, dans tous les cas, remonter à l'origine du mal. Combien de fois ne nous a-t-on pas répondu : cela me vient de Dieu, *menand reubbi!* Assez souvent néanmoins une cause nous était accusée.

C'étaient la variole, des lotions pratiquées avec de l'eau froide ou sale, un coup de bâton, un éclat de pierre ou de bois, un coup de corne, la chaleur, un coup de soleil, la sueur, la poussière, une branche d'arbre, la syphilis, etc. Bien rarement on songeait à nous accuser une cause à laquelle cependant nous croyons devoir accorder une certaine importance, tant au début que dans le cours de l'affection : c'est l'action de la fumée, qui ne peut s'échapper que par la porte ou par des lucarnes étroites, action qui se révèle partout par les dépôts noirâtres qu'elle laisse à la face intérieure de la toiture.

Il est une cause, entre toutes, que nous devons relater et qui nous fut accusée une dixaine de fois : ce sont les pleurs survenues à la suite de pertes d'enfants ou de parents. Généralement il s'agissait de femmes de 40 à 50 ans. J'ai perdu un enfant que j'aimais, me disaient-elles, et j'ai tant pleuré que mes yeux en sont devenus malades. Ces pleurs ne nous furent accusés que par deux hommes, Amara bel Hadj d'Aït-frah, et Mohammed ou Saïd, des Bou Akkâch.

Par ce que nous avons observé, nous croyons devoir mettre en tête de toutes ces causes, la variole, tant pour le nombre des victimes que pour la gravité des altérations qu'elle entraîne.

Comme on le voit par le tableau des ophthalmies, les kératites figurent pour environ la moitié dans le total de nos malades. Ces kératites étaient bien souvent graves, de longue date, et voilant plus ou moins le champ visuel. Un grand nombre de sujets avaient perdu l'un des deux yeux. Les cataractes ne figurent que pour le chiffre de 66 dans ce tableau, mais si nous tenons compte de ceux qui, porteurs d'une cataracte venaient pour une affection de l'autre œil ou pour toute autre maladie. nous en trouvons consignées 110.

L'ophthalmie sévit à tel point sur les Kabiles qu'on ne saurait se mêler aux populations sans en rencontrer des victimes à chaque pas. Il nous est néanmoins impossible de traduire en chiffres la quotité de population qui en est affectée.

Nous terminerons ces généralités en donnant la répartition des malades suivant les époques de l'année.

Du 23 septembre 1857	6
Octobre	39
Novembre	92
Décembre	126
Janvier 1858	54
Février	55
Mars	94
Avril	119
Mai	123
Juin	80
Juillet	60
Août	40
Septembre	69
Octobre	62
Novembre	24
Total	1.043

Nous allons passer successivement en revue chacune des catégories d'ophthalmies, en signalant ce qu'elles peuvent offrir d'intéressant à un point de vue quelconque.

Palpébrite. Le chiffre des palpébrites s'élève à 184 (dont 47 femmes).

Rarement cette affection nous était présentée à l'état aigu ; généralement elle était ancienne et très souvent compliquée d'autres altérations oculaires, qu'elle avait engendrées ou non.

L'immense majorité de nos palpébrites étaient ciliaires. Parfois les cils avaient complètement disparu, soit par le fait de la maladie, soit par le fait du malade.

Nous avons généralement fait un heureux emploi du crayon de nitrate d'argent.

Entropion. Le chiffre total s'élève à 42 malades, dont 7 femmes. Sous ce titre sont compris plusieurs cas de trichiasis et de distichiasis. Un plus grand nombre le sont encore sous le titre kératite, soit que la déviation des cils ait été primitive, soit qu'elle ait été consécutive à la kératite.

Les Kabiles traitent souvent eux-mêmes l'entropion et la déviation des cils, et cela par deux procédés.

Le premier est l'extraction des cils. Un certain nombre de Kabiles soignés dans leur tenue, ainsi les jeunes gens, les mkazni du bureau, sont porteurs d'une petite pince en cuivre, fabriquée dans le pays. Elle est employée généralement à l'extraction des poils de la face, mais souvent aussi à l'extraction des cils. Nous ajouterons, et ceci complètera ce que nous avons dit des palpébrites, que l'on en fait un usage abusif. Nous avons observé bien des yeux, privés ainsi de cils, que la lumière irritait, irritation qui pouvait aboutir à diverses lésions plus ou moins graves. Maintes fois, nous nous sommes servi de cette petite pince, en cas pareils et en d'autres encore. Nous croyons qu'il y aurait avantage à l'introduire dans nos trousses. Sa longueur est de 5 centimètres et la largeur de ses branches de 5 millimètres. Elle se compose d'une seule lame au lieu de deux lames soudées comme dans nos pinces à dissection. La partie supérieure est disposée en croix ou en trèfle, et dans l'anse supérieure est engagé un anneau qui sert à la suspendre Au-dessous de la branche transversale, quelques tours de fil de fer maintiennent les branches rapprochées. Les branches, au lieu d'être rectilignes, font près de leur extrémité un angle saillant à l'extérieur, et les deux bouts se rapprochent par une surface taillée en biseau, au dépens de la face interne. Ce petit instrument trouve son emploi dans bien des cas où les pinces ordinaires des trousses seraient non-seulement d'un usage incommode, mais nuisible en raison des dentelures de leurs extrémités.

Les Kabiles, outre ce procédé palliatif, emploient la suture de la paupière. Un Kabyle d'Itil Hahsen, des Yenni, nous a assuré l'avoir pratiquée plusieurs fois, et la tenir d'un pèlerin qui l'avait rapporté de Syrie.

Nous avons pratiqué la suture chez des sujets de tout âge, que nous soumettions à la chloroformisation. Deux fois nous avons dû réitérer l'opération, n'ayant pas enlevé un lambeau de peau suffisamment large. Concurremment à l'excision du lambeau, nous pratiquions une incision transversale à la face interne de la paupière, et quelquefois une incision sur la paupière dans le sens vertical, à partir de son bord libre.

Chez plusieurs sujets ce n'était là que le commencement du traitement, en raison des lésions concomittantes de la cornée.

Tumeur palpébrale. Tel est ce cas unique. Le 12 août 1858, se présentait El Hadj Ahmed, des Sedka, de l'âge de 45 ans. Il y a 10 ans, travaillant à la cueillette des olives, une branche lui frappa la paupière supérieure gauche, dans laquelle resta, dit-il, un éclat de bois. Survint une petite tumeur qui ne dépassa pas le volume d'un pois pendant cinq ou six ans. Depuis, à la suite d'applications de chaux et de savon, puis de clématite, la tumeur grandit. Actuellement elle est du volume du poing et de la forme d'une poire, à la base appuyée sur le sourcil et la pointe reposant sur la moustache. Cette pointe est libre dans l'étendue d'environ deux doigts, à la hauteur de l'ouverture palpébrale qu'elle recouvre, et que l'on découvre en soulevant cette pointe. L'ouverture palpébrale, toutefois, ne laisse pas découvrir l'œil. Le muscle orbiculaire distendu conserve et accuse sa contractilité dans les parties inférieures ; à chaque clignement de l'œil droit, on observe une contraction tout autour de cette fente. Les parties supérieures de la tumeur offrent des traces de cicatrices consécutives à l'application des caustiques. La tumeur est molle et paraît contenir des solides mêlés à des liquides. El Hadj Ahmed dut être renvoyé, ne pouvant se soumettre à un séjour et à l'opération par l'instrument tranchant.

Conjonctivite. Le chiffre des malades s'élève à 149, parmi parmi lesquels 18 femmes. Il ne comprend que les malades chez lesquels la conjonctivite était à peu près exclusivement affectée. Des autres ophthalmies, la grande majorité avaient débuté par une conjonctivite.

Environ la moitié nous ont été présentées à l'état aigu, accompagnées de chaleur, d'injection vasculaire, de tuméfaction, de céphalalgie et quelquefois de photophobie. Tantôt la conjonctivite passait à l'état chronique et se continuait sous les formes purulente, séreuse ou granuleuse ; tantôt le travail inflammatoire envahissait les diverses parties de l'appareil oculaire et entraînait des lésions diverses.

Les Kabiles ont, pour exprimer la conjonctivite, une expression indigène, celle de *tindaou*, qui répond au *remad* des Arabes. La plupart des ophthalmiques nous répondaient, quand nous voulions remonter à l'origine de la maladie, qu'elle avait commencé par le *tindaou*.

Chez une femme des Menguelat, Sakouf bent Taradets, âgée de 50 ans, nous rencontrâmes une tumeur fongueuse à la face interne de la paupière supérieure droite, du volume d'une amande, qui fut excisée et ne reparut point.

Kératite. Le chiffre des malades atteints de kératite s'élève à 466, dont 149 femmes.

Nous ne rappellerons pas ce que nous avons dit à propos des ophthalmies en général : les causes des kératites sont toutes celles des ophthalmies. Nous ajouterons seulement qu'un très grand nombre de nos malades nous accusaient l'existence préalable de la conjonctivite ou *tindaou*.

Nous les avons observées à toutes les périodes de leur développement, avec tous les désordres qu'elles peuvent entraîner et les altérations diverses qui peuvent les compliquer.

Chez un grand nombre, la kératite avait été causée ou entretenue par une déviation des cils qu'il fallait préalablement enlever.

Un de nos malades, El Houssein, de Djemaat-Essahridj,

venu le 10 février 1858 avait, l'année précédente, contracté l'ophthalmie en Egypte.

Comme pour les ophthalmies en général, l'œil était souvent affecté de longue date, soit dans la forme actuelle, soit dans la forme primitive. Deux de nos malades nous ont donné pour date d'invasion la prise d'Alger.

Telles sont les principales formes sous lesquelles nous avons observé la kératite.

Quand elle nous arrivait à l'état aigu, tout l'appareil oculaire participait généralement au travail inflammatoire ; les paupières étaient tuméfiées, des larmes chaudes et âcres s'écoulaient de l'œil qui avait horreur de la lumière, au point que son inspection devenait difficile ; la conjonctive était hyperhémiée, des arborisations vasculaires apparaissaient sur le champ de la cornée, la vision se trouvait plus ou moins entravée. Les vascularisations, que nous avons observées très fréquemment, persistaient aussi après l'acuité. Souvent une ligne de démarcation limitait la cornée entourée d'un bourrelet conjonctival. Fréquemment l'irritation inflammatoire de la cornée s'entretenait par des cils déviés.

Nous allons donner sommairement quelques observations où l'on verra des causes, des dates et des accidents divers, et généralement des arborisations vasculaires de la cornée.

24 décembre 1857. El Houssein ben Mamar, des Mislaïm, âgé de 10 ans, fut frappé d'un coup de soleil il y a deux ans ; l'œil se mit à larmoyer, puis la cornée se prit. Aujourd'hui, elle est toute couverte de vascularisations, la traversant d'un côté à l'autre et s'anastomosant entre elles. La cornée est épaissie et pulpeuse, et la vision presque abolie.

8 mars 1858. Kelhouma, des Raten, âgée de 18 ans. Il y a deux ans, elle eut des chagrins et pleura beaucoup ; puis s'étant lavé la face dans une fontaine, les yeux s'enflammèrent. Des arborisations vasculaires couvrent la cornée, à l'état pulpeux. La vision est presque abolie dans l'œil gauche, sensiblement rétracté.

10 mars 1858. Arab ou El Houssein, des Aïssi, âgé de 20 ans. Il y a une dixaine d'années il eut le *tindaou*, puis les paupières se prirent, se renversèrent et les cils blessèrent l'œil. Aujourd'hui la cornée est pulpeuse et vascularisée. La vision est presque abolie.

21 avril. Mohammed ou Saïd, des Raten, âgé de 30 ans. Il y a 5 ans, il eut la variole. Aujourd'hui les deux cornées sont vascularisées. De chaque côté une dixaine de cils blessent l'œil.

1er octobre. Bel Aïd, des Mellikeuch, âgé de 14 ans. Il y a 8 ans, en jouant, de la poussière lui entra dans les yeux, qui s'enflammèrent. Les paupières sont tuméfiées, rouges et purulentes. Des arborisations apparaissent sur les deux cornées épaissies.

Les vascularisations persistent encore alors que la kératite passe à l'état chronique et que les dépôts plastiques tendent à se fixer. On en voit aussi alors que l'albugo s'est formée et que les traces d'inflammation ont totalement disparu.

19 mai 1858. Ramdhan ou Sliman des Bou Youcef, âgé de 20 ans. Il eut la variole l'an dernier. L'œil droit est à peu près perdu. La moitié de la cornée est envahie par une masse blanchâtre opaque et vascularisée.

Idem. Mohammed ou Amar, des Menguelat, âgé de 60 ans. Atteint depuis 6 ans. La moitié inférieure de la cornée droite est couverte par un réseau vasculaire épais. A gauche elle est couverte par un tissu panniforme. Le malade perçoit encore la lumière sans distinguer les objets.

6 décembre 1857. Mohammed ben Bel Aïd, des Fraoucen, âgé de 20 ans. L'an dernier il eut le *tindaou*. L'œil gauche est couvert d'un voile épais au milieu duquel se détache un gros vaisseau.

Quelquefois des ulcères existent concurremment avec les vaisseaux sanguins.

1er octobre 1858. Djohra, des Hidjer, âgée de 25 ans. Elle

eut le *tindaou* l'an dernier. Les yeux sont émaillés de petits ulcères et traversés par des arborisations.

Le plus souvent, les ulcères de la cornée ne sont pas accompagnés de vascularisations.

15 juin 1858. Fathma, des Ouaguoun, âgée de 25 ans. La cornée droite a perdu sa transparence, criblée de petits ulcères supérieurement et pulpeuse dans sa moitié inférieure.

Chez quelques malades l'altération de la cornée a diminué sa consistance et le liquide la distend : il existe ou non des arborisations.

14 juillet 1858. Amar, des Ouadya, âgé de 15 ans. Il y a 6 ans, il eut la variole, qui intéressa les yeux. Aujourd'hui la cornée est saillante et distendue : sa partie centrale est couverte de dépôts pultacés ; le reste de son champ est vascularisé.

18 août. Saïd, des Flissa, âgé de 17 ans. Il y a 3 ans, il eut le *tindaou* La cornée est opacifiée et injectée de nombreux vaisséaux sanguins. Le centre est saillant et couvert de dépôts plastiques blanchâtres.

Parfois l'érosion de la cornée se traduit par une tumeur herniaire.

27 novembre 1857. Mohammed, des Aïssi, âgé de 50 ans. Il y a deux mois, il fut pris de *tindaou*. La cornée est érodée et une tumeur herniaire s'est faite à droite.

12 id. Ali, des Sedka, 20 ans. Il eut le *tindaou* l'an dernier. La cornée est ulcérée et une tumeur herniaire existe à l'œil gauche.

Le liquide qui distend la cornée n'est pas toujours limpide : nous l'avons une fois trouvée trouble et rougeâtre. La vue était abolie.

La cornée peut subir d'autres altérations. Ainsi nous l'avons observée charnue ; d'autres fois envahie par de larges albugos.

21 mars 1858. Boudjemar, des Ksila, 20 ans. L'œil droit a la cornée de consistance charnue et la vision y est complète-

ment abolie. A gauche, les deux tiers inférieurs sont recouverts d'uns épaisse albugo.

20 septembre. Aouicha, des Hidjer, 25 ans. Il y a un an, les deux yeux furent pris d'une violente inflammation. L'œil gauche guérit. Une large et épaisse tache blanche resta sur l'œil droit, occupant les deux tiers inférieurs de la cornée. D'en haut on aperçoit la pupille qui paraît rétrécie et remontée. La vision se fait encore un peu supérieurement.

Aouicha, des Fraoucen, 25 ans. L'œil se prit il y a 12 ans, heurté par une branche, lors de la cueillette des olives. L'œil droit est complètement perdu : la cornée est opacifiée dans presque toute son étendue : à sa partie moyenne s'élève une sorte d'arête verticale. A gauche les trois quarts inférieurs de la cornée sont épaissis. Le travail inflammatoire qui a sévi sur les parties voisines, les a diversement altérées : ainsi nous rencontrons des déformations de la pupille, son rétrécissement, sa déviation, son déplacement, sa disparition.

7 janvier 1858. Sdir, des Ouacif, âgé de 2 ans. Il y a deux mois, il eut le *tindaou*. Les deux yeux sont aujourd'hui perdus. A droite, la cornée est représentée par une plaque épaisse à travers laquelle on aperçoit une ellipse très allongée représentant la pupille. A gauche cette plaque cornéale se détache mieux des parties ambiantes.

14 février. Saïd, des Raten, 60 ans. Il y a six ans, il eut la variole et perdit l'œil gauche. A droite la pupille apparait retrécie et adhérente supérieurement.

27 mai. Mohammed, des Ouagnoun, 50 ans. Eut les yeux affectés il y a un an. L'œil droit est couvert par une albugo : la vision n'y existe plus. L'œil gauche a la prunelle allongée de haut en bas : une tache blanche couvre le milieu de son champ.

22 août. Amar, des Bou Akkach, 35 ans. Il y a un an, frappé par un morceau de bois, l'œil s'inflamma violemment. Un léger nuage panniforme occupe la partie inférieure de la

cornée. L'iris apparaît retrécie, rapprochée de l'angle interne et comme sur un plan reculé.

Parmi ces malades affectés de kératite, une quarantaine avaient perdu complètement l'un des yeux et une dixaine avaient perdu les deux.

Dans ces affections de la cornée, nous avons avantageusement employé la cautérisation par le nitrate d'argent solide ou liquide, et le sulfate de cuivre. Nous donnions ensuite un collyre au sulfate de zinc délayé dans une solution aqueuse d'opium, et toujours du linge propre.

Les taches de la cornée portent, chez les Kabiles, le nom d'*ilsri*, qui signifie étoile, mais que nous avons parfois entendu appliquer à la cataracte.

Kystes oculaires. Nous en avons observé cinq cas.

Le premier, seul, avait pour siége la chambre antérieure de l'œil.

Le 9 décembre 1857, se présentait Saïd ou Cassi, des Djennâd, âgé de 26 ans. Avant sa puberté, l'œil droit se troubla, dit-il, pour avoir trop regardé les étoiles. Il finit par n'y plus voir, puis un corps étranger se développa dans l'œil. D'abord petit comme un grain de moutarde, il grandit au point d'atteindre plus de la moitié de la superficie de la cornée. Il occupe la chambre antérieure, dont il envahit les deux tiers inférieurs. Sa forme est celle d'un cercle tronqué, dont un de angles serait émoussé et l'autre terminé légèrement en pointe, ce qui parfois lui donne l'aspect d'une poire. Il est très mobile dans la chambre antérieure, distendue par un liquide abondant. Au-dessus du kyste apparaît un segment de la pupille. Le corps étranger ressemble assez bien à du tissu cellulaire fin, d'un blanc légèrement bleuâtre, ou bien à un kyste hydatique traversé çà et là par des filaments ou bandes d'un blanc mat et opaque.

Le 9 mars 1858, comparaissait une jeune fille de la tribu des Fraoucen, âgée de 9 ans. Il y a quatre ans, elle eut le *tindaou* ; puis il se forma dans les deux yeux un corps étranger ressemblant à un kyste et paraissant siéger dans la chambre postérieure. Les corps étrangers, blanchâtres et opaques, représentent environ les trois quarts d'un cercle échancré du côté de l'angle interne dans l'un et l'autre œil. De part et d'autre, la chambre antérieure est distendue par un liquide abondant dont chaque fluctuation soulève la cornée. Les yeux sont sensibles à la lumière, et la jeune fille ne peut supporter le soleil : la vision se conserve, mais faible et restreinte.

Le 10 du même mois, Mohammed ou Bakir, d'Ali-ou-Harzoun, âgé de 18 ans, nous apportait un pareil corps étranger développé depuis quatre ans et débordant la pupille dans l'œil droit. Sa surface était inégale et son aspect bleuâtre.

Le même jour se présentait Ali ben Mohammed, des Raten, âgé de 30 ans. Il y a un mois et demi, en fesant du bois, un éclat lui entra dans l'œil ; puis une inflammation locale violente et de la fièvre se déclarèrent. Aujourd'hui, la pupille est dilatée, légèrement ovalaire, son grand axe dans le sens transversal. Derrière, on aperçoit un corps d'un blanc nacré, légèrement bleuâtre, translucide au côté interne et à peu près circulaire. La vision n'existe plus.

Le 27 du même mois, Mohammed ou Ahmed, des Menguelat, de l'âge de 40 ans, se présentait porteur d'un corps étranger analogue au précédent.

Affections de l'iris. Parmi les quelques cas où nous avons trouvé l'iris actuellement et exclusivement affecté, nous en citerons deux.

Le 20 mai 1858, nous vint Saïd ou Amar, des Ouagnoun, âgé de 20 ans. Il y a un an, une paille lui tomba dans l'œil, et il s'ensuivit un travail inflammatoire dont tels sont les résultats. La pupille gauche est contractée de manière à ce que son pertuis est oblitéré et qu'elle figure parfaitement une bourse dont le cordon serait serré et que l'on observerait du côté opposé à ce cordon. Son centre est comme ombiliqué, rayonné et en retrait. La chambre antérieure est fortement distendue par du liquide, et la cornée tout-à-fait transparente.

Le 24 juin, nous recevions la visite d'un thaleb de la tribu des Aïssi, en possession de quelques ouvrages de médecine, notamment de Syouthi. L'an dernier, un bout de bois lui frappa l'œil. De l'inflammation survint, et pendant un mois il fut complètement privé de la vision de ce côté. Actuellement l'iris n'existe plus que dans ses trois cinquièmes inférieurs, la portion supérieure ayant disparu suivant une section transversale. Cette portion restante est encore sensible et quelque peu contractile. La chambre antérieure est distendue par du liquide.

Amaurose. Nous en citerons seulement un cas qui compte pour environ la moitié dans notre chiffre en raison des retours fréquents du malade. Nous voulons particulièrement prouver que les Arabes ou Kabiles ne se bornent pas toujours, comme on l'a dit bien des fois, à une visite unique, ne revenant plus s'ils ne voient pas une amélioration subite.

Amar ben Ali, âgé de 20 ans, appartenait au village d'Icheraoua, sur l'emplacement duquel on a construit le fort Napoléon. Les habitants en furent transportés à Tacherahit, après avoir été indemnisés. Amar se présenta la première fois le 1er janvier 1858. Au mois de septembre 1857, il avait eu le *tindaou*, dont il guérit. Il y a 20 jours, étant à la charrue, il sentit comme un aiguillon dans l'œil et, depuis, la vision s'est sensiblement amoindrie au point qu'actuellement il ne voit plus du tout.

Un bruit court parmi les gens du canton que les ophthalmies, communes alors, tiennent au voisinage de la koubba du Cheikh el Arab, père de Sidi Seddik, qui fut transporté en France, koubba qui doit porter malheur aux Kabiles établis sur le terrain jadis la propriété du saint homme dont elle protége les restes. Les habitants d'Icheraoua sont voués aux ophthalmies, à la cécité.

Amar s'est fait faire une amulette, et la porte encore.

Les pupilles sont extraordinairement dilatées. Le cristallin paraît un tant soit peu obscurci, très légèrement grisâtre. La nuit, Amar souffre un peu et ses yeux larmoient. Un purgatif lui est administré, puis un séton appliqué.

14 janvier. Amar accuse avec plaisir qu'il commence à voir un peu. Les pupilles sont moins dilatées. Le séton l'a fait souffrir, mais il demande à le continuer. Calomel, 2 grammes pour huit doses.

30 janvier. Amar continue à voir un peu. Le séton est remplacé. Nouveau purgatif.

12 février. Amar accuse du mieux. Le séton est renouvelé. Nouvelles doses de calomel.

24 février. Le malade continue d'accuser de l'amélioration, surtout à gauche. Le séton et le calomel sont continués et des pédiluves prescrits.

8 mars. Le calomel a déterminé une violente stomatite, un peu de congestion et d'obscurcissement de la vue. Pansement du séton, cautérisation, gargarisme et sulfate de magnésie.

12 mars. La vue s'est éclaircie et la stomatite a diminué. Le malade se décide à passer quelques jours à l'hôpital.

Pendant son séjour, la stomatite est d'abord combattue, puis un vésicatoire appliqué à la nuque et saupoudré de strychnine. L'œil droit gagne un peu et l'œil gauche se maintient dans son progrès. Amar sort de l'hôpital le 13 avril, emportant de la pommade à la strychnine.

26 mai. L'œil droit continue à s'améliorer et l'œil gauche se maintient. Avec l'œil gauche Amar distingue le nombre des doigts à la distance d'un demi-mètre. De la pommade lui est de nouveau confiée.

21 juin. Amar gagne encore un peu de l'œil gauche. Il emporte de la pommade.

26 septembre. Amar distingue aujourd'hui et compte les doigts à la distance d'un mètre. La pupille assez mobile à

gauche, l'œil beaucoup moins à droite. Il emporte encore de la pommade à la strychnine.

Depuis lors Amar n'est plus revenu.

Pour se rendre à Fort-Napoléon, il devait faire environ deux lieues.

Cataracte. Nous avons observé 110 cataractes, en tenant compte de celles rencontrées sur des malades réclamant nos soins pour d'autres affections.

La plupart étaient apportées par des vieillards : un certain nombre cependant appartenaient à des jeunes gens ou même à des enfants, mais étaient généralement d'origine traumatique.

Telle est la répartition des cataractes dont nous avons conservé les âges :

AGES	HOMMES	FEMMES	TOTAL
6 ans	2	1	3
7	1	»	1
13	1	»	1
15	1	»	1
20	2	»	2
22	1	»	1
30	5	»	5
35	1	1	2
40	4	3	7
45	7	1	8
50	19	11	30
55	5	4	9
60	20	8	28
65	3	»	3
70	1	»	1
Total	73	29	102

Nous ferons sur ce tableau quelques observations.

Et d'abord, on peut y voir que le nombre des femmes y est relativement plus considérable que pour les autres maladies. Faudrait-il en conclure que les femmes sont plus particulièrement prédisposées ou exposées à la cataracte? Nous n'oserions l'affirmer. Un seul fait pourrait être invoqué à l'appui, c'est que la fabrication de la poterie est l'ouvrage exclusif des femmes, et encore nous doutons que ce fait ait de l'influence.

La plupart de nos cataractes sont séniles. Toutefois, pour celles-ci comme pour celles d'origine traumatique, on nous a souvent rattaché leur début à une autre affection de l'œil. Ainsi, vingt-cinq fois on nous a accusé le *tindaou* comme ayant précédé et déterminé l'éruption de la cataracte. Une fois l'on nous a accusé la variole. Une fois la cataracte avait débuté par de l'héméralopie. Deux fois elle s'annonça par de la céphalalgie. Quatre fois elle s'était déclarée après des pleurs causés par la perte d'un parent. Trois fois l'œil s'était affecté pour s'être lavé la face dans de l'eau froide. Un seul malade nous a accusé franchement l'abus du coït. Il est à croire que beaucoup d'autres malades auraient dû faire la même confession. Une fois la cataracte nous fut donnée comme le fait des génies, et le malade s'était fait faire une amulette.

Sept fois la cataracte reconnaissait une cause traumatique : ainsi, un éclat de bois, une branche d'arbre, un coup de corne d'animal, un coup porté sur l'œil.

La cataracte s'offrait à nous sous des aspects divers. Tantôt le cristallin était d'un blanc mat, tantôt il était grisâtre, tantôt verdâtre, quelquefois on eût dit un bouton de porcelaine. D'origine traumatique, la cataracte se présentait parfois sous des aspects étranges. Généralement sensible, quelquefois la pupille était immobile, quelquefois elle était déformée.

Nous donnerons quelques observations sommaires empruntées à tous les âges.

19 novembre 1857. Mohammed ou el Hadj, des Illoula, âgé de 7 ans, eut le *tindaou* au printemps : l'œil gauche se cataracta le premier; puis ce fut le tour de l'œil droit en automne. Dans tous les deux, le cristallin se présente sous la

forme d'une plaque de porcelaine lisse. La pupille est très-sensible, et l'œil perçoit encore la lumière.

28 octobre. El Houssein ou Belkassem, des Raten, âgé de 13 ans, eut la variole, qui sévit sur les deux yeux. Dans l'un et dans l'autre le cristallin ressemble à une masse de porcelaine boursoufflée.

10 février 1858. Mohammed ou Abdallah, des Raten, âgé de 6 ans, reçut un éclat de bois dans l'œil gauche. Le cristallin est opaque, semé de quelques taches noires et paraît avoir contracté des adhérences.

31 janvier. Abdenalem ben Mohammed, des Ouacef, âgé de 15 ans, eut l'œil droit frappé d'une corde, il y a deux ans. L'inflammation s'en empara et la paupière ne put s'ouvrir de dix jours. La pupille très-mobile est elliptique ; son grand axe, oblique. Le cristallin, noirâtre supérieurement, est marqué dans sa partie inférieure d'une tache nacrée en forme de croissant.

22 mars. Messa bent Meddour, des Menguelat, âgée de 60 ans, vit, il y a trois ans, sa vue faiblir et s'éteindre sans cause appréciable. Aujourd'hui les deux yeux présentent une cataracte d'une couleur grise bien prononcée. La pupille est mobile.

13 avril. Djohra bent Messad, des Menguelat, âgée de 55 ans, a depuis cinq ans les yeux larmoyants, et depuis trois ans la vue à peu près perdue. Les deux yeux sont affectés, et le cristallin grisâtre. Cette femme accepte un séton et nous revient le 18 juin sans amélioration.

1er juin. Zeineb bent Ali, des Bou-Chaïb, agée de 50 ans, eut, il y a deux ans, de la céphalalgie, puis la vue se perdit au point qu'aujourd'hui elle a de la peine à distinguer une bougie qu'on lui met sous les yeux. Le cristallin est de part et d'autre d'un blanc grisâtre, et les pupilles sont complètement immobiles.

20 juin. Amara n'Aïts Cassi, des Djennâd, âgé de 55 ans, se lava dans une fontaine il y a 2 ans, puis la vue ne cessa

de s'affaiblir. Il ne connaît pas d'autre cause, sinon qu'il aime les femmes. Actuellement il ne voit plus du tout. Le cristallin apparaît opaque et verdâtre, surtout à droite. Le malade est grand et fort. Deux purgatifs lui sont administrés et un séton appliqué. Le 30, il nous revint ayant un peu gagné.

27 août. Belkassem ou Idir, des Ouadga, âgé de 60 ans, eut le *tindaou* lors de la prise d'Alger, puis il y a quelques années la vue se perdit. La cataracte est double. A gauche, le cristallin se présente sous la forme d'un globule nacré, irrégulier : la chambre antérieure est distendue par un liquide abondant.

Nous avons malheureusement peu de choses à dire sur le traitement de la cataracte. Placé dans un poste nouveau, nous manquions d'instrument, et nous devions renvoyer les malades. Dans certains cas, au début, nous obtînmes de l'amélioration par les purgatifs et les sétons qui furent acceptés même par des femmes. Une aiguille nous fut envoyée plus tard, mais bien des cas ne nous semblaient devoir être opérés par l'abaissement. De plus les malades revenaient moins. Une seule fois nous opérâmes par abaissement et nous obtînmes un demi-succès.

Cécité. Nous citerons, à titre de singularité, une seule observation :

Le 6 février 1858, se présentait à nous un vieillard des Bou-Youcef, âgé de 60 ans. Il y a deux ans les deux yeux furent pris d'une violente inflammation. Le gonflement les empêchant de s'ouvrir, on imagina d'exciser le bord de chaque paupière pour ouvrir un accès à la lumière. L'inflammation reparut, et les bords des paupières excisées se réunirent complètement à droite, et incomplètement à gauche. En palpant avec les doigts on sent parfaitement par dessous le globe oculaire qui paraît avoir conservé son volume normal. A droite, il y a quelque temps, il sortait encore des larmes du grand angle de l'œil. A gauche le cartilage inférieur existe encore en partie. La réunion des deux paupières ne s'est pas opérée complètement, et on aperçoit encore une portion de la cornée, qui depuis un an n'est plus perméable à la lumière.

Une demi-douzaine de cas de cécité nous furent présentés où nous ne pûmes qu'admirer la confiance de ces pauvres gens.

Affections des voies lacrymales. Sur 23 cas nous comptons 16 femmes. Dépourvu d'instruments spéciaux, et en raison du genre de notre clientèle, nous ne fesions pas toujours ce que nous aurions voulu faire.

Dans quelques cas légers nous obtînmes de l'amélioration par l'eau blanche.

Pour les tumeurs lacrymales nous avons obtenu quelques succès par l'incision et la cautérisation, ou l'injection de teinture d'iode.

Les médecins indigènes traitent généralement les tumeurs lacrymales par la cautérisation, soit au moyen du fer rouge, soit au moyen des caustiques. Parmi ces derniers on nous a plus d'une fois mentionné le *zendjâr*, ou acétate de cuivre, et la *toutya*, sulfate de la même base.

IV. — Affections du nez.

Ces affections n'ayant rien présenté d'intéressant, nous nous bornerons à les énoncer :

Épistaxis.........	2
Punaisie..........	2

V. — Affections de la bouche et de l'arrière-bouche.

Tel est l'ensemble de ces affections :

Tumeur labiale......	1

Aphthes	10
Gingivite	17
Glossite	3
Angine	1
Amygdalite	6
Sangsue avalée	1

Entre toutes ces affections de la bouche, nous n'en citerons que deux présentant un peu d'intérêt.

Glossite. Le 9 septembre 1858 se présentait le jeune Bilkassem ou Amar, de Tirouel, des Bou-Akkach, de l'âge de 7 ans Sa langue s'était démesurément tuméfiée : il existait un gonflement considérable aux régions parotidienne et maxillaire gauches. Un demi-gramme de calomel fut immédiatement administré, ensuite un gargarisme aluminé. Le jeune malade, amené par sa mère, coucha avec elle dans mon corridor. Cinq selles avaient amené une détente bien prononcée. Le 11, Bilkassem avait à peu près repris son état normal, et s'en retournait emportant un second gargarisme.

Le 30 mars 1858, Tasadits bent Fathima m'était amenée par sa mère. De la tribu des Aïssi, âgée de 11 ans, Tasadits avait depuis un an les amygdales hypertrophiées. Se prêtant difficilement à l'exploration, je dus la chloroformiser pour en finir aussi avec les brutalités de sa mère qui la frappait rudement pour la rendre plus docile. L'amygdale gauche, un peu plus développée que la droite, avait le volume d'une noix : elle portait une ulcération excoriée. Je proposai l'excision ; mais on s'y refusa, et je dus me contenter de cautériser et d'administrer des gargarismes aluminés. Il me souvient encore du réveil de cette enfant : je n'ai rien vu de plus naïvement gracieux. Tasadits ne revint pas.

Quant à la sangsue, avalée par un Mkazni, elle fut facilement extraite par des pinces.

VI. — Affections dentaires.

Les affections dentaires se décomposent ainsi :

Odontalgie	3
Fluxion.................	1
Fistule..................	7
Extirpation de dents......	63

Parmi les sujets auxquels nous avons extrait des dents, on ne compte qu'une seule femme.

De tous ces cas d'extraction, nous ne citerons que celui-là. Le 11 octobre 1858 se présentait la jeune Iakout bent Amar, d'Aït Lahsen, des Yenni, âgée de 12 ans. Il y a six ans, dit-elle, une tumeur se forma vers l'angle de la mâchoire inférieure gauche, de la suppuration s'établit et une ouverture se maintint par laquelle les aliments sortaient de la bouche ; puis sortirent successivement trois esquilles osseuses. Depuis trois ans, la fistule s'est tarie. Le maxillaire est encore tuméfié. Les deux dernières molaires ont une position vicieuse, et je dois les extirper. L'opération, quelque peu longue et difficile, fut admirablement supportée par la jeune fille.

Ainsi que les Arabes, les Kabiles attribuent la carie des dents à l'existence d'un ver logé dans sa cavité.

L'extirpation des dents se fait chez les Kabiles au moyen de mauvaises pinces rappelant assez grossièrement nos daviers. Un de ces instruments nous fut présenté. En le voyant nous n'eûmes pas de peine à croire ce que l'on nous dit de son emploi. Rarement l'extirpation était complète : toujours elle était laborieuse. Plus d'une fois on s'en vint vers nous pour la compléter, le médecin indigène, avec son grossier instrument n'ayant abouti qu'à rompre la couronne. La puissance de la clef de Garengeot et la rapidité de l'extraction fesaient l'admiration de nos clients.

VII. — Affections de la face.

Tel est l'ensemble de ces affections :

Œdème facial.......	1
Tumeur faciale......	3
Kyste facial.........	3

Les deux dernières catégories intéressaient exclusivement des femmes.

Le 13 avril 1858 se présentait à nous Taradîts bent Cassi des Mislaïm, âgé de 45 ans. Il y a dix-huit mois, un bouton sortit en avant du lobule de l'oreille gauche, puis tout ce côté de la face se tuméfia à ce point qu'il existe aujourd'hui une tumeur ayant en volume le tiers de la tête et gênant considérablement la parole et la mastication. La malade se décida à séjourner quelque temps pour être examinée. Un trocart explorateur ne ramena qu'un peu de sang. L'opération, refusée du reste, fut écartée, et la malade renvoyée avec des pommades fondantes.

Le 20 avril venait à la visite Halima bent Yahya, des Mislaïm, âgée de 18 ans. Il y a huit mois il lui sortit au menton un bouton qui ne cessa de grossir, et qui atteint actuellement le volume d'une noix. L'aspect en est livide. Il y a trois jours on avait appliqué par dessus de l'*arsenic rouge*, rahadj el ahmeur. La jeune fille se soumit à la chloroformisation et la tumeur fut excisée.

Le 8 mai, Melha bent Mahieddin, des Raten, âgée de 12 ans, nous apportait une tumeur du volume d'une cerise à la tempe droite. Melha fut soumise à la chloroformisation, et la tumeur incisée se présenta sous forme d'un kyste graisseux. Pendant l'anesthésie, la jeune Melha vomit et urina. Ces légers accidents furent, avec d'autres analogues survenus chez un enfant de 5 ans, les seuls que nous rencontrâmes dans l'emploi du chloroforme.

VIII. — Affections de l'oreille.

Tel en est le chiffre :

Otite, otorrhée, otalgie....	20
Surdité..................	1

Ce fut au mois de mars que les affections de l'oreille nous vinrent en plus grand nombre et à l'état récent. La plupart affectaient des jeunes gens, sinon elles dataient de longtemps. Une fois nous rencontrâmes un petit polype.

IX. — Tumeurs occipitales et cervicales.

Les tumeurs se décomposent ainsi :

Tumeur occipitale......	12
Tumeur cervicale......	9
Adénite cervicale.......	1

Le chiffre de la tumeur occipitale ne concerne en réalité qu'un seul cas, celui d'une femme qui nous revint à plusieurs reprises. Cette femme, d'une constitution chétive, portait à l'occiput une tumeur que nous reconnûmes de nature sanguine, en l'explorant avec un petit trocart. Son volume était celui d'un œuf. Des caustiques avaient été appliqués et déterminé une hémorrhagie combattue par l'application de poix et d'amadou. Nous administrâmes du fer, et fîmes des applications astringentes sans grand résultat.

Parmi les tumeurs cervicales il en était que l'on eût pu traiter par l'excision. Mais dans ces cas, comme dans plusieurs autres, les malades s'y refusèrent et ne voulurent subir qu'une simple incision, avec accompagnement de frictions iodurées. Tel était le caractère de nos clients. Quand une maladie n'apporte pas avec soi une gêne par trop forte, que la cure doit en être chirurgicale et durer un certain temps, pour des raisons de toute sorte, ils préfèrent temporiser.

Douze individus se sont présentés à nous pour le goître exclusivement. Nous l'avons encore observé chez d'autres sujets qui nous venaient pour d'autres maladies.

La question du goître en Algérie n'ayant encore été traitée que vaguement, à notre connaissance du moins, nous croyons devoir donner *in extenso* toutes nos observations.

12 octobre 1857. Jakout bent el Hadj, des Yahya, âgé de 30 ans, fut mariée vers l'âge de 14 ans, et eut cinq enfants. Depuis longtemps elle a ressenti quelque chose à la gorge ; mais c'est depuis cinq ans seulement que le goître a pris un développement notable, par le fait d'un accouchement. Les couches suivantes eurent la même influence. Les règles paraissent également avoir du retentissement à la gorge. Actuellement le cou mesure à sa partie moyenne 0.42 centimètres de circonférence.

27 octobre. Etant ce jour-là de passage à Djemaat-Essahridj, parmi les malades il me vint deux femmes goîtreuses. Chez l'une, le cou mesurait 0.40, et chez l'autre, 0.52 centimètres.

On me dit qu'il y avait bien une trentaine de goîtreux dans la localité, qui compte 1,586 habitants.

On trouve réunies à Djamaat-Essahridj toutes les conditions pathogéniques signalées par Fodéré : eaux abondantes, atmosphère humide, chemins fangeux, végétation luxuriante, exposition septentrionale au pied d'une montagne.

Le 6 novembre, j'observais un goître volumineux chez une femme, au Sebt des Yahya.

Les jours suivants, j'en observais deux sur des femmes, l'un à Koukou, et l'autre à Tifil-Kout, chez les Illiten. J'administrai de la teinture et de la pommade iodée à cette dernière.

1er janvier 1858. Mohammed ou Salem, d'Aït-Athelti, village voisin de Fort-Napoléon, âgé de 50 ans, nous vint avec un goître du volume de la tête et trilobé.

3 mai. Tasadits ben Ahmed, d'Abbouda, village des Raten, âgée de 12 ans, nous est amenée par son père. Le goître remonte à deux ans. Peu volumineux encore, le cou ne mesure que 0.25 de circonférence. On me dit qu'il y a trois femmes goîtreuses dans le village.

De la teinture et de la pommade iodées furent données à Tasadits, qui me revint ensuite deux fois, le goître ayant sensiblement diminué.

6 juillet. Mohammed ben Abdallah, des Tourar, âgé de 18 ans, porte un goître depuis 3 ans, divisé en deux lobes. Le cou mesure 0.41 centimètres. Mohammed a l'air crétinisé.

8 septembre. Salem-ben-Saïd, des Ouadya, âgé de 20 ans, nous vient avec un goître.

8 septembre. Ali ben Arab, de Tifilkout, des Illilten, âgé de 25 ans, porte depuis 5 ans un goître bilatéral. Son cou mesure 41 centimètres. Ali me raconte qu'il existe dans le village une dizaine de goîtreux, et que les femmes en sont particulièrement affectées. Les eaux de Tifil-Kout, ainsi que nous nous en sommes assuré, sont vives et froides. Le plâtre est commun dans les environs, où nous fûmes nous approvisionner pour la construction du Fort-Napoléon. Le malade me donne des nouvelles de la jeune goîtreuse à laquelle, au mois de novembre, j'avais donné des préparations iodées, et me dit qu'elle est guérie.

22 septembre. Fathma bent Tahar, des Fraoucen, âgée de 40 ans, fut atteinte avant l'éruption de la puberté. Aujourd'hui son goître est bilobé, pendant et débordant les clavicules. En passant par le milieu de la tumeur, le cou mesure 50 centimètres de circonférence. Depuis quelque temps, ce goître est stationnaire. Chez cette femme, toute la superficie de la tumeur est couverte de tatouages qui en dissimulent un peu la difformité. C'est là un fait que nous avons ren-

contré sur d'autres femmes et même sur des hommes. Fathma, depuis quelque temps venue, s'ennuie de son isolement, car elle n'a pas d'enfant, et elle veut que je lui donne un charme pour se faire aimer des Kabiles.

16 octobre. Sliman ben Messaoud, de Tikichourt, des Ouacef, âgé de 55 ans, porte un goître du volume des deux poings. Il me dit qu'il y a beaucoup de goîtreux dans son village. Sliman est un des Kabiles les plus polis que nous ayons rencontrés.

En somme, il nous est venu une quinzaine de malades porteurs de goîtres. Nous en avons observé environ autant en dehors de notre pratique, en nous mêlant aux populations.

Si l'on se rappelle que d'après nos informations le goître serait commun dans plusieurs localités, on pourra conclure qu'il est assez répandu en Kabilie.

Il y a une douzaine d'années, le médecin en chef de l'armée d'Afrique, dans une communication à l'Académie des sciences, considérait l'absence de la lumière comme cause du goître, et citait à l'appui de cette opinion qu'en Algérie tous les goîtreux venaient de la montagne. A ce propos, nous dîmes dans notre thèse que le goître était très rare en Algérie. Alors la Kabilie était peu connue, et nous n'avions personnellement étudié que les Arabes. Nous ne croyons pas cependant que l'on puisse considérer les Kabiles comme jouissant très peu de la lumière solaire. La plupart des tribus ou des localités à goître ont une altitude élevée, et comme nous l'avons dit ailleurs, en Kabilie, au lieu d'être situés dans les fonds, les villages sont construits sur les crêtes, à une hauteur généralement élevée. Parmi les localités citées précédemment, Tikichourt a une altitude de 670 mètres, Tifilkout de 892, Koukou de 933. Les Yahya ont une altitude moyenne de 8 à 900 mètres, et les Itsourar de 1,200.

Il faut donc chercher autre part l'étiologie du goître en Kabilie. Nous nous abstiendrons de le faire, n'ayant pas des éléments suffisants. Nous dirons seulement, ainsi que nous l'avons déjà dit autre part, que nous ne croyons pas à une cause unique du goître.

Nous avons observé le goître en Kabilie, autre part que dans le massif du Jurjura.

Voici ce que nous trouvons dans notre relation de la campagne de 1850, entre Sétif et Bougie, à la date du 4 juin, où nous étions campés chez les Barbacha :

« Une femme se présente à moi porteuse d'un goître. On me dit ensuite que le goître n'est pas rare en Kabilie, que les femmes en sont atteintes de préférence, et que souvent la tumeur grandit sous l'influence de la grossesse. Le goître se dit en kabile *kazouz*. Les jours suivants, je rencontre deux nouveaux cas de goître, dont un sur un homme, assez volumineux. »

Chez les Kabiles du Jurjura, le goître porte le nom d'*aghazouz*, expression qui est, au fond, identique avec celle que nous avons reçue des Barbacha.

Nous croyons nous rappeler que les Kabiles emploient quelquefois contre le goître les cautérisations. Nous ignorons si les tatouages auraient un mobile autre que celui de la coquetterie.

XI. — Affections des organes respiratoires.

Ces affections se répartissent ainsi :

Laryngite	8
Bronchite	100
Phthisie	4
Asthme	4
Total	116

Telle est la répartition des bronchites suivant les divers mois de l'année :

Novembre 1857....	5
Décembre.........	8
Janvier 1858.......	11
Février...........	21
Mars.............	17
Avril.............	8
Mai..............	4
Juillet...........	3
Août............	1
Septembre........	4
Octobre..........	10
Novembre........	8

Sur les 116 malades, nous trouvons 78 hommes et 38 femmes.

Nous avons été étonné de ne rencontrer que quatre cas de phthisie, dont trois chez des femmes et un chez un homme.

XII. — Affections des organes digestifs.

Ces affections se décomposent ainsi :

Embarras gastrique.........	21
Gastralgie................	1
Dyspepsie................	59
Anorexie.................	1
Vomissements............	1
Constipation.............	1
Ictère...................	8
Diarrhée.................	23
Dysenterie...............	47
Engorgement abdominal....	17
Ascite..................	9
Total............	188

Nous nous arrêterons seulement sur une affection dont

nous avons déjà touché quelques mots à propos des fièvres intermittentes, la dyspepsie que les Kabiles désignent tantôt du nom arabe de *laquya*, tantôt du nom berbère de *tamaguirt*.

Cette affection consiste dans une atonie de l'estomac, un affaiblissement de ses facultés digestives, du dégoût des aliments, des vomissements, du ballonnement abdominal, une certaine gêne de la respiration, de la pesanteur, une certaine diminution des forces.

Les causes du tamaguirt accusées par les Kabiles sont l'abus des aliments gras, comme le beurre, l'huile, la graisse, sans assaisonnement ou sans excitant de la digestion, l'abus des fruits, l'usage du gland, soit à l'état natif, soit à l'état de préparation.

C'est particulièrement en automne que sévit le tamaguirt, alors que l'abus des fruits concourt encore à l'atonie de l'estomac.

Contre cette affection nous administrions avec avantage la rhubarbe et le fer, quelquefois après un vomitif.

XIII. — Entozoaires.

Les entozoaires figurent pour les chiffres suivants :

Ténia	11
Entozoaires divers.........	52

Ces chiffres sont loin de représenter un nombre égal de cas, les individus affectés nous étant revenus à plusieurs reprises.

Une quarantaine d'individus nous ont accusé des lombrics ou des ascarides.

Une quinzaine d'enfants en particulier étaient porteurs de lombrics, rejetés tantôt par la bouche, tantôt par l'anus.

Nous avons été frappé de la fréquence des oxyures chez les

adultes, et nous devons ajouter qu'ils se prêtaient parfaitement aux injections intestinales de sublimé. Les injections eurent même quelque temps une certaine vogue dans le village d'Ali ou Harzoun.

Le cas suivant présente quelque intérêt.

Nous promenant un jour dans le village de Tadder ou Fellah, nous fûmes appelé pour voir une jeune fille que nous trouvâmes dans un état d'extrême émaciation. Elle rendait, nous dit-on, des vers. Nous engageâmes son père à nous l'amener pour l'observer plus à l'aise. Il nous l'amena le 29 février. La jeune Yamina avait au moins quinze ans et n'était pas encore réglée. Depuis deux ans elle mettait bas des vers et maigrissait extraordinairement. Dès le commencement, me dit-on, ces vers étaient longs, puis, ce furent de tout petits vers, mais si abondants qu'on en trouvait une grande quantité sous elle tous les matins. Je conduisis la jeune fille dans ma chambre et lui fis signe de se découvrir, ce qu'elle ne fit pas, mais se couchant sur le côté elle me présenta l'anus. Le père m'avait dit qu'elle avait de fréquentes démangeaisons par devant et qu'elle se grattait fréquemment. Je pus observer la vulve que je trouvai toute couverte d'une pulpe blanchâtre. Deux injections furent exécutées. Je fis prendre une dose de calomel, et donnai quelque peu de solution de sublimé pour être employée en lotions. Craignant des méprises j'engageai le père à me ramener sa fille pour subir de nouvelles injections. Il n'en fit rien, et quelque temps après j'appris que la jeune fille était décédée.

Nous traitâmes trois Kabiles pour le ténia, et nous ne fîmes avec succès que chez un seul.

Ce dernier, Idir, du village d'Ali ou Harzoun, âgé de 50 ans, vint nous trouver dans les premiers jours de février 1858 et prit domicile à Fort-Napoléon pour se faire traiter complètement. Il accusa d'abord des oxyures contre lesquels nous administrâmes des injections au sublimé ; puis il nous accusa l'existence d'une autre sorte de ver qui ne pouvait être que le ténia. Nous lui fîmes prendre deux doses d'écorce de racine de grenadier, 80 grammes en décoction concentrée. Le 12, il rendait cinq mètres de ténia, et le 14 il en rendait autant.

Sur un autre Kabile, outre le grenadier, nous administrâmes du kousso, mais sans succès.

Les Kabiles n'ont pas d'expression spéciale pour le ver solitaire : ils lui donnent le même nom qu'aux autres entozoaires, celui d'*azrem*, au pluriel *izerman*, expression qui répond à l'*ahnech* des Arabes de l'Algérie, qui n'emploient jamais le mot *doud*, sinon pour les vers de petite dimension et ceux particulièrement qu'ils croient entretenir la carie des dents, les ulcères, etc. Dans le langage vulgaire, l'arabe *ahnech*, tout comme le berbère *azrem*, signifient proprement : *serpent*.

XIV. — Affections des organes génito-urinaires et du périnée.

Ces affections se décomposent ainsi :

Orchite	1
Cirsocèle	1
Hydrocèle	4
Cystite	3
Dysurie	8
Hématurie	1
Fistule urinaire	3
Tumeur périnéale	1
Hémorrhoïdes	2

Nous mentionnerons un cas d'hydrocèle curieux sous un certain rapport. Le malade nous accusait une affection des parties génitales, mais se refusait absolument à nous les découvrir. Au bout de trois mois il revint et nous fit voir une hydrocèle du volume de deux poings. La honte, nous dit-il, l'avait d'abord empêché de nous faire voir son mal.

Les cas d'incontinence ou de rétention d'urine ont cela de particulier qu'ils portent presque tous sur des enfants. Chez l'un d'eux, on nous accusa comme cause la morsure de la verge par une femme.

Nous mentionnerons un cas singulier de fistule urinaire vésico-vaginale.

Le 26 juillet 1858, se présentait Tasadits bent Mohammed, de Taguemmount-Azzouz, chez les Aïssi. Il y a quatre ans, dans un accouchement laborieux, la matrice descendit, et la mère ne crut pas pouvoir mieux faire que de l'exciser. La malade faillit en mourir. Mais la vessie avait été intéressée, une fistule urinaire s'établit. Tasadits fut soumise au spéculum, et, à chaque effort que nous lui commandions de faire, un flot d'urine s'écoulait de la vessie. L'écoulement de l'urine était constant et assez considérable : toute la partie supérieure des cuisses était irritée. Avec nos ressources nous ne pûmes que lui conseiller des palliatifs.

XV. — Hernies.

Telles sont celles que nous avons observées :

Hernie inguinale	5
Hernie ombilicale............	1

Ce chiffre est peu considérable, et nous croyons les hernies plus répandues en Kabylie qu'il ne le ferait supposer. Une certaine pudeur, la résignation, l'ignorance de nos moyens de contention nous paraissent en avoir retenu plusieurs. Quelques-uns de nos clients recevaient le bandage avec empressement ; d'autres, avec une sorte d'étonnement stupide, supposant peut-être que nous devions avoir d'autres moyens de guérison.

XVI. — Maladies des femmes.

Sous ce titre nous comprendrons les affections suivantes :

Ovarite	1
Aménorrhée	2
Chlorose	6
Hystérie	1

Une de nos chlorotiques âgée de 15 ans, n'était pas encore réglée. Les chairs étaient flasques et œdémateuses, les digestions pénibles. Elle nous revint une seconde fois, ayant gagné sous l'influence de l'administration du fer.

La femme affectée de tumeur ovarique nous raconta qu'à l'époque de la descente des Français à Sidi-Ferredj, une fée, *afrit*, lui entra dans le corps et se logea dans le flanc gauche.

Nous donnerons avec quelques détails le cas intéressant d'hystérie.

Tasadits bent Mohammed, des Itsourar', âgée de 18 ans, se présenta le 24 octobre 1858, amenée par sa mère. Depuis cinq ans elle est mariée. Lors de ce mariage, elle n'était pas encore pubère : les règles ne lui sont venues que depuis deux ans. Cette jeune femme est jolie. Ses traits, sans être réguliers, ont quelque chose de piquant. Son nez est légèrement retroussé, son œil est vif, elle porte des fossettes aux joues et au menton. Parfois elle bégaye ou parle avec une gracieuse volubilité. Son mari est dans l'aisance ; une femme du village voulut lui donner sa fille. Elle fit si bien par ses manœuvres auprès de la belle-mère et par ses sortiléges, dit Tasadits, qu'elle finit par imposer sa fille comme seconde femme. Dès lors l'intelligence de Tasadits se troubla, et son mari, sans la détester, la renvoya chez sa mère en attendant que le calme lui revînt. Des accès épileptiformes l'ont prise, d'abord tous les mois, puis de plus en plus fréquents; ils reviennent actuellement tous les quatre ou cinq jours. Elle tombe, pousse des cris, se lève, s'agite, écume et se mord la langue. Elle n'a pas la sensation de la boule hystérique, sinon à l'approche des règles qui ne lui viennent que tous les deux ou trois mois. Tasadits veut absolument que je lui rende l'esprit en enlevant le sort que lui a donné la vieille et le jetant sur sa fille. Je vaux mieux qu'elle, ajoute-t-elle ; j'aime bien mon mari, il m'aime bien aussi, et il me reprendrait si j'avais l'esprit tranquille. Tu vas me donner une amulette pour me guérir et me faire rentrer chez lui. Nous crûmes devoir entrer autant que possible dans les idées de Tasadits et frapper son imagination. Après lui avoir donné un mélange de valériane et de fer et recommandé des fumigations avec l'absinthe, nous lui suspendîmes au cou un de nos boutons d'uniforme, et nous lui ordonnâmes de le considérer toutes les fois qu'un accès lui surviendrait.

XVII. — Anémie.

Sous ce titre nous comprendrons les affections suivantes sur lesquelles nous n'avons rien à dire de particulier.

Anémie	7
Œdème	12
Cachexie	3

XVIII. — Anaphrodisie.

Dix-huit individus se sont présentés à nous pour le fait d'impuissance exclusivement. En dehors de la visite, un aussi grand nombre au moins nous ont accusé le même fait et sollicité des remèdes.

Parmi ces impuissants, il y avait des catégories diverses.

Les uns étaient des jeunes gens, des jeunes mariés que l'abus avait énervés. Chez quelques-uns, l'impuissance n'était que relative : l'un d'eux nous accusait de l'impuissance avec sa femme seulement ; un autre nous accusait une disposition précisément contraire.

Les exigences de la femme étaient quelquefois pour quelque chose dans ces démarches. L'un d'eux nous dit que sa femme lui reprochait de n'avoir pas plus de sexe qu'elle. Un jeune homme de 25 ans, des Yahya, nous demandait instamment un remède, craignant que sa femme ne vînt se plaindre au bureau et ne sollicitât le divorce.

Bien souvent c'étaient des vieillards ayant atteint ou dépassé la soixantaine, affectés parfois d'autres infirmités. Un Kabile des Ouacif, âgé de 60 ans, atteint d'engorgement abdominal, nous demandait en même temps un remède pour ranimer ses facultés viriles. Comme nous lui faisions observer son grand âge, il nous répondit que chez lui les cheveux seuls étaient vieux.

Généralement, en se présentant à nous, les malades nous adressaient cette question : « As-tu un remède pour le *nefs?* » Cette expression de *nefs*, qui signifie proprement esprit, âme, s'emploie aussi, dans la bonne société, en remplacement d'une expression triviale, dans le sens du *mentula* des Latins. D'aucuns se disaient *vides*, d'autres *à sec*.

Nous avons fait observer précédemment la différence que la religion et les mœurs établissent sous ce rapport entre les musulmans et les chrétiens. Ce qui chez nous serait du ridicule ou de la folie, leur semble naturel. La religion consacre les jouissances charnelles comme objet du mariage. Le Prophète nous est donné comme doué, sous ce rapport, de facultés extraordinaires.. Enfin, bon nombre de musulmans épousent des jeunes femmes et sont stimulés par la jalousie et l'amour-propre. Nous avons observé les mêmes faits chez les Arabes, et il n'est pas de médecin français et tant soit peu répandu parmi les indigènes qui n'ait subi les mêmes sollicitations.

Bon nombre de Kabiles avec lesquels nous étions familiers,

ne concevaient pas notre refus de leur donner ce gage d'amitié.

Constamment, en ces cas, nous nous sommes abstenu d'administrer des remèdes directs. Aux jeunes gens énervés, nous conseillions la modération et les toniques ; aux vieillards, nous prêchions la résignation.

Les propriétés des cantharides sont connues en Kabilie, quelques-uns nous les ayant demandées d'emblée.

XIX. — Epilepsie.

Nous n'avons, en réalité, vu que deux épileptiques : l'un d'eux s'étant présenté deux fois.

Le premier, Ali ben Amar, de Taddert ou Fella, des Raten, âgé de 30 ans, était affecté depuis neuf ans. Les accès, bien caractérisés, revenaient d'abord tous les mois, puis à des intervalles plus rapprochés. Quelquefois, nous dit-il, il se passait plus d'une heure avant qu'il ne revînt complètement à soi.

Le deuxième, Amar ben Mohammed, des Sedka, âgé de 35 ans, avait des accès depuis quinze ans. Ils revenaient tous les mois, et ne duraient que quelques instants.

XX. — Affections cutanées.

Les affections de diverse nature intéressant la peau se décomposent ainsi :

Exanthème........	3
Erythème.........	5
Erysipèle..........	4
Eczéma...........	15
Teigne............	223
Acné.............	2
Dartres...........	17
A reporter..	269

Report..	269
Herpès............	1
Lèpre.............	2
Prurigo	3
Proriasis..........	1
Gale..............	67
Nœvus............	1
Tubercules........	2
Verrues...........	2
Crevasses	13
Cicatrices.........	1
Total	362

Entre toutes ces maladies il en est deux qui se font remarquer par leur fréquence, la gale, et particulièrement la teigne. Celle-ci est représentée par le chiffre de 223, et celle-là par celui de 67.

Le chiffre de 223 teigneux pourrait être réduit à 170 pour représenter approximativement le nombre des individus qui se sont présentés : c'était une des maladies pour lesquelles on nous revenait le plus exactement jusqu'à guérison à peu près complète.

Le chiffre des galeux devrait, au contraire, être augmenté. Maintes fois, un père de famille nous venait seul ou avec un enfant, et emportait des remèdes pour toute la famille infectée.

L'une de ces familles, celle de Mohammed ben Zecri, des Raten, se composait de 9 galeux.

Il en était de même chez Mohammed ou Saïd ou Tacherabit, de la même tribu.

Chez Ali ben Mohand d'Aït Meraoú, de la même tribu, 10 individus étaient infectés par la gale.

Après ces deux affections vient dans l'ordre de fréquence l'affection dartreuse qui est représentée par le chiffre de 17.

Si nous groupons ensemble ces trois principales affections, elles se répartissent ainsi dans les diverses tribus :

Raten	164	Boudrar	6
Menguelat	25	Bou Youcef	6
Sedka	16	Akkach	6
Ouacif	15	Tsourar	5
Aïssi	13	Yenni	6
Bou Chaïb	8	Fraoucen	4

D'après ces chiffres, et tout en tenant compte des populations de chaque tribu, nous serions tenté de croire que les affections cutanées sont plus répandues chez les Raten.

Nous allons donner, par trimestres, le mouvement de la teigne et de la gale :

3e trimestre	1857	1	0
4e —	—	36	15
1er —	1858	57	21
2e —	—	95	12
3e —	—	20	12
4e —	—	15	7

Total : de la teigne, 223 ; de la gale, 67

Telle est, par âges, la répartition des teignes :

De 3 ans,	1 ;	de 14 ans,	35
6 —	4	15 —	18
7 —	2	16 —	6
8 —	9	17 —	4
9 —	4	18 —	11
10 —	22	20 —	9
11 —	9	25 —	8
12 —	44	33 —	1
13 —	23	37 —	1

Relativement aux sexes, tous les teigneux sont exclusivement du sexe masculin.

Nous avons pu observer la teigne sous toutes ses formes et à tous les degrés d'intensité.

Bien souvent, nous trouvâmes la tête complètement envahie par des excavations de la superficie d'une pièce d'un à deux francs, remplies d'une couche épaisse de matière soufrée. Chez les adultes surtout, la teigne, remontant à de longues années, s'accompagnait toujours d'alopécie plus ou moins étendue.

Tel est le traitement que nous avons employé généralement et qui nous a réussi.

Séance tenante, nous administrions un purgatif; nous ordonnions ensuite d'enlever, aussi bien que possible, les cheveux, puis d'appliquer matin et soir, deux ou trois jours durant, un cataplasme de feuilles de mauve ou de morelle. Chaque réapplication devait être précédée d'un lavage soigné avec le savon. Après les cataplasmes et le lavage, on appliquait une couche de pommade soufrée qui devait rester deux jours. Après ce terme, on enlevait, on lavait, on appliquait un cataplasme et on recommençait la pommade. Nous donnions à la fois de la pommade pour trois applications. Après deux visites, la guérison était généralement avancée. Parfois, nous avions le plaisir de la voir complète, mais rarement. Comme nous l'avons déjà fait observer, les Kabiles reviennent peu quand ils voient la guérison prochaine.

Chez quelques sujets, nous avons trouvé la teigne traitée par le goudron.

Nous avons observé la lèpre sur un homme et sur une femme.

Mohammed el Arbi, de Tikidount, des Ouacif, âgé de 60 ans, est affecté depuis trois ans. L'invasion débuta par la clavicule et envahit tout le corps. A part la face, les coudes et les genoux, toute la superficie cutanée est d'un beau blanc. Les articulations sont douloureuses; la tête est le siége de demangeaisons. Le malade nie toute complication syphilitique. . . . .

Chez la femme, âgée de 35 ans, l'invasion remontait à l'enfance.

Nous avons observé chez un de nos malades un cas d'affection de la peau que nous croyons devoir consigner ici.

Ramdhan ben Meddour, des Aïssi de l'Oued Sahel, âgé de 55 ans, est porteur, depuis sept ans, d'une éruption tuberculeuse qui envahit tout le corps, tronc et membres, et occupe au moins le tiers de toute la superficie cutanée. Chacun de ces tubercules est, en moyenne, de la grosseur et de la forme d'une moitié de pois, et entoure généralement la base d'un poil. A la partie supérieure de l'avant-bras gauche, sur le cubitus, est une tumeur du volume d'un œuf, paraissant contenir une matière façonnée en forme de vermicelle et enkystée. Chez les Arabes, me dit le malade, cela s'appelle *kiloua*, et chez les Kabiles *tigzelt*, expressions qui, dans l'une et l'autre langue signifient *rein, rognon*. Cette maladie se gagne en mangeant des rognons d'animaux.

Quand un ménage kabile tue un bouc ou un mouton, si quelque enfant veut manger les rognons, pour le préserver de la maladie on prend les précautions suivantes : on fait venir l'oncle maternel (*khal*), et l'enfant agenouillé, les mains derrière le dos, saisit avec la bouche le rognon placé sur les pieds de son oncle. De cette manière, il n'y a pas à craindre la maladie.

Variole et inoculation.

La variole, en kabile *tazerzeit*, ne figure pas dans nos tableaux nosologiques, et en voici la raison. D'abord, le malade ne pouvant venir à la visite, nous n'en tenions pas compte ; ensuite, nos soins furent très-peu réclamés pour les varioleux ; s'ils le furent parfois, ce fut plutôt pour les complications, les affections oculaires en particulier, que pour la variole elle-même.

Nous pûmes, cependant, en observer un certain nombre de

cas, nous étant rendu dans deux villages où sa présence nous avait été signalée. Pendant l'hiver de 1857 à 1858, la variole sévit à Taourirt-Tamocrant, gros village d'un millier d'habitants. Plus tard, elle se manifesta au village d'Afensou.

La variole fait de nombreuses victimes parmi les Kabiles, et de ceux qui lui échappent un grand nombre perdent un ou deux yeux.

Nous allons résumer en quelques mots ce que nous avons dit ailleurs de l'inoculation que les Kabiles emploient comme préservatif.

C'est vers l'âge de trois ou quatre ans qu'ils la pratiquent. On fait une légère incision entre le pouce et l'index, on enlève du pus d'un bouton variolique et on le dépose dans la plaie. Nous avons observé des centaines de jeunes Kabiles, et chez presque tous nous avons trouvé les traces de l'inoculation, c'est-à-dire une cicatrice myrtiforme.

Cette pratique n'est pas, du reste, spéciale aux Kabiles. On la trouve aussi chez les Arabes. En 1857, nous avons constaté des cicatrices pareilles sur plusieurs enfants de Kolà, près de Mascara.

L'expérience locale prouve que l'inoculation ne jouit pas, à beaucoup près, d'une aussi grande efficacité que la vaccination.

Au printemps de 1858, nous essayâmes de substituer l'une à l'autre. Nous ne fûmes complètement accueillis qu'à Taourirt-Tamocrant, qui avait tout récemment souffert de la variole. Nous y pratiquâmes une vingtaine de vaccinations.

Ailleurs, on reçut le plus souvent nos offres avec indifférence, et nous ne pratiquâmes plus qu'une dizaine environ d'autres vaccinations.

Les Kabiles ne comprenaient pas la supériorité de notre pratique sur la leur. De plus, ils paraissaient prévenus, peut-être par les opérateurs. On disait que l'on voulait marquer les Kabiles, on disait même qu'on les rendait ainsi impuissants, C'était les prendre par leur faible.

Parmi les jeunes gens de Taourirt-Tamocrant, dont les vaccinations réussirent, nous en fîmes venir deux au Fort pour vacciner de bras à bras, soit des enfants, soit des zouaves. Nous attendîmes du temps et de l'expérience l'extinction des préjugés locaux.

XXI. — Phlegmons, Abcès, Fistules.

Ces affections se décomposent ainsi :

Furoncles	3
Panaris	4
Phlegmons	33
Abcès.........	20
Fistules	58

Les abcès observés siégeaient sur toutes les régions du corps, mais nous devons signaler la fréquence des abcès à la marge de l'anus.

Nous observâmes deux ou trois abcès par congestion, dont l'un chez une négresse de B. Mansour, de l'O. Sahel. Son mari l'avait frappée à la région lombaire ; elle faillit en mourir, et conserva une dépression du rachis. Plus tard, un abcès se déclara à la partie supérieure de la cuisse droite, duquel nous évacuâmes environ deux litres d'un pus mêlé de grumeaux et ténu.

Citons un cas d'un autre genre.

El Hadj Ali ben Mohammed, des Sedka, de l'âge de 45 ans, fut atteint, dès son enfance, d'une éruption phlegmoneuse qui récidive presque tous les ans. Chaque abcès a généralement la grosseur d'une noix. Il en existe actuellement une dizaine.

Chez les Kabiles, sous l'influence d'un climat vicieux, ou mieux en l'absence de tout traitement, bon nombre d'abcès se perpétuaient par des fistules. Quand le siége était aux membres, l'os était le plus souvent altéré, et l'on accusait la sortie d'esquilles.

Quelques-unes de ces fistules avaient pour cause un coup de feu qui aurait intéressé ou fracturé l'os, mal réduit ensuite.

Quelques fistules dataient de longues années ; il en était qui remontaient à dix et même vingt années.

De même que pour les abcès, le chiffre le plus considérable des fistules est celui des fistules au périnée.

Cette affection fut une de celles dont le traitement nous offrit le moins de satisfaction. Nécessairement long et difficile, bon nombre de malades devaient nous échapper. Quelques-uns se décidaient à entrer à l'hôpital, où ils trouvaient la guérison.

Il en fut cependant qui firent preuve de constance. Nous en citerons un cas.

Hammama, des Menguelat, âgée de 25 ans, eut, il y a 4 ans, à la région sacrée, une tumeur qui s'abcéda et se continua par une fistule. Quelques petites esquilles furent expulsées. Plus tard, du pus se fit jour à la région inguinale, puis à la partie supérieure de la cuisse, en deux points. Hammama se présenta cinq fois à la visite, et nous la vîmes deux fois dans son village. Sous l'influence d'un traitement interne et externe, son état s'améliora, et, lors de notre départ, il ne lui restait plus que la fistule sacrée en voie de guérison. Hammama n'était pas précisément belle, mais ce fut une de nos plus gracieuses clientes. Toutes les fois qu'elle venait à la visite, elle ne manquait pas d'apporter des fruits de la saison.

Nous quitterons ce sujet en citant un dernier cas.

Djohor bent Jasmin, des Aïssi, âgée de 16 ans, n'est pas encore réglée. Il y a 7 ans, un phlegmon apparut à la partie supérieure externe de la cuisse gauche, s'abcéda et continua à donner du pus. Actuellement il y a beaucoup de douleur locale. La fistule est sondée; nous croyons reconnaître une esquille et nous renvoyons la jeune fille au lendemain, 21 mars. Djohor est chloroformisée, et nous extrayons une esquille de l'étendue d'une pièce d'un franc, mince et criblée de trous. La jeune fille ne tarda pas à guérir.

XXII. — Plaies.

Le chiffre des plaies est de 53.

Ces plaies étaient des morsures d'animaux, des coups de hache, des coups de couteau ; elles étaient produites par un clou, un morceau de verre, etc.

Rarement elles nous arrivaient à l'état récent, à moins que le fait ne se fût passé dans un des villages voisins.

Nous citerons un cas de plaie curieux, surtout comme étude de mœurs.

Le 9 août 1858, une femme de Bou Youcef et sa fille se livraient simultanément à l'adultère. Le mari l'apprend, se munit de ses armes et annonce qu'il va se faire justice lui-même, ne voulant pas être accusé de trahison. Deux des coupables furent victimes de la colère du père. Le fils arriva trop tard, et fâché que son père ne lui ait rien laissé à faire. Dans la mêlée, quelqu'un reçut un coup de couteau qui lui fendit la base de la main droite et vint à nous le lendemain se faire panser. Nous dûmes recourir à la suture. Le 24, le malade nous revenait parfaitement guéri.

XXIII. — Ulcères.

Le nombre des ulcères est de 115.

Les ulcères étaient une des parties les plus pénibles de notre pratique. Il faut l'avoir vu pour se faire une idée vraie de l'état dégoûtant dans lequel ils nous étaient généralement présentés. Etat général, environs de l'ulcère, chiffons à pansement, tout était d'une saleté rebutante. Maintes fois nous appliquions préalablement un cataplasme pour avoir l'espoir que le lendemain la saleté céderait à des lotions prolongées. D'autres fois c'était mieux encore. Des malheureux nous arrivaient les pieds creusés d'ulcères larges et profonds, nus ou recouverts seulement par un mince chiffon. Quand nous leur demandions pourquoi ils ne portaient pas de souliers, tantôt ils nous répondaient qu'ils n'en avaient pas, tantôt ils nous les montraient dans leur capuchon.

Fréquemment, les ulcères sont traités en les recouvrant d'une couche de bouse.

Généralement, cependant, on fait usage de topiques meilleurs, ainsi de la boue, de l'argile, du henné, etc. Il est fait aussi emploi de caustiques tels que le sulfate de cuivre.

Souvent ces ulcères siégeaient aux jambes, et leur guérison ne marchait pas toujours aussi rapidement que nous l'eussions voulu. Maintes fois, nous fûmes tenté de sortir des voies ordinaires et d'essayer les topiques dessicatifs employés par les Arabes et les Kabiles, conformément aux idées théoriques et à la pratique des anciens.

Nous mentionnerons quelques observations.

Mohammed ou Ali, des Yenni, âgé de 20 ans, eut, à l'âge de 5 ans, une variole interne à la suite de laquelle se déclarèrent de nombreux abcès, particulièrement aux pieds. Les os tombaient l'un après l'autre, et il ne reste plus aujourd'hui que l'astragale et le calcanéum entourés de chairs ulcérées. Le malade nous dit avoir été traité quelque temps avec la poudre de benjoin.

Hamou ben Ahmed, des Hitter, âgé de 40 ans fit, il y a quatre ans, une chute d'un arbre, et tomba de telle sorte que le pied fut presque complètement isolé de la jambe. On l'incisa près de l'articulation, aujourd'hui presque entièrement recouverte de tissu cicatriciel, hormis un large ulcère en dehors.

Un homme des Yakour, de l'O. Sahel, nous vint un jour les deux pieds creusés d'ulcères profonds survenus à la suite d'une surprise par la neige.

XXIV. — Brulures.

Ce chapitre est celui de tous qui nous rappelle le plus gracieux souvenir. Bien qu'il figure au tableau pour le chiffre 43, il ne s'agit, en réalité, que de six sujets, tous des enfants, à part une jeune fille à peine pubère.

De ces cinq enfants, quatre étaient de jolies petites filles, les plus belles peut-être que j'ai vues en Kabilie, où généralement les enfants sont beaux. Trois d'entre elles avaient les cheveux blonds et les yeux bleus. A part une seule dont sa mère ne voulut pas rester séparée, toutes firent des retours fréquents, continués jusques à complète guérison. De petits cadeaux, des bonbons, ne tardèrent pas à effacer l'impression que leur avaient naturellement laissée mes premiers rapports avec elles.

Le 28 octobre 1857, se présentait Mohammed bel Hadj, du village d'Igounan, de la tribu des Raten, âgé de 9 ans. Il y a huit mois, ses vêtements prirent feu et le brûlèrent. Toute la partie antérieure droite du thorax, depuis le cou jusque près de l'ombilic, est envahie par des cicatrices, çà et là ombiliquées et indurées. Le bras droit tout entier est adhérent au thorax. De plus, un tiers de l'avant-bras adhère également au tronc, retenu par une forte bride. Postérieurement, du bras au tronc, s'étend une série de brides transversales moins fortes que la précédente. Mohammed fut envoyé à l'hôpital, où il fut, le premier, soumis au chloroforme, et opéré par notre collègue, M. Buges, médecin en chef. La bride de l'avant-bras fut incisée, et les lambeaux disponibles arrangés aussi convenablement que possible. L'enfant resta une bonne partie de l'année à l'hôpital, d'où on le renvoyait de temps en temps à son village, distant d'une lieue et demie, avec des objets de pansement. Cette large plaie marcha très bien, à part la portion correspondante au creux axillaire. La veille de notre départ de Fort

Napoléon, le 23 novembre 1858, nous fûmes à Igounan voir le jeune Mohammed. Il restait encore de la plaie une surface d'environ l'étendue d'une pièce de cinq francs.

Le 11 février 1858, Hammama, du village d'Ali ou Harzoun, âgée de 4 ans, nous était amenée par son père. Il y a deux ans, elle tomba dans le feu. L'index de la main gauche est resté complètement ployé et adhérent à la surface palmaire. Le petit doigt est à demi-ployé et retenu par une bride. Hammama fut opérée sans chloroforme. Les doigts furent placés sur une planchette et le pansement achevé. Le lendemain, le pansement fut renouvelé, l'appareil s'étant légèrement déplacé. Le père voulut absolument emmener l'enfant dont les pleurs le fatiguaient et qui réclamait sa mère. Malgré nos recommandations, il ne revint pas ; mais nous apprîmes depuis que la plaie était arrivée à bonne fin. Du reste, la mise recherchée du père nous était un sûr garant que l'enfant n'aurait rien à désirer sous le rapport des soins et de la propreté.

Le 2 avril, nous était amenée par son père Aïchoucha bent Melha, native du village d'Icheraouya, (sur l'emplacement duquel on a construit Fort-Napoléon), actuellement habitante de Tacheraït. Elle est âgée de huit ans ; sa constitution est forte et riche, son développement précoce, ses yeux et ses cheveux noirs, et sa peau d'une rare blancheur. Bien que ses yeux se rapprochent un tant soit peu du type chinois, Aïchoucha est réellement belle. Il y a deux ans, on la fiança pour la somme de 130 douros, somme très forte pour le pays. L'an dernier, elle tomba dans le feu et les conventions furent rompues. Le bras gauche a été en partie atteint par le feu, puis guéri avec des cicatrices légèrement rétractées. Le genou gauche est dans le même cas. Actuellement, il reste une large plaie ulcérée à la partie postérieure et inféférieure de la cuisse, avec une légère flexion de la jambe. Aïchoucha resta près d'un mois à l'hôpital, près de guérir, quand vint le ramadan, et ses parents voulurent l'avoir. Une seconde entrée fut nécessaire depuis.

Smina bent Mohammed de Taddert bou Adda, des Raten, âgée de 5 ans, est tombée dans le feu il y a un an, et s'est brûlé la main droite. Le petit doigt est collé à la paume. L'annulaire a la première phalange adhérente, et le médius est bridé. Le poignet porte de larges traces de cicatrices. Smina fut soumise au chloroforme. Les brides furent incisées et la main posée sur une planchette. La jeune enfant me fut ramenée par son père, tantôt tous les deux jours, tantôt tous les jours, tantôt plus rarement, jusqu'à complète guérison.

Le 10 mai, m'était présentée par son père Hammama bent Amara, des Ouadga, âgée de sept ans. Il y a quinze mois, elle tomba dans le feu. Les parties génitales et la cuisse droite furent brûlées et portent de larges cicatrices. Il reste encore un large ulcère à la partie antérieure de la cuisse. La petite Hammama est chétive et accuse la misère. Avec ses cheveux blonds et ses beaux yeux bleus, l'aisance en eut fait une très jolie enfant. Malgré sa misère, son père me l'amena toutes les fois que je le lui recommandai. Les petits cadeaux que je fesais à sa fille pour remplacer les sales chiffons qui la recouvraient m'étaient payés par des figues et des grenades.

Le cas le plus curieux de brûlure est, sans contredit, le suivant :

Le 6 octobre, se présentait Imina bent Mohammed, des Hidjer, âgée de 15 ans, depuis quelque temps pubère. Il y a deux ans, on laissa tomber sur elle une marmite d'eau bouillante, qui porta principalement sur la région cervicale gauche. La dépression du cou s'est effacée complètement, et la peau de la face se continue sans interruption par celle de l'épaule. Une série de petites brides indurées indique le rebord du maxillaire inférieur. Le lobule de l'oreille gauche a presque complètement disparu ; il est comme étiré et confondu avec une bride qui va se perdre sur le moignon de l'épaule. Derrière cette bride, il en est une autre et, entre les deux, une petite dépression. Les parties supérieures du bras, ainsi que du thorax, sont couvertes de cicatrices. L'épaule gauche est sensiblement exhaussée : les mouvements n'en sont pas fortement gênés ; l'articulation est saine et les brides seules limitent ses mouvements. L'adhérence de la face au thorax se continue à droite, terminée par une bride qui part à la hauteur du masséter pour se fixer à la partie moyenne de cette clavicule. Cette bride recouvre un cul de sac d'environ un décimètre de profondeur. Imina jouit d'une bonne santé. Elle entre à l'hôpital où nous incisons la bride de droite seulement. Le 26, elle en sortait guérie.

XXV. — Coups de feu.

Le chiffre des coups de feu est de 11.

Tous étaient d'ancienne date, c'est-à-dire qu'ils avaient été causés par les balles françaises, soit dans la dernière expédition, soit dans la précédente. Ces blessés venaient à nous franchement et nous racontaient sans amertume ce qui s'était passé. Nos armes avaient été supérieures, nous les avions vaincus et dominés ; c'était à nous de soigner leurs blessures. A ce propos, il me souvient d'un jeune orphelin que je rencontrai au village d'Aïsfrah. Comme il était très négligé, je demandai pourquoi sa mère n'en prenait pas plus de soin. On me répondit qu'il n'avait plus ni père ni mère, et que son père avait été tué par nos balles dans la dernière expédition. Mais, ajouta-t-on, il a vendu chèrement sa vie. S'il avait été dans nos rangs, il serait certainement arrivé colonel ou général.

Quelques-uns des coups de feu avaient intéressé les grandes articulations, et les malades s'en étaient bien tirés. Nous avons observé plusieurs faits de ce genre chez les Arabes. Avec leurs moyens imparfaits de traitement, nous ne voyons qu'une chose pour expliquer ces guérisons : c'est l'impassibilité des blessés et le peu de réaction, ou la réaction moindre qui se développe chez eux.

L'observation la plus curieuse de plaies d'armes à feu, est la suivante.

Le 9 novembre 1857, nous nous trouvions de passage au village d'Aït-Aziz, des Illoula-Oumalou, quand un homme vint se présenter à nous. Il avait reçu dans la dernière campagne une balle au sommet de la tête. Les parois osseuses avaient été emportées, et il s'était formé une cicatrice de quatre centimètres de long sur deux de large. Chaque pulsation artérielle soulevait cette cicatrice. Nous conseillâmes à cet homme de porter une calotte en cuir.

XXVI. — Entorses.

Les entorses figurent pour le chiffre de 9.

Un de nos malades se présenta deux fois. C'était un jeune garçon de 10 ans, du village d'Aithag, de la tribu de Raten. La première fois, un coup de pied de cheval lui avait foulé le poignet. La seconde, il se l'était luxé par une chute de cheval. Quand il vint à nous il portait un appareil de contention fait avec des tiges de férules dont les extrémités percées étaient maintenues par de gros fils de laine. Des applications d'eau blanche guérirent le jeune Amzyan.

XXVII. — Luxations.

Les luxations figurent pour le chiffre de 6 et ont trait à un égal nombre de sujets.

Elles se décomposent ainsi : une ancienne du fémur, une du poignet et quatre de l'épaule.

Dans toutes ces luxations de l'épaule, hormis une, nous avons fait usage du chloroforme, et la réduction s'est faite avec la plus grande facilité.

Le 14 février 1858 venait à nous Mohammed ben Thaleb des Fraoucen, agé de 30 ans. L'avant-veille, travaillant à faire du bois sur un olivier sauvage, il voulut changer de place, mais le pied lui ayant manqué, il se trouva suspendu par la main et se luxa l'humérus. Nous fîmes entrer le malade à l'hôpital pour le conserver quelques jours. Au moyen du chloroforme la réduction se fit promptement. Quelques jours après sa rentrée au logis, Mohammed nous amenait son frère, atteint d'ankylose du genou par un coup de feu, comptant qu'il suffirait pour le guérir de pratiquer quelques tractions sous l'influence du chloroforme.

Le 28 juin, une luxation de l'épaule datant de la veille était pareillement réduite au moyen du chloroforme, sur un Turc âgé de 60 ans, Abderrahman ben Ismaïl.

Le 30 du même mois, le jeune Sadi, de Tizi-Rached, des Raten, nous apportait une autre luxation, qui fut également réduite sous l'influence du chloroforme.

Ces deux derniers malades séjournèrent aussi quelques jours à l'hôpital.

Le 4 avril 1858 on nous amenait la petite Fathima bent Yamina, des Ikhelidjen, âgée de 3 ans. Il y a sept mois, en la soulevant par les bras il se fit une luxation de l'épaule gauche. La tête de l'humérus est portée en avant, la cavité glénoïde paraît en partie comblée. Le bras est en partie paralysé : Fathima ne peut le soulever, mais sa main serre encore les objets. Le bras est atrophié, d'un volume d'un tiers moindre que le bras droit. Nous donnons des frictions excitantes pour quelques jours et nous engageons le père à nous ramener sa jeune fille ; mais il n'en fit rien.

XXVIII. — Fractures.

Elles figurent pour le chiffre de 8.

Quelques-unes de ces fractures étaient anciennes et produites par des coups de feu. Tantôt il en était résulté de l'ankylose, tantôt il s'était établi une fistule.

Nous citerons un de ces cas pour l'appareil dont le malade était encore porteur.

Le 7 décembre 1857 se présentait Mohammed ben Mohammed, d'Aït-Hichem, des Yahya, âgé de 30 ans. Dans la dernière expédition, c'est-à-dire au mois de juin, une balle lui avait fracturé la partie inférieure du tibia gauche. Huit fragments osseux ont été expulsés. L'ouverture d'entrée, située en dedans, n'est pas encore cicatrisée. Mohammed porte un appareil ainsi établi : Du miel est étendu sur la jambe, puis du linge et par dessus une écorce de liége maintenue par quatre bandelettes. Ces bandelettes sont serrées à la manière de nos tourniquets. Mais le bâton n'est autre chose qu'un fragment de roseau ; et dans la cavité de chacun de ces roseaux passe une petite baguette pour les fixer. Le malade fut envoyé à l'hôpital.

Il nous vint cependant quelques fractures récentes.

Le 25 avril on nous apportait Bilcassem ben Ali, d'Aït-Meraou, des Raten, âgé de 8 ans. Le matin, en tombant d'un arbre, il s'était fracturé les deux os de l'avant bras gauche au tiers inférieur. L'enfant ne veut pas entrer à l'hôpital. Il est chloroformisé ; la fracture réduite et un appareil gommé placé, que l'on nous fit revoir plus tard, et que nous trouvâmes en bonne condition.

Le 6 août, Benslama, d'Azzouza, des Raten, âgé de 13 ans, reçut un coup de soulier sur la clavicule gauche, qui se fractura. Nous fîmes entrer l'enfant dans nos tentes d'indigènes, à l'hôpital, et il y resta jusqu'à guérison.

Le 11 août, nous recevions une fracture du cubitus chez un homme de 33 ans, d'Aït-Meraou, fracture produite par un coup de bâton. Un appareil gommé fut placé, et le malade revint ensuite à la visite.

XXIX. — Amputation de doigt.

Notre tableau porte, ici, le chiffre 11 ; mais il ne s'agit, en réalité que d'un seul et même cas, le sujet nous étant revenu dix fois.

Le 26 février 1858, on nous apportait la petite Fathima, de Taddert-bou-Adda, des Raten, âgée de 4 ans. Il y a quinze jours, elle reçut sur le médius de la main droite, un coup de marteau qui brisa les deux dernières phalanges, actuellement dans un état tel, que nous ne croyons pas pouvoir les conserver. Elles sont excisées sous l'influence du chloroforme. La petite Fathima nous fut régulièrement amenée par son père jusqu'à la guérison.

C'était encore une de ces jolies et gracieuses enfants dont la vue nous délassait, et qui nous revenait aussi toujours avec plaisir, séduite par quelques bonbons, contre lesquels, du reste, elle nous apportait de temps en temps quelques fruits en échange.

XXX. — Affections articulaires et rhumatismales.

Ces affections s'élèvent au chiffre de 66.

Les provenances en étaient diverses.

Plusieurs rhumatismes articulaires aigus affectant des sujets de tout âge, nous étaient donnés comme ayant été produits par le lavage des pieds dans de l'eau froide.

Nous en vîmes chez des femmes subordonnées à l'époque critique.

Un certain nombre paraissaient être sous l'influence d'une diathèse syphilitique.

Pendant la saison froide, les rhumatismes étaient plus communs et récents, et affectaient des sujets de tout âge. En été, nous avions plutôt affaire à des sujets âgés.

Maintes fois, nous constatâmes l'emploi que font les indigènes de la cautérisation avec le fer rouge dans ces affections.

Nous avons observé sur une femme de 55 ans, un cas de coxalgie remontant à sept ans et ayant abouti à un raccourcissement notable du membre inférieur gauche.

Les tumeurs blanches figurent au nombre de 11.

La plupart affectaient des jeunes gens ou des enfants. Généralement, des fistules s'étaient établies et la constitution était singulièrement détériorée.

Chez quelques sujets nous obtînmes de l'amélioration, sinon la guérison, par l'administration de l'huile de foie de morue et des ferrugineux.

XXXI. — Rachitisme.

Cette affection figure pour le chiffre de 3.

Le cas le plus intéressant est celui de la jeune Imina bent Idir, d'Azzouza, des Raten, âgée de 14 ans. Il y a 7 ans qu'elle commença à se déformer sous l'influence d'une chute. Depuis quelque temps elle est réglée. Actuellement, la colonne vertébrale est déjetée en arrière et à gauche. De ce côté, les côtes sont très saillantes à leur origine et forment comme un bourrelet continu le long de la colonne vertébrale. Imina jouit, du reste, d'une assez bonne santé, relativement.

XXXII. — Sciatique.

Nous l'avons presque toujours observée sur des hommes d'environ 40 ans. Une seule femme figure sur 13 malades.

La térébenthine nous a donné quelques succès. Les Kabiles, qui lui donnent le nom de *bouzelloum*, la traitent par le cautère actuel.

XXXIII. — Scrofules.

Le chiffre 22 représente une quinzaine de sujets. D'autres malades, compris dans une autre catégorie, accusaient aussi la diathèse scrofuleuse. La moitié des malades étaient des femmes.

Généralement ces malades avaient vécu dans la misère. Souvent la syphilis avait régné dans la famille ; parfois on avait pratiqué des fumigations mercurielles.

Les articulations étaient souvent intéressées. Plusieurs avaient eu ou avaient encore des abcès. Les ganglions cervicaux étaient fréquemment tuméfiés.

Dans ces cas, nous avons fait quelquefois un emploi heureux de l'huile de foie de morue, de la teinture d'iode et des ferrugineux.

XXXIV. — Syphilis.

De même qu'en pays arabe, la syphilis est très répandue en Kabilie. C'est une des affections qui nous ont donné le plus de malades. Sous ce point de vue, elle vient immédiatement après les fièvres intermittentes et les ophthalmies.

Le nombre des sujets venus à la visite est de 742, ce qui représente de quatre à cinq cents individus, quelques-uns ayant comparu plus d'une fois.

Cette fréquence nous paraît s'expliquer ainsi :

La Kabilie est une véritable fourmilière. Son sol trop souvent ingrat ne pouvant produire assez pour nourrir la population dont il est surchargé, c'est au commerce extérieur et à l'émigration qu'il faut demander un complément de subsistances. Les routes qui conduisent de la Kabilie à nos grands centres de population tels qu'Alger, Constantine, etc., sont constamment battues par des Kabiles qui viennent soit apporter les produits du sol et de l'industrie, soit faire des approvisionnements de denrées qu'ils iront revendre sur les marchés arabes. Moins sédentaires à l'intérieur que les Mozabites, leurs allées et retours au pays sont beaucoup plus fréquents. La syphilis se contracte dans ces voyages, dans ces séjours plus ou moins prolongés, soit sous la tente des Arabes où elle est aussi très commune, soit dans nos villes où on les voit souvent rôder autour des établissements publics de bas étage. Rapportée et transmise dans la famille, la malpropreté, l'incurie, des traitements vicieux l'élèvent à des proportions qu'elle atteint rarement en Europe. Plusieurs malades nous ont accusé les lieux d'acquisition tels qu'Alger, Tunis, Bône, Constantine, Biskara. Il nous souvient d'un jeune homme qui nous dit que sa famille avait été infectée par le fait de son père qui avait rapporté la syphilis d'un pèlérinage à la Mekke.

La prostitution ne s'exerce pas, que nous sachions du moins, dans la Kabilie du Jurjura, mais nous l'avons observée sur d'autres points. En 1850, nous faisions partie de la colonne qui, sous les ordres du colonel de Lourmel, traça la route de Sétif à Bougie. Les travaux de la route nous obligeaient à garder le même bivouac pendant plusieurs jours. Chez les Barbacha les femmes nous furent données comme très faciles. Chez les Guifser nous pûmes constater l'existence de deux maisons tenues chacune par deux filles qui se livraient positivement à la prostitution. Dans les villages où les maris sont souvent absens, les femmes se livrent facilement aux étrangers. C'est ce qui nous fut dit toutes les fois que nous campâmes sous Mansoura, village situé derrière les Biban, dont la population mâle a toujours de nombreux représentants à Alger.

Cette facilité de mœurs se rencontre aussi chez les Chaouïa, ces Kabiles de l'Aurès. Nous en fûmes témoins dans l'hiver de 1849 à 1850, où, lors de l'expédition de *Nara*, nous restâmes pendant plusieurs jours en vue de Ména, petite ville qui s'élève en amphithéâtre, à l'instar d'Alger, et domine pittoresquement une jolie vallée. On nous dit aussi que dans ces montagnes le divorce est extrêmement fréquent, et le mariage considéré généralement comme un bail à courte échéance, d'où le relâchement du lien conjugal.

La Kabilie fournit un contingent considérable de prostituées surtout à nos villes du littoral.

La pédérastie est plus rare chez les Kabiles que chez les Arabes, peuple pasteur. Des habitants du pays nous ont presque nié formellement son existence, mais nous croyons avoir constaté la preuve du contraire chez quelques-uns de nos jeunes clients.

Aussi bien que les Arabes, les Kabiles sont avides de jouissances sexuelles. Il nous en est venu à la visite une vingtaine, la plupart des vieillards, quelques-uns cependant encore jeunes, accusant l'impuissance et réclamant de nous des remèdes. Quand nous prêchions la modération aux vieillards, ils nous répondaient qu'ils avaient à satisfaire aux exigences de leurs femmes, et ils ne disaient que trop vrai. Comme en tout pays musulman, on aime en Kabilie à manger le fruit vert, et le mariage, au lieu d'être une question d'inclination ou de convenance est une affaire d'argent, d'où la rareté des mariages assortis.

En résumé, l'émigration et les relations qu'elle entraîne avec des femmes contaminées, l'incurie, l'absence ou l'insuffisance du traitement, la fréquence des relations extra-légales, la servitude de la femme, telles sont les causes principales de l'extension de la syphilis en Kabilie.

Nous aurons bientôt à parler de l'hérédité.

Notre chiffre de 742 malades se divise, au point de vue des sexes en 598 hommes et 144 femmes. L'infériorité de ce dernier chiffre s'explique naturellement par la répugnance des Kabiles à conduire leurs femmes au médecin et à la répugnance des femmes à se soumettre à la visite, que nous finîmes par exiger formellement.

Nous allons donner la répartition par tribus.

Comme on le pense bien, cette répartition ne saurait donner la mesure exacte de la densité de l'affection chez chacune de ces tribus, les tribus les plus rapprochées fournissant nécessairement un chiffre relativement supérieur. Nous passerons sous silence la petite tribu des Mislaïm dont le chiffre élevé ne correspond qu'à un petit nombre de malades venus à plusieurs reprises.

Tribus.	Vénériens.	Population.
Raten.	175	16.802
Menguelât.	83	4.144
Sedka, Chennâcha, Ouâdya.	69	6.212

Tribus.	Véuériens.	Population.
Ouâcif.	56	2.722
Yahya.	49	5.329
Boudrâr.	36	2.400
Yenni.	34	2.378
Bou Youcef.	30	3.392
Akbil.	30	1.584
Bou Akkâch.	21	1.518
Fraoûcen.	20	4.938
Aïssi.	19	14.465
Itsourar.	14	5.171
Yala et Mansour (O. Sahel).	12	etc.

Les Kabiles ont une façon très large d'envisager la syphilis. Pour eux ce n'est pas seulement une affection locale d abord et contractée par des relations sexuelles, pouvant ultérieurement infecter toute l'économie. La grande maladie, *meurdh-el-kebir*, la mauvaise maladie, *meurdh-ed-douni*, la maladie ennemie, *el-adhou*, est toute autre chose, du moins actuellement.

Les accidents locaux et primitifs ne sont qu'un côté de la maladie et l'acquisition par les relations sexuelles qu'un mode nullement exclusif d'infection. La voie la plus commune d'acquisition ou de transmission est l'hérédité. Vient ensuite, mais à une certaine distance, la cohabitation, c'est-à-dire le contact, le coucher en commun avec des individus infectés, l'usage d'ustensiles ou de vêtements qui leur auraient appartenu, etc.

Ils sont persuadés que presque toutes les générations en sont infectées. Chacun, à la naissance, en apporte le germe, dont l'éclosion se fera tôt ou tard sous l'influence de certaines conditions, particulièrement le froid ou les changements de température.

A part l'ulcération des parties génitales, que l'affection procède de l'hérédité ou de la cohabitation, ou bien qu'elle soit une acquisition personnelle et par voie de coït, les mêmes évolutions doivent apparaître dans la série complète des accidents ultérieurs et généraux.

Aussitôt que certaines douleurs sourdes leur ont donné l'éveil, ils s'attendent à voir cette série de faits se dérouler jusqu'à ses dernières limites.

La maladie n'est pas encore *sortie*, mais elle est en voie de le faire : quand la fumée s'échappe, c'est qu'il y a du feu derrière. (1)

Cette manière de voir rend l'interrogation difficile et pénible.

Chez un grand nombre la pudeur est un obstacle à la dénudation des parties génitales. Mais la pudeur est bien souvent un masque derrière lequel se cachent l'habitude ou les préjugés. Qu'importe, après tout, que l'on cache un des côtés de la maladie si le remède s'adresse à l'ensemble ? si la cure de l'*adhou* comprend celle de toutes ses complications ?

Nous ne tardâmes pas à soupçonner les réticences de nos clients et nous exigeâmes l'exhibition des parties génitales, alors même que l'on nous accusait la disparition d'accidents antérieurs. Sur un tiers environ, nous constatâmes des accidents soit primitifs soit secondaires. Quelques-uns se montrèrent récalcitrants. A cette catégorie appartenaient surtout des femmes, dont cependant un grand nombre cédèrent. Un expédient nous réussit. Au lieu de leur proposer séance tenante la visite, nous les entraînions dans une pièce voisine, sans rien leur dire, et là, seul à seul, généralement elles se prêtaient à l'inspection des parties génitales.

(1) Nous avons retrouvé des idées analogues à Constantine. Sous le nom d'*adhou*, l'on y désigne non seulement la syphilis ou plutôt l'infection syphilitique, mais tout son cortége, mais les scrofules, les rhumatismes, les cachexies, etc., tout ce qui se présente en fait de plaies ou de douleurs avec un caractère insidieux et malin, tout ce qui procède par voie chronique et sourde et ne marche pas franchement à une solution prochaine. L'adhou n'est donc pas toujours la syphilis, mais il l'est souvent. Dès le commencement du XIVe siècle, Léon l'Africain disait en parlant du mal français ou mal de Naples : « Je ne pense que la dixième partie de toutes les villes de Barbarie en soit échappée, tellement qu'il ne se trouve génération que ce mal n'ait entachée. »

Parmi celles qui résistèrent nous en citerons une.

C'était une femme des Djennâd, âgée d'environ vingt-cinq ans. Elle accusait avoir été infectée par le fait de son mari depuis quelques années. Après les accidents aux parties génitales il était survenu à la peau des plaques de l'étendue d'une pièce de cinq francs, puis des ulcérations à la bouche et au nez. Actuellement elle portait encore des ulcères aux lèvres et au palais. Le nez était tuméfié. L'épaule gauche était ouverte d'une large plaque, rouge et encroûtée. Nous lui proposâmes l'inspection des parties génitales, qu'elle n'accusait pas intactes, et malgré les instances de son frère, qui l'avait accompagnée, elle s'y refusa obstinément.

Par contre une femme des Mislaïm nous proposa spontanément la visite des parties génitales sur lesquelles nous n'eûmes plus rien à constater.

Il nous est arrivé d'inviter à la réflexion certains malades qui ne voulaient pas se dénuder : la plupart nous revenaient soit dans la journée soit le lendemain.

Ce n'était pas seulement à propos de syphilis que les Kabiles offraient de la répugnance à exhiber les parties dites honteuses, mais à propos d'hydrocèles et même de hernies. Quelques sujets porteurs de ces maladies, ne s'exécutèrent qu'après avoir été, sur leur refus, congédiés une première fois.

Tout en faisant la part de la fausse honte et des réticences, on ne saurait s'empêcher d'admettre que l'hérédité joue, à elle seule, un très grand rôle dans la diffusion de la syphilis en Kabilie.

Sans attendre qu'on les questionne sur ce point, les Kabiles parlent de leurs parents et cela sans gêne aucune. Quelques-uns de nos clients nous ont donné la grande maladie comme ayant causé la mort de leurs ascendants.

Nous avons du reste pour apprécier l'influence de l'hérédité, des chiffres dont la signification ne saurait être mise en doute.

Nous avons déjà dit que nos 742 syphilitiques représentaient environ 4 à 500 individus. Nous avons les âges notés de 374 d'entre eux. Nous allons en donner le tableau.

Age.	Nombre d'individus.
2 ans.	8
5	11
10	18
15	22
20	41
25	42
30	70
35	50
40	33
45	21
50	35
55	9
60	12
65	1

Ce tableau, duquel on pourrait tirer plus d'un enseignement, nous donne 59 individus âgés de quinze ans et au-dessous.

Mais l'âge de la comparition à notre visite n'est pas celui de l'invasion. Pour avoir la date de l'acquisition, il faut retrancher de l'âge actuel le chiffre indiquant la date de l'invasion. Nous aurons alors le tableau suivant :

Agés lors de l'invasion.	
de 1 an	4
2	4
3	6
4	5
5	2
6	4
7	9
8	5
9	4

Agés lors de l'invasion.	
de 10 ans	19
15	35
20	48
25	52
30	53
35	41
40	22
45	23
50	21
55	6
60	11

Ce dernier tableau, au lieu de 59 sujets âgés de quinze ans au plus, nous en donne 97.

Maintes fois nous avons eu concurremment sous les yeux deux, trois, quatre membres de la même famille, tous infectés, père, mère et enfants. Nous allons exposer succinctement l'histoire de quelques-uns d'entre eux.

Le premier malade inscrit sur nos registres, le 23 septembre 1857, est un père de famille syphilisée : nous verrons bientôt que le dernier appartient à la même catégorie.

1° El Hadj Mzyân, des Aïssi, âgé de 50 ans, fut, dit-on, infecté par sa femme, qu'il devait nous amener en cachette : mais il n'eut pas le courage de le faire. Le scrotum est couvert de plaques muqueuses, la bouche est ulcérée, le thorax est envahi par des syphilides : enfin le malade se décide à à nous exhiber l'anus, couvert de plaques muqueuses. Sa femme, nous dit-il, eut des ulcères au sein, et une petite fille, âgée de quatre ans, se trouva infectée. Chez les Kabiles il n'est pas rare que les enfants prennent encore le sein à cet âge.

Cette jeune enfant ne nous fut pas amenée, mais nous vîmes deux garçons. L'un, âgé de cinq ans, a des pustules à la peau et des ulcères à la bouche et à la verge.

L'autre, âgé de sept ans, est à peu près dans le même état.

2° Le 12 décembre comparaissait Mzyân, des Bou-Akkâch, âgé de soixante ans, accompagné d'un enfant. Mzyân accuse une infection antérieure à son mariage, duquel il eut sept enfants, ayant tous eu la peau, la bouche et la gorge affectées, ayant tous éprouvé des douleurs articulaires. Lui-même a des ulcères à la bouche, des pustules au scrotum, des plaques encroûtées à l'épaule et au thorax, des douleurs articulaires L'enfant a la nuque et l'épaule droite envahies par des croûtes reposant sur un fond rouge.

3° Le 6 mars 1858, Hammâma bent Rahmân, jeune fille de treize ans des Aliou-Harzoûn, m'est présentée par son père, lequel eut jadis la syphilis et en porte encore actuellement les insignes. La jeune fille n'est pas encore formée. Il y a deux ans les coudes se tuméfièrent, puis une plaque survint à la cuisse droite. Depuis un an le voile du palais est atteint : on y remarque aujourd'hui une perforation qu'enceignent cinq ou six ulcères. Les amygdales sont gonflées, le nez est affaissé, les articulations sont douloureuses.

4° Le 31 mars, Sliman ben Mohammed, âgé de quatre ans, est amené par son père. Celui-ci, âgé de cinquante ans, eut des chancres, il y a une vingtaine d'années.

Aujourd'hui des taches syphilitiques sont répandues par tout le corps. Sa femme est pareillement affectée. L'enfant est malade depuis cinq mois. La bouche et la langue sont semées d'ulcères. Une plaque circulaire occupe la région sous-auriculaire, une autre l'épaule, une autre le menton. Il y a des plaques à l'anus.

5° Le 13 avril se présentait à la visite Tassadits bent Messad, des Mislaïm, jeune femme de 20 ans, jolie et mariée à un homme laid, invalide et boîteux. Elle est atteinte depuis six mois seulement, nous dit-elle. Une trentaine de plaques sont répandues sur le tronc, et trois ou quatre sur chaque sein. La bouche fut ulcérée jadis et la voix rauque. En ce moment elle donne le sein à une petite fille de deux ans et demi, qui depuis dix jours a des ulcères à la bouche et à la vulve.

Une seconde fois Tassadits nous revint non seulement avec sa petite fille, mais avec son mari, pareillement syphilisé et nous invitant à visiter sa femme, sur laquelle nous ne trouvâmes plus d'accidents aux parties génitales

6° Le 16 mai comparaît pour la deuxième fois, Abdessâlam, des Yenni. Les ulcères qu'il portait aux parties génitales ont disparu, ainsi que ceux de la bouche. Il ne reste plus qu'une plaque semi-circulaire à l'aisselle. Cette fois il amène son enfant, âgé de 4 ans, et atteint depuis un an. La bouche et l'anus sont ulcérés. Les aines sont engorgées. La mère est morte l'an dernier avec la grande maladie.

7° Le 17, on m'amenait le petit Mohammed ou Saïd, des Yenni, âgé de 2 ans, affecté depuis l'automne dernier.

La mère est syphilisée. L'enfant a des plaques muqueuses sous le menton, une très large au cou, plusieurs autres au tronc et aux fesses. Tout le pourtour de l'anus est ulcéré, ainsi que la face inférieure de la verge et la partie correspondante du scrotum.

8° Le 24 juin se présentait une famille infectée. Le père, Mohammed ou Idir, des Bou Youcef, était déjà venu en automne, avec des ulcères aux parties génitales et à la bouche et nombre de syphilides. Sa femme, âgée de 25 ans, après quelques hésitations, se laissa visiter. Uue vingtaine de plaques muqueuses occupent les grandes lèvres. Il y en existe d'autres au cou et à la bouche : les lèvres sont boursoufflées et s'ouvrent avec peine. La gorge a été prise et la voix altérée. Des croûtes envahissent le cuir chevelu. Son enfant, âgé de quatre ans, a une centaine de boutons par le corps, dont quelques-uns couverts d'écailles nacrées. Un autre qui est resté à la maison, âgé seulement de trois mois, n'a rien encore de bien caractéristique.

9° Le 28, Ali ou Saïd, des Menguelât, âgé de 20 ans, nous dit que deux ans avant sa naissance, son père avait apporté du pèlerinage de la Mecque, une syphilis qui finit par envahir tout le corps. En sa qualité de marabout il s'est abstenu jusqu'alors de toucher aux femmes, et il n'est pas encore marié. Dès l'âge de cinq ans il lui survint aux parties génitales une éruption circinée qui se répandit par toute la peau. La gorge fut prise et la bouche s'ulcéra. Trois larges plaques rougeâtres occupent les épaules et le dos. Une cicatrice existe au nez. Le tronc est semé d'éruptions phlegmoneuses.

10° Le 6 août, nous est amené Ahmed bel Hadj, des Yenni, âgé de 4 ans. La mère eut la grande maladie. Depuis huit mois, les lèvres et la langue sont ulcérées. L'anus est couvert de trois plaques muqueuses.

11° Le 24 novembre, dernier jour d'exercice, comparaît une famille des Chennâcha.

Boudjemâ, le père, est âgé de 45 ans. Il porte encore une ulcère à la verge.

Sa femme, âgée de 35 ans, ne se rappelle plus à quelle époque les parties génitales furent infectées : des ulcères s'y voient encore. Une vingtaine de plaques s'y voient encore à la surface cutanée.

Fathma, sa fille, âgée de 8 ans, a des pustules à l'anus et des ulcères à la bouche, à la langue et à la vulve. Une plaque se voit à l'abdomen.

Ahmed, son fils, âgé de 3 ans, a des pustules à l'anus et à la bouche, et une dixaine de plaques à la peau.

La malheureuse mère, Tassadits, se trouve actuellement enceinte.

Nous n'avons pas cru devoir donner une liste plus étendue d'observations, de transmission de la syphilis par voie d'hérédité. Beaucoup d'autres observations que nous allons présenter sous un autre titre, auraient également pu prendre leur place ici.

Dans la syphilis héréditaire, les premières manifestations extérieures se font généralement à la surface des muqueuses, des ulcérations apparaissent à la bouche, à la vulve et à l'anus.

Viennent ensuite des éruptions cutanées, des plaques muqueuses qui apparaissent particulièrement chez les enfants, aux régions où la peau a le moins de sécheresse, par suite de la flexion des parties, ainsi aux régions du cou, de l'aine, de l'aisselle, au creux poplité. Chez les adultes, le scrotum est fréquemment envahi.

Nous avons dit qu'en dehors de l'hérédité et des relations sexuelles, les Kabiles faisaient une large place dans la transmission de la syphilis, à la cohabitation. Maintes fois en interrogeant nos malades, en les prenant et en cherchant à faire violence à une pudeur équivoque, ils nous répondaient : je n'ai pas vu de femmes, mon père ni ma mère n'ont pas eu la grande maladie, mais il y a ou il y a eu des malades à la maison, mais j'ai mangé avec ces malades, j'ai couché à côté d'eux, etc.

Un jour que nous faisions part à notre interprète, Kabile de naissance et caporal aux tirailleurs algériens, de nos doutes sur la véracité des réponses des Kabiles, il répondait : Tu peux avoir raison pour des Français, mais chez nous les choses se passent autrement. On a l'habitude chez nous de se coucher en masse et rapprochés les uns des autres, on tient contre soi les petits enfants, on les presse nu à nu, on leur donne des baisers. Beaucoup d'entre-nous prennent ainsi la grande maladie. Quand un membre d'une famille est malade, plusieurs le deviennent par l'usage qu'ils font des mêmes vases ou ustensiles pour boire et manger. Souvent aussi des étrangers ou des parents séjournent dans une famille à laquelle ils transmettent la maladie dont ils étaient porteurs.

Nous allons relater quelques observations où la cohabitation nous fut donnée comme cause de l'infection syphilitique.

La petite Hammâma, d'Azzouza des Raten, âgée de 12 ans, fut présentée plusieurs fois par son père à la visite. Elle est infectée depuis six ans. Les lèvres, la langue et la bouche sont couvertes d'ulcères. Le père nie la syphilis tant chez lui que chez sa femme; mais la petite Hammâma a couché quelque temps avec une de ses tantes affectée de la grande maladie.

Le 20 décembre 1857, m'était présentée par son père, Djohra bent Mohammed, âgée de 18 ans et malade depuis 15. Le père n'a jamais eu la syphilis non plus que sa femme. La jeune Djohra a vécu quelque temps avec une de ses parentes syphilitiques Il y a trois ans Djohra s'est mariée avec un mari sain, et depuis ce mariage les syphilides ont augmenté, surtout l'hiver. Aujourd'hui tout le corps est semé de plaques cuivrées, arrondies et rayonnées, depuis la largeur d'un centime jusqu'à celle d'une pièce de cinq francs. La bouche ne présente plus rien. L'oreille est encroûtée.

Le 24 février 1858, Mohammed ou Amara, des Chennâcha, âgé de 13 ans, était amené par son père qui nie la syphylis chez sa femme et chez lui.

Mohammed présente, outre des syphilides, des ulcères à la verge. On nous dit qu'il a voyagé.

Le 3 novembre, Saïd ben Ahmed, des Bou Mehdi, âgé de 20 ans, se présente avec des plaques muqueuses au scrotum et à l'aîne, et des ulcères à la bouche. Les articulations sont douloureuses. Il nie toute relation sexuelle, mais sa sœur a épousé un homme affecté de la grande maladie et ils vivent tous ensemble.

Nous pensons qu'il n'est pas sans intérêt de jeter un coup d'œil sur la liste générale établissant la date de l'invasion accusée par nos malades.

Atteints depuis	
1 mois	5
2	8
3	3
4	11
5	4
6	5
8	16
1 an	47

2 ans	20
3	35
4	28
5	27
6	26
7	13
8	8
9	4
10	17
11	1
12	3
15	11
20	8
35	1
40	1
53	1

Telle est la marche de la syphilis chez la généralité de nos malades. Après les chancres, s'ils ont existé, et d'emblée dans le cas contraire, la bouche s'ulcère; la gorge et le palais sont envahis par un travail ulcératif ou inflammatoire qui aboutit à la destruction, à la désorganisation, à des adhérences anormales; la voix devient rauque et accuse des lésions plus profondes; des éruptions, des ulcérations, du gonflement surviennent à l'appareil nasal; des syphilides apparaissent à la peau, souvent au cou chez les enfants, puis à l'anus et aux parties génitales, très souvent au scrotum chez les adultes, quelquefois aux aines et aux aisselles ; les articulations se tuméfient et sont douloureuses; enfin apparaissent la cachexie, divers accidents tertiaires et quelquefois la mort.

Nous n'avons observé chez nos clients qu'un très petit nombre de bubons, et un nombre également restreint d'exostoses.

Chez une dixaine d'individus les yeux ont été plus ou moins gravement affectés consécutivement à la syphilis.

Trois ou quatre ont eu des otites plus ou moins graves.

Un individu nous a présenté une hémiplégie dont il rapportait la cause à des fumigations mercurielles.

Il est une des manifestations de la syphilis sur laquelle nous devons nous arrêter : ce sont les accidents de l'arrière-bouche et du palais. Avec les faits d'hérédité, ces accidents sont certainement ce que la syphilis nous a présenté de plus saillant chez les Kabiles.

Nous mentionnerons plus ou moins sommairement la majorité de ces faits, et concuremment nous citerons les altérations de l'appareil nasal.

Nous ne citerons que des cas où nous avons reconnu l'intervention évidente de la syphilis.

7 octobre 1857. — Smîna bent Yahya, des Menguelât, âgée de treize ans. Le père est présent et porte encore des accidents syphilitiques. Smîna est affectée depuis quinze mois. Le cartilage de la cloison est rongé ; l'aile droite du nez est complètement affaissée. Une dépression ulcérée existe au palais.

9 octobre. — Rabîh ben Mohammed, des Raten, âgé de quinze ans. Son père et son frère ont la syphilis et lui-même a fait des fumigations La luette est rongée et les os du nez sont tuméfiées.

19 octobre. — Mokhtar, des R'oûbri, âgé de trente ans. Il y a une dizaine d'années il eut des chancres et des bubons, puis des éruptions syphilitiques. Depuis six mois la pointe du nez est ulcérée et rongée.

17 novembre. — Yamina bent Brahim, des Yahya, âgée de vingt-cinq ans. Il y a trois ans la bouche s'ulcéra, puis la gorge fut attaquée. Aujourd'hui la parole est encore gênée. Le voile du palais couvert d'ulcérations, est rejeté en arrière, les piliers collés contre la paroi postérieure du pharynx, enceignant une ouverture étroite. Les articulations sont douloureuses, la nuit surtout.

12 décembre. — Cassi ou Ali, des Sedka, âgé de 25 ans. Depuis trois ans qu'il est infecté, divers accidents syphiliti-

ques se manifestèrent. Actuellement les piliers sont accolés à la paroi postérieure du pharynx, séparés par un intervalle de l'étendue d'un haricot. La voix est altérée, la déglutition est difficile et le malade ne peut souffler pour allumer le feu. L'aile gauche du nez a presque entièrement disparu et l'aile droite est complétement affaisée.

30 décembre. — Ali ou Mohammed, des Raten, âgé de quinze ans. Sa mère et sa grand'mère ont eu la syphilis et ont fait des fumigations. Lui-même est atteint depuis quatre mois. Le voile du palais est ulcéré et la luette rongée.

4 janvier 1858. — Châbâ ou El Hadj, des Menguelâ, âgé de quarante ans. Il y a sept ans qu'il a contracté la syphilis, et depuis lors divers accidents se manifestèrent à la bouche et à la peau. La luette a disparu. Les piliers sont érodés, écartés, leur base repoussée en arrière et ils vont se rejoindre à la partie moyenne du palais. Le nez a complètement disparu, de telle sorte que d'une joue à l'autre s'étend une surface plane, creusée par l'ouverture nasale. La déglutition est difficile et le sentiment n'éxiste plus que pour les odeurs très fortes.

19 janvier. — Saïd ou El Hadj, des Sedka, âgé de vingt-cinq ans. Il est infecté depuis quatre ans. Le voile du palais est complétement détruit. La base des piliers est repoussée en arrière vers la paroi du pharynx, qui apparaît ulcéré ; le nez est tuméfié.

3 février. — Ibrahim ou Saïd, des Ouacif, âgé de quatorze ans, est infecté depuis deux ans. Le père et la mère ont encore la vérole. La luette porte végétation frambésiforme. Le nez est affaissé.

6 mars. — Bal Aïd ou Mzyân, des Bou Akkâch, âgé de treize ans. Son père mourut de la syphilis. Le nez est complétement rongé, la lèvre supérieure a disparu, et la lèvre inférieure n'est plus représentée que par une étroite languette. Toute la face est ulcérée et l'œil droit est perdu.

9 mars. — Djora bent Yakoût, des Bou-Youcef, âgée de

treize ans. Le père, défunt, eut la syphilis. La mère, présente, en porte encore les insignes. Vers l'âge de trois à quatre ans, la jeune fille eut une éruption par tout le corps, et les articulations devinrent douloureuses. La luette a disparu. Le voile du palais est rongé. Le nez est tuméfié.

23 mars. — Tassadits bent Fathma, des Bou-Chaïb, âgée de trente ans. Le mari, présent, porte des chancres à la verge. Cependant sa femme eut la gorge prise antérieurement à son mariage, ses parents ayant eu la syphilis. Les amygdales sont ulcérées et le pilier gauche est accolé au pharynx.

9 avril. — Mohammed ou Mohammed, des Yala de l'Oued Sahel, âgé de vingt-trois ans. Il est infecté depuis onze ans, du fait de sa mère. Il eut d'abord des pustules au scrotum, puis les articulations devinrent douloureuses, et des groupes circulaires de boutons rouges apparurent à la peau. Depuis deux ans la gorge est attaquée. Le voile du palais est complétement rongé. Une large ouverture laisse voir dans le fond la paroi postérieure du pharynx ulcérée.

27 avril. — Yacout bent Mohammed, des Menguelat, âgée de 30 ans. Il y a quatre ans, elle eut des chancres aux parties génitales. Des éruptions se firent à la peau, puis la gorge fut prise. Le voile du palais est rongé. Des lambeaux de piliers sont collés contre la paroi postérieure du pharynx sous forme de brides. Les boissons remontent lors de la déglutition.

26 mai. — Tassadits bent Habbouch, des Mislaïm, âgée de 20 ans. Ses parents furent tous les deux syphilisés. Elle-même est atteinte depuis six ans. Il y eut jadis aux parties génitales des ulcères dont je constate la disparition. Actuellement les articulations sont douloureuses et le voile du palais est rongé.

16 juillet. — Saïd ou Mohammed, des Illoula, âgé de 35 ans. Il y a cinq ans, il fut infecté du fait de sa femme, qui fit cinq fumigations. Lui, conserva des chancres pendant quatre mois. Les parties génitales étaient fortement gonflées; il ne pouvait marcher. Le voile du palais est complétement rongé.

3 août. — Bilcassem, de l'Ouennoura, âgé de 20 ans. Infecté du fait de ses parents. Les articulations sont douloureuses. Le voile du palais est largement éraillé, à bords lardacés. Le palais est couvert de pustules

1er septembre. — Si Mohammed ben Mazari, des Lhorfa, âgé de 55 ans. Il y a sept ans, il eut des chancres, puis des ulcérations à la bouche, et fit plusieurs fumigations. Aujourd'hui, le nez est bourgeonné et tuméfié.

21 septembre. — Ali ou Brahim, d'Ali-ou-Harzoun, âgé de 45 ans. Il y a dix ans, il eut à la verge des ulcères dont les cicatrices sont encore apparentes. Le nez est écrasé, la cloison a disparu.

Nous nous sommes arrêté longuement sur le retentissement de la syphilis au nez et à l'arrière-bouche parce que c'est là, comme nous l'avons déjà dit, un des faits les plus saillants qui nous aient frappé dans l'étude de la syphilis chez les Kabiles.

Les accidents syphilitiques de l'arrière-bouche se présentent le plus souvent dans leur développement sous la forme aiguë. Des symptômes fébriles généraux se déclarent; localement il se fait un travail inflammatoire qui aboutit aux résultats divers que nous avons signalés : abcès, ulcérations, érosions, désorganisations, adhérences anormales, etc Tantôt ces faits suivent une marche plus lente et procèdent par voie d'ulcération chronique.

L'appareil vocal est pareillement affecté et la voix s'altère. Cette altération, *bah'bah'*, nous fut accusée par au moins la moitié de nos clients.

Il est encore une des manifestations de la syphilis sur laquelle nous devons nous arrêter un instant, ce sont les éruptions à la peau qui atteignent chez les Kabiles un développement extraordinaire. Nous en relaterons quelques cas.

26 décembre 1857. — Mohammed Arab, des Sedka, âgé de 35 ans. Il y a quinze ans, il eut des chancres, puis la gorge et les articulations s'affectèrent, ensuite une éruption se dé-

clara, qui occupe actuellement plus de la moitié de la superficie du tronc. Le dos en est littéralement couvert.

18 février 1858. — Zeinab bent Fotta, des Menguelat, âgée de 30 ans. Infectée depuis cinq ans, elle eut des accidents à la gorge et à la bouche, et les articulations furent douloureuses. Aujourd'hui une dizaine de larges plaques arrondies et rayonnées envahissent le dos et le thorax.

10 mars. — Essaïd ou El Hadj, des Raten, âgé de 45 ans. Il y a un an, il eut des chancres dont les traces paraissent encore. Une éruption très-abondante envahit tout le corps. A la nuque, il existe des plaques indurées.

23 mars. — Arab ben Akli, des Bou-Chaïb, âgé de 45 ans. Il y a huit ans, il eut des chancres; aujourd'hui le scrotum est encore couvert de papules Une éruption abondante est répandue par tout le corps, large et circulaire au dos, confluente aux bras, d'une couleur cuivrée très-prononcée aux cuisses.

8 mai. — Mohammed ou Akkouch, des Mansour de l'Oued Sahel, âgé de 60 ans. Il eut des chancres il y a deux ans. Le testicule gauche est encore tout couturé de cicatrices rouges. Il a fait des fumigations. Le dos est aujourd'hui littéralement couvert de plaques rouges d'une étendue variable, quelques-unes de plusieurs décimètres carrés, à bords relevés et squammeux. La nuque et la partie antérieure de l'épaule droite sont pareillement affectées. Des plaques, larges comme la main, sont parsemées au thorax, autour de l'ombilic, à la cuisse droite.

20 mai. — Bilcassem, des Tsourar, âgé de 35 ans Il y a un an, il eut des chancres et il fit des fumigations. Une plaque circulaire couvre l'épaule droite. Le reste de la surface cutanée est envahi par une myriade de tubercules pisiformes.

28 juin. — Keltzouma, des Soulian, âgée de 35 ans Elle fait remonter l'infection à cinq ans Les parties génitales présentent des pustules ichoreuses. Elle a fait des fumiga-

tions. Toute la poitrine et l'abdomen sont couverts de syphilides. Il y a des plaques muqueuses aux seins.

18 septembre. — Mohammed ou Khaled, des Raten, âgé de 30 ans. Il accuse ses parents de l'infection, qui remonterait à une vingtaine d'années; cependant il existe des pustules à la verge. Tout le corps est envahi par une éruption sous forme de tubercules rouges ou de plaques furfuracées, particulièrement au creux poplité. On observe des tubercules à l'aisselle droite.

Nous avons donné ci-devant le traitement institué par les Kabiles contre la syphilis. Nous rappellerons seulement ici que ce traitement comprend les fumigations mercurielles, l'usage de la salsepareille et un certain régime. Un grand nombre de nos malades avaient fait usage des fumigations. Depuis que notre attention s'était portée sur ce point, nous en avions noté une soixantaine.

Quelques-uns nous accusèrent aussi l'usage de pilules mercurielles qu'ils appelaient pilules de Paris et qu'ils se procuraient à Constantine.

Nous dirons quelques mots de notre thérapeutique.

Nous avons fait un usage assez restreint et circonspect des préparations mercurielles, et cela non-seulement à cause de la nature des accidents que nous avions à combattre, mais pour d'autres raisons encore.

Les Kabyles sont très-sensibles au mercure; ils salivent facilement. Comme toutes les populations ignorantes, ils sont enclins à croire qu'en forçant la dose on abrège la durée du traitement. Il y a du danger, parfois, à leur confier des médicaments énergiques.

Comme tous nos collègues de l'armée, nous avons remarqué la rapidité d'action des préparations iodurées et mercurielles sur les indigènes de l'Algérie.

Tel est, en somme, l'état de la syphilis chez les populations du Jurjura et des cantons voisins. Excessivement répandue, elle sévit avec une intensité que l'on constate beaucoup plus rarement en Europe. L'émigration incessante des habitants est une cause puissante de propagation. Mais, depuis longtemps, les masses en sont infectées. Un traitement traditionnel est impuissant à l'éteindre et l'hérédité la multiplie. Telle est sa diffusion que toute douleur insolite, toute affection insidieuse et chronique est rattachée au fléau, à l'ennemi, *el hadou*. Le fait le plus curieux à signaler dans son évolution, c'est son retentissement à la gorge, où elle entraîne de graves désordres. Il faut signaler aussi l'étendue de l'éruption cutanée

Nous rappellerons ici, en quelques mots, ce que nous avons déjà dit de la manière dont les Kabiles envisagent les maladies et la médecine. Pour eux, toute maladie a son spécifique, et il devrait suffire au malade d'exposer le nom qu'elle porte pour que le médecin administrât un remède approprié. Toutefois, ils comprennent facilement la nécessité d'un interrogatoire Tous nos malades, au nombre de 5,400, admis à la visite dans l'espace de quatorze mois, ont été inscrits avec tous les renseignements qu'une clientèle aussi considérable et la difficulté de l'interrogation comportaient. Quelques-uns occupent plus d'une page. Il y en a dont les affections ont été représentées au crayon en regard des renseignements écrits Les précautions en effarouchèrent quelques-uns dans le commencement. Ils croyaient, sinon se compromettre, au moins s'engager, en se laissant ainsi inscrire, avec toutes les circonstances capables d'établir leur identité; mais ces appréhensions ne tardèrent pas à s'effacer, et quand, lors d'une nouvelle visite, ils me voyaient chercher mes livres et leur exposer tous leurs antécédents, ils comprenaient l'utilité de cette mesure. D'aucuns se figuraient que je devais immédiatement me rappeler d'eux et de tout ce qui les concernait, et me disaient que je les avais inscrits, que je ne devais plus avoir besoin de nouvelles interrogations.

D'autres, qui s'étaient mis au courant de nos allures, se présentaient et aussitôt nous exposaient leur nom, leur famille, leur lieu de naissance, leur maladie et la date de son invasion.

Les préjugés et la manière de voir des malades n'étaient pas seulement chez eux une difficulté, c'en était une encore chez certains de nos interprètes, qui les partageaient naturellement, et se prêtaient assez mollement à nos questions. Faut-il ajouter que nous étions trop souvent mal secondés par des interprètes d'occasion, gens ordinairement voulant comprendre à demi-mot, ne comprenant pas du tout, et nous trahissant plutôt que nous traduisant, fait dont nous nous apercevions de plus en plus à mesure que nous pénétrions un peu dans le langage kabile. L'interrogatoire, que nous tenions à faire d'une manière complète et sérieuse, était la partie la plus pénible de notre tâche. Plusieurs malades furent renvoyés faute d'éclaircissements suffisants, au grand désespoir de ces pauvres gens, qui nous jetaient souvent en kabile le nom de l'affection dont ils croyaient être atteints et qui ne comprenaient pas qu'on leur en demandât davantage.

Notre patience était particulièrement mise à l'épreuve par un grand nombre de syphilitiques, même du sexe masculin et d'un âge mûr. Quand nous les interrogions, presque jamais ils n'accusaient des accidents locaux dont ils étaient porteurs, mais ils commençaient par nous exhiber ces accidents généraux et consécutifs intéressant des régions où la pudeur n'avait rien à faire. Ce n'était qu'en insistant fortement et longtemps que l'on arrivait graduellement à tout voir, et quand on touchait à la place d'armes il fallait presque se fâcher pour observer à l'aise. Alors je faisais des reproches et l'on me répondait : « Mais j'avais honte. » Puis je me prenais parfois à répliquer : « Et moi je n'ai pas honte de vous recevoir, vous m'apportez des poux et de sales plaies, vous arrivez comme des gens qui craignent l'eau et je vous reçois patiemment, je fais tout mon possible pour vous; pourquoi chercher encore à me cacher la vérité? » Je dois dire que mes reproches, souvent dictés par une impatience continuellement aiguisée, étaient toujours bien reçus et me désarmaient. Les pous et la saleté n'étaient que trop vrais et trop constants, si ce n'est chez les femmes, qui faisaient toujours, autant qu'il leur était possible, un peu de toilette pour se présenter.

Un jour, un homme d'une cinquantaine d'années se présente, accusant du mal dans son *intérieur*. « Eh bien, fais-le voir. — Je ne puis, répondit-il. — Alors, va-t'en. Comment veux-tu que je te guérisse si tu ne veux pas me faire voir ton mal? » Trois mois après, cet homme, que je croyais affecté de syphilis, revint et me fit voir un hydrocèle énorme. Dans les commencements, nous avions une certaine confiance dans nos clients syphilitiques, mais nous ne tardâmes pas à nous apercevoir qu'une fausse honte nous ferait cacher la vérité. Nous exigeâmes et nous obtînmes, seulement un certain nombre de femmes se montrèrent récalcitrantes.

Le Kabile est jaloux, comme tous les peuples musulmans. Il mord volontiers au fruit défendu. Nos relations désintéressées avec la femme lui sont étrangères, la femme se produisant rarement; il nous juge à son point de vue. Enfin, la coutume lui en impose.

Pendant quatorze mois, il nous est venu plus de huit cents femmes de tout âge et de toute condition; mais on nous a demandé des médicaments pour un plus grand nombre, et nous avons refusé. Quand nous observions qu'il nous était impossible de délivrer des médicaments, alors que la maladie nous était aussi imparfaitement connue, on nous répondait : « Mais c'est une femme, et c'est une honte qu'une femme se produise ainsi chez vous en public. »

La nécessité fit souvent fléchir la coutume et la jalousie. Deux cents femmes de l'âge de seize à trente ans se sont présentées à nous. Quelques-unes se déguisaient et nous arrivaient recouvertes d'un burnous. A ce propos, un des faits les plus curieux de notre pratique est le suivant :

Le 2 juillet 1858 nous arrivait une jeune femme nouvellement mariée, de l'âge de quatorze ans, du village de Taguemmount guadefel, distant de huit kilomètres du Fort-Napoléon. Depuis un mois, elle avait des accès de fièvre quotidienne. Deux femmes, sa sœur et sa mère, l'avaient apportée à dos, se relayant à tour de rôle.

La fièvre fut coupée, puis reparut, et le 19 du même mois, Amina bent Ahmed nous était de nouveau apportée par sa mère et sa sœur. Le pauvre ménage n'avait pas de monture.

Quand je voulais arriver avec les femmes à la constatation des accidents syphilitiques primitifs, avoués plus ou moins, j'éprouvais toujours de la résistance, et ce fut le plus petit nombre qui se soumit à la visite. Bientôt cependant un certain nombre cédèrent, mais il fallait procéder avec plus de précaution qu'avec les hommes. Quelquefois le mari lui-même pressait la femme. Une autre fois ce fut un frère, des Djennâd, qui pleurait presque du refus de sa sœur.

Je ne tardai pas à me convaincre de la nécessité de ces visites, et je rapporterai un fait qui prouvera combien de choses j'aurais ignorées si j'avais ajouté foi aux réticences de ces femmes.

Le 24 juin 1858, je recevais le père, la mère et l'enfant, tous trois accusant la syphilis. Déjà le père m'était venu trouver au mois de février, disant tenir la maladie du fait de sa femme. La gorge présentait encore des ulcérations et la peau était couverte de quelques syphilides. L'enfant, âgé de quatre ans, portait une centaine de plaques rosées par le corps, de la dimension moyenne d'une lentille, les lèvres étaient altérées. La mère avait des plaques par la bouche, des croûtes à la tête et quelques taches par le corps. La gorge avait été prise il y a un mois et la voix était devenue rauque. J'insistai pour en voir davantage. On fit d'abord résistance et je persistai, refusant de rien donner à la famille si je ne savais pas tout. Je trouvai les grandes lèvres légèrement indurées et une vingtaine de plaques en dessinaient le contour depuis la fourchette jusqu'à la commissure supérieure.

Maintes fois les femmes qui pouvaient ou ne voulaient pas venir, m'envoyaient un émissaire, un enfant, qui tantôt avouait, tantôt se disait lui-même malade et demandait à emporter le médicament. J'avais l'habitude, quand je soupçonnais un mensonge, de faire absorber immédiatement le sulfate de quinine. Mais j'étais loin de m'attendre à la ruse d'un petit Kabile. Après lui avoir fait prendre la solution. je vois l'enfant se retourner : il rendait immédiatement le quinine dans un roseau qu'il avait tenu caché sous ses vêtements.

La femme Kabile jouit de plus de liberté, de crédit et de considération que la femme Arabe.

Plusieurs se sont présentées à nous avec un sentiment de convenance parfait, s'exprimant bien, nous témoignant leur reconnaissance plus et mieux que les hommes. Nous avons déjà dit qu'elles faisaient un peu de toilette, tandis que les hommes arrivaient avec une saleté rebutante et parfois dérisoire. Il nous souvient de plusieurs vieilles femmes dont la physionomie était empreinte d'un cachet de dignité que l'on ne rencontre pas chez les femmes Arabes.

Leur confiance ne nous a jamais fait défaut, à part certaines difficultés dont nous avons parlé, et qui leur étaient imposées par l'usage. Il nous est arrivé d'en abriter plusieurs sous notre toit. Trois y passèrent une nuit en attendant une opération remise au lendemain. Nous en avons eu constamment à l'hôpital trois ou quatre de tout âge, entre autres deux jolies enfants de huit ans et une jeune et gracieuse fille de dix-huit ans avec laquelle sa mère s'était hospitalisée. Quelques enfants, gagnés par les bonbons et les dragées, revenaient toujours avec plaisir.

Comme tous les peuples musulmans, le Kabile est résigné et fait dans les évènements une large part à l'intervention de la Providence. Malgré notre expérience de ces peuples, il nous arrivait parfois de trouver par trop naïve l'expression de cette résignation religieuse. Quand nous demandions à un malade affecté de fièvre intermittente, l'époque d'un accès futur, il manquait rarement de nous faire une réponse dans le genre de celle-ci : Demain à midi, s'il plaît à Dieu. Souvent après l'administration du médicament et les compliments d'usage, ils ajoutaient : Tu m'as donné le remède, c'est Dieu qui me guérira, ou c'est Dieu qui ouvrira la porte.

Nous devons dire toutefois qu'en faisant à Dieu la plus large part dans la cure, leur reconnaissance n'oubliait pas le médecin. Quand à son expression verbale, telles en étaient les formules ordinaires : que Dieu prolonge tes jours ! que Dieu fasse miséricorde à tes parents ! que Dieu te réjouisse ! que Dieu te rassérène ! que Dieu augmente tes biens ! que Dieu élève ta position. A part quelques enfants timides, rarement ils nous quittaient sans cette expression plusieurs fois répétée de leur reconnaissance.

Dès leur arrivée tout d'abord, ils se présentaient avec certaines formes attestant que la rudesse et la fierté kabyle n'excluent pas la politesse dans les relations. Généralement ils venaient nous baiser la main ; quelquefois ils nous baisaient la tête ou l'épaule. Au début, cela paraît excessif et sent le pacha.

Si nous avons bonne mémoire, on s'émut jadis en France de ces formes obséquieuses et même une circulaire enjoignit aux officiers des bureaux arabes de prendre d'autres allures, comme s'il y avait connivence ou provocation de leur part. C'était méconnaître les indigènes.

Au lieu de couper court à de telles habitudes, mieux vaut les ramener à des formes plus simples. Ainsi le Kabyle ne baise pas toujours la main tendue, mais approche la sienne et après le contact la porte à sa bouche.

Quand donc un malade voulait nous baiser les mains, nous lui tendions franchement la nôtre, puis nous accomplissions à demi ce qu'il faisait en entier, c'est-à-dire qu'au lieu de porter notre main à la bouche, nous ne la portions qu'en mi-chemin et dans la direction. Quant aux baisers de tête, tout importants qu'ils soient, il est difficile de les éviter, car ils sont l'œuvre de gens qui tiennent à donner une marque de déférence et de respect.

Le 16 octobre 1858 nous recevions à la visite Slimân ben Msâoud, de Tikichourt, des Ouacif, porteur d'un goitre volumineux et affecté d'ophthalmie ; — nous l'avions traité antérieurement pour la rate. Cet homme de bonnes manières et d'une mise très propre, avait déposé ses sandales à la porte, comme il arrivait à la plupart. Sur mon invitation à les chausser il s'y refusa, disant que le médecin était un *radjel solthân*.

Les Kabiles n'ignoraient pas que nous leur devions nos soins et nos médicaments, ce qui ne les empêchait pas de nous apporter des preuves matérielles de leur reconnaissance. Dans les commencements, nous étions encombrés de ces cadeaux, consistant en : raisins, figues, noix, grenades, œufs, etc. Le refus les blesse, et pourtant nous dûmes souvent en venir là, mais nous ne pûmes toujours avoir gain de cause. Quand, mécontent de notre interprète, nous manifestions l'intention d'en changer, des offres nous étaient faites, ayant évidemment pour mobile les profits éventuels de l'emploi.

L'incurie, la superstition et la saleté des Kabiles conduisent leurs maladies à un degré de développement que l'on ne rencontre pas en France, ainsi que nous avons eu occasion de le faire observer, particulièrement dans la syphilis et les ophthalmies. Il faut faire encore entrer en ligne de compte le traitement dirigé par des mains inhabiles. Cette incurie et cette saleté inspiraient plus que le dégoût au médecin.

Pendant l'hiver, des pauvres femmes surtout, venaient nous accuser des bronchites, et ces malheureuses étaient à peine vêtues, et toujours nu-pieds. Nous dirons en passant que la femme kabile ne se chausse jamais, pas même dans les circonstances solennelles où elle doit se parer de tous ses atours, comme dans les noces.

Il faut en avoir été témoin pour croire à la saleté dégoutante des pièces de pansement qui recouvraient leurs plaies et ulcères.

Combien d'ophthalmiques sont venus, la face toute encroutée, combien de syphilitiques aussi que nous étions obligés d'envoyer se laver !

Parfois nous demandions à ces gens, depuis combien d'années ils ne s'étaient pas lavés, et parfois ils nous répondaient naïvement : depuis plusieurs années. Rappelons en passant la saleté des vêtements et la vermine.

Les femmes seules, chez lesquelles nous trouvions généralement beaucoup plus de tact que chez les hommes, se présentaient avec une mise convenable, autant que le leur permettaient leurs moyens.

Nous avons reçu quelques individus ayant perdu tout ou partie du pied. Quand nous leur demandions pourquoi ils ne portaient pas au moins des souliers s'ils voulaient guérir, ils nous répondaient : Mais j'en ai, des souliers. — Eh bien ! où sont-ils ? Dans mon capuchon.

La crainte de la dépense est une des causes de cette saleté.

Pour les ophthalmiques, pour les syphilitiques et pour quelques autres, il était besoin d'une fiole pour emporter les médicaments ; n'en ayant pas à leur distribuer, ils devaient les acheter.

Dans les commencements, c'était une grave difficulté : quelques-uns nous apportaient des gourdes qui ne pouvaient convenir dans tous les cas. Un plus grand nombre allaient fouiller dans les immondices et nous rapportaient des débris de bouteilles, de pots à moutarde, de flacons à encre, de boites à sardines, etc, etc, et cela dans le franc état de saleté où ils l'avaient trouvé. Tel était le plus souvent le dialogue établi entre nous et le malade, quand il était besoin d'une bouteille.

Je m'en vais te donner un remède, mais comme c'est de

l'eau, tu m'apporteras une bouteille. — Je n'en ai point. — Eh bien cherches-en. — Mais tu ne pourrais pas m'en donner une? — Non. — Mais celle-là, tu en as, je te la renverrai. — J'ai besoin de toutes mes bouteilles. — Mais où en trouver? — En ville. — Mais où? — Informe-toi, on te le dira. — Combien cela coûte? — Je n'en sais trop rien, quatre ou cinq sous peut-être. — Mais tu ne pourrais pas te charger de me l'acheter, toi; je te rendrai l'argent. — Non, je ne puis m'occuper de cela. — Mais je n'ai point d'argent. — Eh bien, tu dois avoir des connaissances ici, vas en emprunter. — Mais tu pourrais bien m'en prêter une; par la vérité de Dieu, je te la rendrai. — Je t'ai dit que je ne pouvais, je n'ai qu'une parole.

On m'apportait une bouteille, et si on avait pu l'avoir à un sou de moins, c'en était une sale. Je renvoyais la laver. On revenait, et regardant la bouteille, quand surtout c'était pour un collyre, je disais: tu ne l'a pas lavée. Mais si, je l'ai fait. — Eh bien, va recommencer.

Il fallait par fois renvoyer quatre ou cinq fois, jusqu'à pureté complète.

Les difficultés d'approvisionnement ne tardèrent pas cependant à s'effacer. On finit par se présenter généralement avec des bouteilles. Pendant quelques mois du printemps de 1858, il y eut même une sorte de petit marché établi à ma porte par quelques enfants des villages voisins, ayant, à la disposition de mes clients, des bouteilles propres qu'ils leur vendaient sans doute à un sou de bénéfice.

Plus de 1,500 bouteilles achetées chez les débitants du Fort Napoléon au prix de 20 ou 25 centimes furent ainsi mises en circulation par toute la Kabylie.

Nous avons parlé des difficultés de l'interrogation résultant de l'insuffisance des interprètes et des préjugés des Kabiles: la lourdeur de leur esprit n'en est pas un moindre. Le Kabile n'a pas la vivacité de l'Arabe.

Notre interrogatoire était aussi long et aussi complet que possible et les réponses consignées.

Depuis quand est-tu malade, disions-nous aux Kabyles. Athâs aya : il y a longtemps. — Mais enfin combien de temps? — Il y a longtemps. — Mais y a-t-il un mois, deux mois, trois mois, un an? — C'est depuis l'été, depuis l'automne : je ne sais pas bien. Je suis déjà venu, tu ne me reconnais pas? — Je ne puis me rappeler tout le monde. — Cherches dans tes papiers tu me trouveras, tu m'as inscrit. — Mais dis-moi quand, que fesais-tu alors ; était-ce la moisson, les fruits étaient-ils mûrs. — Oui, je crois, c'était la moisson.

Bien souvent ces indications étaient aussi vagues que possible, et sans un double registre nous n'eussions pu nous en tirer. L'un était notre journal avec les notes relatives à la maladie, l'autre était une sorte de tableau contenant la maladie, le sexe, l'âge et la tribu du malade.

Quand nous demandions la cause, la manière dont le mal avait commencé : on nous répondait : *men and reubbi* ; Cela nous vient de Dieu. — Sans doute, tout vient de Dieu ; comment ton mal t'a-t-il pris? Ton mal d'yeux te vient-il d'un coup de vent, de la fumée, de la chaleur, de la poussière, etc ?

On a dit, et c'est une exagération, que les Kabiles, comme les Arabes, ne se présentaient plus après une première administration du médicament, qu'ils faisaient d'abord ce qui leur était prescrit, puis qu'ils s'en tenaient là si la guérison n'arrivait pas au plus tôt. Il y a là du vrai et du faux. Le Kabile aime la guérison immédiate, cela concorde avec ses croyances, son apathie et la répugnance qu'il a pour tout déplacement qui ne lui rapporte pas immédiatement un bénéfice matériel.

Si l'Arabe et le Kabile ne viennent pas, la faute est à l'organisation du service médical indigène, rarement institué comme il devait l'être. Nous avons fait le service près d'un bureau arabe dans les conditions suivantes : Dans la cour près de l'écurie était une salle avec une armoire contenant des médicaments. Personne pour assister le médecin ; pas un vase pour la moindre manipulation. Qu'on suppose en de telles conditions un médecin ayant d'abord un service de corps ou d'hôpital avant tout, ignorant l'Arabe, mal secondé par un interprète qui ne lui appartient pas, et l'on concevra qu'un pareil service doit être fait pour l'amour de Dieu, qu'on ne tient pas à lui donner de l'extension, qu'il ne comporte guère que l'administration du sulfate de quinine. Notre service avait fini par se compléter. A part quelques instruments que l'hôpital lui-même ne pouvait nous fournir, nous avions des moyens d'agir assez étendus, plus étendus qu'on a généralement. Nous pouvons dire enfin, qu'aimant les fonctions autant que ces moyens toutefois nous seraient continués, connaissant les populations, pouvant entrer en communication avec un certain nombre connaissant l'Arabe, envoyé exprès après la conquête, nous réunissions un ensemble de conditions qui se rencontrent rarement.

Ajoutons encore que nos connaissances en littérature arabe étaient un moyen d'influence sur les gens instruits, aussi bien que sur les ignorants.

Nos clients donc nous revenaient généralement, sinon jusqu'à guérison complète, au moins jusqu'au point où l'on pouvait les abandonner à eux-mêmes.

Il faut toutefois faire une distinction. Dans le cas, par exemple, de blessures récentes où les progrès étaient journaliers, ils étaient exacts. Dans les cas chroniques où les résultats étaient lents à se produire, ils mettaient moins de régularité dans leurs retours.

Les individus affectés de plaies récentes ayant nécessité des opérations, nous sont revenus une dizaine de fois en moyenne.

Dans le cas de syphilis, ils retournaient trois à quatre fois, n'ayant généralement du médicament que pour quinze jours. Quelques-uns tardaient davantage, se croyant complètement guéris quand une amélioration marquée se prononçait. Nous ne donnions jamais le médicament pour un plus long intervalle, craignant à juste titre l'abus. En effet, ces peuples ignorants ne sont que trop portés à croire qu'une injection plus copieuse ou unique vaut autant qu'une injection fractionnée et prolongée. Nous donnions rarement le sublimé et toujours la pommade mercurielle.

Sur 5,400 présences à notre visite, environ 1,400 étaient des récidives, de sorte que nos 5,400 malades inscrits représentaient environ 4,000 individus.

Cent soixante malades sont rentrés à l'hôpital, dont un cinquième environ de tout âge. Nous n'y admettions que les sujets exigeant des soins difficilement réalisables à domicile, ou des opérations indispensables avant tout traitement. Ce n'était souvent qu'à leurs corps défendants qu'ils y entraient, non pas que l'hôpital leur répugnât, mais parce que leur absence, dans la majorité des cas, faisait un grand vide à la maison. Nous avions proposé un autre mode plus conforme aux habitudes des indigènes et moins coûteux, c'était de les faire coucher dans une chambre attenant à notre logement, où ils auraient joui de la liberté et du contact plus facile des leurs.

Nous en avons ainsi gardé quelques-uns, leur donnant une couverture pour la nuit, pendant quinze jours et un mois. Quand les fièvres et les dyssenteries s'accrurent dans la garnison, et que la salle qui nous avait été affectée pour les indigènes nous fut retirée, nos malades restèrent constamment sous la tente; parfois, dans des conditions de chaleur ou d'humidité, (en octobre et en novembre) telles que nous étions prêts à les licencier, plus d'une fois, si nous n'avions compté sur un changement prochain de température. Trois ou quatre femmes résistèrent à ces intempéries.

Nous avons employé le chloroforme vingt ou trente fois sur les Kabiles et dans toutes les conditions d'âge, depuis quatre ou cinq ans jusqu'à soixante, sans éprouver jamais d'accident qu'un vomissement chez un enfant dont un repas récent nous avait été dissimulé. Une fois connu, le chloroforme nous fut souvent demandé pour les opérations même légères, surtout chez les femmes. Un des plus heureux emplois que nous en fîmes fut chez un Kabile de la tribu des Yahya, porteur d'une luxation scapulo humérale datant de trois jours. La réduction se fit avec la plus grande facilité. Aussitôt le malade rentré dans son village, il nous amenait son frère affecté d'ankilose, suite d'un coup de feu, comptant qu'on pourrait l'en guérir en le soumettant, endormi, à des tractions.

Pour compléter l'exposé de nos rapports avec les Kabiles, nous croyons devoir mentionner quelques lettres qui nous furent adressées par eux en langue Arabe. La plupart sont des demandes de médicaments pour des femmes.

N° 1. « Louange à Dieu ! il est unique.

« Au médecin, chez les Beni Iraten.

« Fathma, fille de Mohammed ben Achour, te dit de lui envoyer un remède qui tue les vers de la tête. Ne tarde pas. Le porteur est El Houssein ben Madjkoun. »

Cette Fathma, de Cheltata, chez les Illoûla, des pentes méridionales du Jurjura, nous était déjà venue le 1er mai 1858, accusant de la céphalalgie qu'elle voyait entretenue par un ver siégeant dans sa tête. Dans cette lettre, le mot médecin est exprimé par le mot mdâoui, guérisseur.

N° 2. Cette lettre porte extérieurement cette adresse : Pour arriver à la main du médecin de l'Arba. Tel est son contenu :

« Louange à Dieu, le salut et les bénédictions de Dieu sur son Prophète.

A la personne *(hadhrat)* du médecin *(thabîb)* : le salut sur toi, ainsi que la miséricorde et les bénédictions de Dieu.

Or, je désire par la présente, que tu m'envoies un remède pour Iamina bent Turqui, qui est atteinte d'une fièvre chaude et froide. Elle est allée te voir pendant l'hiver, tu lui as donné un remède et elle s'est trouvée guérie pendant quelque temps. Maintenant sa maladie lui est revenue, et nous désirons que tu lui retournes un remède. Et le salut. Nous espérons, par la grâce de Dieu, que tu lui enverras le même remède que la première fois Il lui serait difficile de se rendre chez toi. Le salut sur celui qui lira et qui entendra. »

Cette lettre est d'un caractère parfaitement tracé.

N° 3. Cette lettre se compose de deux feuillets dont l'un sert d'enveloppe et porte cette adresse extérieure :

« A la main du médecin de *Bordj Boulyoûn el Arba.* » Nous avons rarement entendu cette expression de *Borj Boulyoûn*, fort Napoléon, qui ne pouvait avoir cours que chez les *Tholba*; plus souvent nous entendions dire : la *ville de l'Arba.*

Tel est le contenu de cette lettre.

« Louange à Dieu. Il est unique : et il n'y a de stable que son empire.

« A monsieur l'officier médecin, *Sidi el fessian-etthabîb*, qui habite au dessous du bureau (arabe). Sur toi le salut, le plus grand des saluts, sans limites et sans restriction.

« Or, après le salut, il suit que Hamich de la famille de Cassi (nîts cassi) est allé jadis vers toi pour se faire guérir. Nous avons appris qu'il était mort. Il est du village (Guerrya) de Tikichourt, de la tribu des Beni-Ouacif. Aujourd'hui nous demandons de toi, et c'est l'objet de la présente, que tu nous en informes, s'il est mort ou non. Tu nous rendras réponse immédiatement par notre ami Amar de la famille Saïd (Nits asaïd) du village des Beni Frah, par qui nous arrivera la réponse. Et le salut. »

Les craintes des habitants de Tikichourt étaient mal fondées.

N° 4. Cette lettre nous fut remise, bien qu'elle ne nous fût pas directement adressée.

« Louange à Dieu ! Il est unique. Et le salut et les bénédictions de Dieu sur son envoyé.

« A celui qui est chargé de l'autorité et de la justice, à savoir le commandant de la ville qui est construite sur le territoire d'Icheraoua.

« Nous désirons de toi que tu fasses qu'il soit délivré au porteur par le médecin, ce qui guérit la fièvre froide. Je suis ici malade avec ma famille, et il y a une femme qui ne peut sortir.

« Écrit en présence d'Ali, de la famille Ameur (nit Amar), d'El Hadj Msâoud ben Bou Abdallah, de Mohammed Arab, de la famille Slimân. Nous désirons que tu n'oublies pas. Mille et mille saluts. »

Il nous reste cinq de ces lettres.

Avant de passer à la partie purement médicale de notre travail, nous allons terminer par trois tableaux, l'un donnant la totalité des malades inscrits depuis le 23 septembre 1857 jusqu'au 24 novembre 1858, le second donnant la liste des entrées à l'hôpital pendant la même époque, enfin le troisième la répartition par tribus.

Tableau des malades inscrits du 23 septembre 1857 au 24 novembre 1858 :

	Hommes	Femmes	Totaux
Septembre 1857.	35	8	43
Octobre........	342	70	412
Novembre......	453	98	551
Décembre......	500	70	570
Janvier 1858....	242	36	278
Février	289	36	325
Mars...........	336	66	402
Avril...........	274	93	367
Mai............	269	100	369
Juin	254	85	339
Juillet	234	36	270
Août...........	265	32	297
Septembre	411	52	463
Octobre........	405	52	457
Novembre......	228	23	251
Totaux.....	4537	857	5394

Le tableau qui suit nous a été livré par l'hôpital. Nous ferons remarquer que les morts inscrits ne portent pas sur notre clientèle locale, mais sur les ouvriers indigènes travaillant au fort. Il y en avait en 1857 de toute provenance, et parmi les maçons un grand nombre de Marocains, notamment du Rif.

Mouvement des Indigènes à l'hôpital de Fort-Napoléon.

	Entrants	Sortants	Morts	Journées
4e trimestre 1857.	34	37	2	561
1er — 1858.	16	8	»	520
2e — —	54	50	»	1188
3e — —	44	50	1	1071
Totaux.....	148	145	3	3330

Nos notes particulières nous donnent 10 malades entrés à l'hôpital pendant les mois d'octobre et de novembre 1858, ce qui fait un total de 158 malades, du 1er octobre 1857 au 24 novembre 1858.

Nous allons donner le tableau des malades venus à la visite et inscrits du 23 septembre 1857 au 24 novembre 1858, répartis par tribus.

Total des malades :

Hommes, 4537 ; Femmes, 837. Total, 5394.

Tribus	Hommes	Femmes	Total
Raten................	2059	425	2484
Frâoucen.............	176	34	210
Khelîli...............	8	»	8
Bouchâïb.............	65	8	73
Yahya	193	40	233
R'oubri..............	14	»	14
Hidjer	17	8	25
Toudja...............	1	»	1
Bougie...............	3	»	3
Aïtkhelef.............	11	6	17

Tribus	Hommes	Femmes	Tstal
Menghelât............	253	76	329
Bou Youcef	125	17	142
Itour'ar'..	101	21	122
Hilten	32	12	44
Illoûla	34	8	42
Akbil	85	13	98
Mislaïm	31	22	53
Attâf	77	5	82
Bou-Drâr	105	3	108
Bou-Akkâch..........	84	5	89
Ouâcif...............	199	11	210
Bou-Addou...........	2	»	2
Bou-Rerdan..........	2	»	2
Chennâcha	20	3	23
Ouâdya	26	2	28
Sedka	236	34	270
Yenni	159	23	182
Mechras..............	4	1	5
Koûfi................	1	»	1
Ourlis	1	»	1
Mellikeuch	2	»	2
Ouâyour	4	»	4
Mechdalla	2	3	8
Meddoûr	2	»	2
Yâla	16	1	17
Mansour	9	2	11
Abbès	2	»	2
Aidel	1	»	1
Ourtilan......	1	»	1
Ouennaira............	1	»	1
Hadjerâs.............	1	»	1
Aïssi	113	40	153
Mâtka	5	1	6
Bou-Hînoun..........	3	2	5

Tribus	Hommes	Femmes	Total
Flissamellil..........	6	»	6
Flissatelbahar.........	18	2	20
Amraoua.............	38	4	42
Ouagnoun...........	35	14	49
Djennâd	47	8	55
Zekhfaoua...........	2	»	2
Felik	4	»	4
Azzoûg..............	1	0	1
Madhal..............	2	0	2
Ksîla	9	2	11
Tîgrin	6	1	7
Hocein..............	1	»	1
Aït-Ameur	2	»	2
Étrangers à la Kabylie.	75	2	77

TABLEAU RÉCAPITULATIF PAR CATÉGORIES D'AFFECTIONS

	Affections	Nombres.
I	Fièvre intermittente......................	2.026
II	Hypertrophie de la rate..................	59
	Cachexie fièvreuse.......................	1
III	Ophthalmies	1.046
IV	Affections du nez.......................	4
V	— de la bouche..................	39
VI	— des dents	74
VII	— de la face	7
VIII	— de l'oreille	21
IX	— du cou.........................	24
X	— de la thyroïde, goître...........	12
XI	— des organes respiratoires........	116
XII	— des organes digestifs	188
XIII	Entozoaires	63
XIV	Affections des organes genito-urinaire.....	24
XV	Hernies.	6
XVI	Maladies des femmes.....................	10

	Affections	Nombre
XVII	Anémie	22
XVIII	Anaphrodisie	18
XIX	Epilepsie	3
XX	Affections de la peau	362
XXI	— phlegmoneuses	60
	Fistules	58
XXII	Plaies	53
XXIII	Ulcères	115
XXIV	Brûlures	43
XXV	Coups de feu	11
XXVI	Entorses	9
XXVII	Luxations	6
XXVIII	Fractures	8
XXIX	Amputation de doigt	11
XXX	Affections rhumatismales	66
XXXI	Rachitisme	3
XXXII	Sciatique	13
XXXIII	Scrofules	22
	Uréthrite	7
XXXIV	Syphilis	742
	(Oubliés pour mémoire)	?
	Total	5.394

Les chiffres les plus élevés des principales catégories d'affections sont dans l'ordre suivant :

Fièvre intermittente	2.026
Maladies de l'œil	1.046
Syphilis	742
Maladies de la peau	362
— des organes digestifs	188
— des organes respiratoires	116
Ulcères	115
Maladies des dents	74
— rhumatismales	66
Entozoaires	63

RÉPARTITION DES MALADIES SUIVANT LE MOIS DE L'ANNÉE

Mois	Hommes	Femmes	Total.
Septembre de 1857....	35	8	43
Octobre..............	342	70	412
Novembre............	453	98	551
Décembre............	500	70	570
Janvier 1858..........	242	36	278
Février..............	289	36	325
Mars.................	336	66	402
Avril................	274	93	367
Mai..................	269	100	369
Juin.................	253	85	339
Juillet..............	234	36	270
Août.................	265	32	297
Septembre...........	411	52	463
Octobre..............	405	52	457
Novembre............	228	23	251
Total........	4.537	857	5.394

NOTES

pour servir à

L'HISTOIRE DE LA SYPHILIS

CHEZ LES ARABES

Par le Dr L. Leclerc, médecin-major.

Ce que nous avons écrit de la syphilis chez les Kabiles, on peut l'appliquer aux Arabes de l'Algérie, à cela près, peut-être, que l'extension et surtout l'intensité de l'affection nous ont paru moindres chez les Arabes. Il est encore une différence relative au traitement chez les Kabyles, les fumigations mercurielles en font la base. Pour compléter ces études, il nous a paru d'un certain intérêt de rechercher ce que les écrivains arabes ont dit de la syphilis. Jusqu'à présent, nous n'avons pu recueillir qu'un nombre assez restreint de citations, et il ne pouvait guère en être autrement. Lors de la grande explosion de la syphilis, vers la fin du 15e et au commencement du 16e siècle de notre ère, la sève scientifique était tarie chez les Arabes. Alors on ne rencontre plus que des compilateurs sans originalité. Le chapitre de M. Wastenfeld, consacré aux médecins postérieurs à cette époque, n'est que la sèche nomenclature d'une vingtaine d'auteurs. Nous pourrions bien ajouter quelques noms qui lui ont échappé, et nous pensons que, notamment à Tunis, on pourrait en exhumer quelques autres ; mais ceux dont jusqu'à présent nous avons parcouru les ouvrages, n'échappent pas à la loi commune : ils sont, de plus, grands amateurs de recettes superstitieuses. Dans les temps modernes, un seul homme, à notre connaissance, fait exception à la loi générale de décadence et rappelle les beaux temps de la médecine arabe, c'est le médecin d'Antioche, Daoud el Antaky, mort en 1596, dont nous aurons à parler tout à l'heure.

Nous ne pouvons passer sous silence que l'on a voulu reconnaître la syphilis dans les écrits des anciens médecins arabes (1), notamment d'Avicenne et d'Abulcasis. Bien que nous ne partagions pas cette manière de voir, nous allons cependant, pour l'acquit de notre conscience, exhiber les pièces du procès.

Dans le 3e livre de son *Canon*, Avicenne traite sommairement de diverses affections des organes génitaux. C'est ainsi qu'il mentionne les ulcères de la verge, *qou roûh' el quadhib*, les démangeaisons, les abcès, les douleurs, les excroissances verruqueuses de la verge; mais constamment il se borne à une simple mention, sans détail aucun, et au traitement. Jamais il n'est question de contagion.

Abulcasis rapporte, au chapitre 56 de sa *Chirurgie*, qu'il survient fréquemment à la verge des pustules ou excroissances charnues qui sont parfois de mauvais aspect. Ce chapitre d'Abulcasis n'est guère autre chose que la reproduction de celui où Paul d'Egine parle des *Thymes* aux parties génitales.

Pour nous, ces excroissances n'ont rien de spécifique, et les ulcères d'Avicenne sont tout simplement des ulcères et non pas des chancres vénériens.

Il serait certainement plus facile de reconnaître la chaudepisse dans le Chapitre de Guy de Chauliac, intitulé : *De l'eschauffement et saleté en la verge pour avoir couché avec une femme mal neite.* (Traduction française de Joubert.)

Guy de Chauliac écrivait au milieu du 14e siècle.

Nous allons quitter les conjectures pour arriver à des faits positifs.

C'est dans Léon l'Africain que nous trouvons la première

(1) Jourdan, *Traité des maladies vénériennes.*

mention de la syphilis, mention très intéressante, non seulement à notre point de vue, mais au point de vue général de l'histoire de la médecine.

On sait que Léon l'Africain, né à Grenade vers la fin du 15e siècle de notre ère, voyagea plusieurs années dans le nord de l'Afrique, poussa jusqu'à Tombouctou, parcourut l'Egypte, l'Arabie et le Levant jusqu'à Constantinople, et qu'enfin pris par les corsaires il fut conduit à Rome où le pape Léon X le recueillit et lui donna son nom. C'est à Rome que Léon composa sa description de l'Afrique terminée en 1526.

Voici ce qu'il dit, en parlant des maladies du pays :

(Traduction française de Jean Temporal.)

« Quant à ce mal qu'on appelle en Italie mal français et en France mal de Naples, je ne pense que la dixième partie de toutes les villes de Barbarie en soit échappée... le mal vient des Juifs que Fernand, roi des Espagnes, expulsa de son royaume, lesquels vinrent en Barbarie, là ou quelques méchants Maures se couplèrent avec les femmes de ces Juifs. De là il commença d'infecter toute la Barbarie, tellement qu'il ne se trouve génération que ce mal n'ait entachée. Les Africains l'appellent le mal d'Espagne ; ceux de Tunis le mal français, en imitant les Italiens sur lesquels il a bien fait connaître comment il sait miner jusqu'aux entrailles. Pareillement il a eu son cours en Egypte et en Syrie. »

Nous allons faire quelques citations qui nous paraissent rentrer dans notre sujet.

On lit dans l'article Constantine : « Selon la coutume, le roi actuel de Tunis la fit gouverner par son fils ; ses excès le firent mourir d'un *chancre*. Le second fils n'avait aucune honte de se soumettre à tel traitement duquel on a coutume d'user à l'endroit du sexe féminin, ce que ne pouvant supporter, les habitants se bandèrent contre lui en propos de le priver de vie, mais le père le fit mourir prisonnier à Tunis. Ils sont exempts de gabelle en la cité de Tunis où ils consument la plus grande partie de ce qu'ils portent après les femmes publiques. »

En parlant de Tunis, Léon l'Africain nous donne effectivement cette grande ville comme un foyer de débauches : « Pour la pauvreté qui presse le menu peuple, non-seulement se trouvent des femmes lesquelles impudiquement offrent leurs corps, abandonnant leur chasteté pour si petit prix que rien, mais encore les enfants se soumettent à l'exécrable sodomie qui les rend plus infâmes, deshonnêtes et éhontés que ne sont les putains publiques. »

Voilà certainement une dissolution de mœurs bien favorable à la propagation de la syphilis. Malgré cela nous avons de la peine à croire qu'il eut suffi d'aussi peu de temps pour qu'elle se propageât jusqu'en Syrie, si elle eut été apportée au Nouveau-Monde par les matelots de Christophe Colomb.

Comme nous l'avons dit, le cheikh Daoûd el Antoki mourut en 1596. Il pratiqua la médecine au Caire et nous a laissé quelques ouvrages dont le plus important est le *Ted kiret* ou Mémorial de médecine sous forme alphabétique et comprenant deux parties. La première traite des médicaments simples et composés, et la deuxième des maladies ; malheureusement cette dernière est restée inachevée et nous n'avons pu rien y trouver qui avait trait à la syphilis, qu'un rapprochement de peu de valeur. A l'article des pustules *boutsoûr*, Daoûd en mentionne une espèce du nom de *Balkhya*. Cette affection, dit-il, se manifesta d'abord à Balkh, d'où elle s'est répandue à l'instar de celle qui s'est rencontrée d'abord dans le pays des Francs *biofrandja*.

C'est dans la première partie que nous trouvons mentionnée la syphilis, à propos de son traitement par le mercure *ziboc* sous le nom de *hobb el a frandjy*.

Deux préparations sont indiquées, l'une pour l'usage externe et l'autre pour l'usage interne.

La première préparation se compose de mercure, d'encens, de térébentine, de cire et d'huile. On l'emploie sous forme de frictions, trois fois par semaine. Le malade doit s'abstenir d'aliments lourds et salés. Avant la guérison, il survient des aphtes, de la salivation et de la tuméfaction à la gorge. C'est là, dit l'auteur, un traitement bien connu à l'hôpital du Caire.

Quant à la seconde, elle nous est donnée comme n'ayant pas les inconvénients qu'entraîne l'usage du mercure. Telle en est la formule : Prendre de l'ambre et du musc, de chaque quatre parties ; de mercure, une demi-partie; d'opium, une partie; de bonne scammonée, une partie et demie; mélanger le tout; ajouter un peu d'euphorbe, malaxer avec de l'eau de roses et un peu de farine de froment : en faire des pilules.

Cette formule du cheikh Daoud, nous l'avons rencontrée reproduite par plusieurs médecins arabes des âges subséquents.

En 1580, Prosper Alpin visitait l'Egypte, où il séjourna quatre années Dans son volumineux ouvrage sur la *Médecine des Egyptiens*, où il décrit avec tant de minutie certaines pratiques médicales, on est tout étonné de ne rencontrer rien ou presque rien sur la syphilis. En effet, il se borne à dire, en passant et comme par hasard, que les racines de squine sont employées contre la maladie franque, *lues gallica*, et que cette maladie est aussi commune en Egypte qu'ailleurs.

De l'Egypte nous allons passer à la Perse.

En 1681, le père Ange de Saint-Joseph, carmélite et missionnaire en Orient, publiait à Paris la *Pharmacopée persane*, livre curieux à plus d'un titre et composé dans un but de propagande religieuse.

« Notre Sauveur, dit le missionnaire dans sa préface, passa
» sur la terre en faisant le bien et en opérant des guérisons.
» Les apôtres parcoururent le monde en rendant la vue aux
» aveugles et l'ouïe aux sourds. Maintenant que cette théra-
» peutique surnaturelle nous fait défaut, qui peut la rempla-
» cer, sinon la pharmaceutique? En effet, que les Persans,

» les Turcs, les Arabes ou les Indiens entendent parler d'un » Franc, ils voient, dans cet étranger, un médecin, ils le » considèrent comme un thaumaturge. Voilà pourquoi les » missionnaires usent de la médecine comme d'un précur» seur qui prépare les infidèles à recevoir la grâce de l'Evan» gile. »

La préface, assez longue, du père Ange, est le développement de cette idée et l'exposition de faits à l'appui.

La *Pharmacopée persane* contient environ onze cents formules qui se retrouvent la plupart chez les anciens médecins arabes, qu'elles soient de leur crû ou qu'ils les aient empruntées aux Grecs. Les noms arabes des simples et des préparations sont parfois conservés ; d'autres fois, ce sont des noms persans. On sait, du reste, que bon nombre de dénominations botaniques et autres ont été empruntées aux Persans par les Arabes.

Cinq formules sont à l'adresse de la syphilis, *lues venerea*.

Telle est la première, sous le numéro d'ordre 143 :

Hab gehel ateschek.

Pilulæ aliæ ad morbum mahometanum, quem mahometani gallicum vocant.

Rec. Hieræ picræ, m : 1; Corticis myrobol. citrin.;
Turpethi albi, dr. 1 ; Galangæ;
Agarici ; Hermodactylorum, ana dr. s. ;
Lapidis lazuli abluti ; Scammonii, dang. 1.
Fiat trituratio, cribatio, et ex rosaceà catapotia formentur.

Le mot *ateschek* est le nom de la maladie vénérienne, d'après le père Ange ; ce mot veut dire, en persan, *feu* ou *foudre*.

Comme on le voit, en Orient comme en Occident, à propos de la syphilis, chaque nation se renvoie la balle.

Nous ajouterons, à propos des abréviations, qu'elles représentent les mesures usitées chez les médecins arabes, drachmes, mitsquals et daneeks.

Telle est la deuxième formule, sous le numéro 242 :

Daroui ateschek.

Remedium ad luem veneream.

Rec. Argenti vivi exstincti, m. 7 ;	Turbith albi, ana. dr. 3 ;
Ladani ;	Olei rosati, dr. 10 ;
Foliorum ligustri arboris ;	Olei olivarum, m. 15 ;
Mastiches ;	Succi limoniorum ;
Hermodactyl., ana. dr. 2 ;	Adipis arietini, m. 30.
Guaïaci ;	

Quod si bubo adsit, adde tutiæ, cerussæ, lithargirii, ana. dr. 2 ; œruginis, dr. s. Fiat linimentum juxtà regulas artis.

Notons, en passant, l'introduction d'un médicament d'un usage récent, le gayac.

La troisième formule, n° 580, est celle d'une lotion.

Les deux dernières formules, n°s 1070 et 1071, sont des formules d'onguents contre les bubons, *ad apostemata luis venereæ*. La deuxième se compose exclusivement d'arsenic blanc et de mercure ; elle est donnée comme très-efficace : *apostemata quippe hujus et similia exteriora symptomata cito ad sanitatem perducit*. Ces deux substances sont triturées et mélangées à du savon.

La conclusion à tirer de ces formules est que les Persans traitaient la maladie vénérienne surtout par des remèdes externes, toutefois après l'administration préalable de purgatifs.

Nous ne quitterons pas le bon missionnaire sans ajouter qu'il donne la formule de trois préparations aphrodisiaques : *virilem potentiam augere*. Sans doute, la fin justifiait les moyens, et pour qui connaît les musulmans, c'est là certainement un grand moyen.

Parmi les médecins arabes dont nous avons parcouru les ouvrages, il en est un qui contient un article assez étendu sur la syphilis. Malheureusement, il est très-mal exécuté, et nous n'avons pas trouvé le nom de l'auteur, qui donne cependant celui de son livre : *Menhaat el mennân fil adouya* (1).

---

(1) *Menhaat el mennân*, présent du donateur. *El mennân* est un des surnoms de Dieu.

Ce livre, dit-il, est le résumé de dix ouvrages, dont plusieurs nous sont connus ; ainsi ceux d'Avicenne, de Daoud, d'Ebn Beithar, de Hibet Allah, etc. Notre anonyme vivait donc à une époque assez récente, puisqu'il est postérieur à Daoud el Antaki.

La syphilis est appelée maladie franque, *mard el a frandji*. C'est, dit-il, une altération de l'état naturel, sous l'influence d'une humeur en excès, tout comme il en est de la bile et et de l'atrabile dans l'ictère. On lui donne aussi par euphémisme le nom de mal bénit, *abou ma barek*. C'est une affection maligne, *adaoui*, qui s'est propagée rapidement par la voie des relations sexuelles et la cohabitation. Elle provient des peuples francs, *min ahel afrandja* : de là, elle s'est répandue chez les Arabes, en l'année 807, où elle s'est multipliée.

Les médecins la rangent avec les maladies pruigineuses, et les modernes avec le *feu persan* (charbon) ; mais c'est une erreur.

Les accidents varient en raison de l'humeur affectée.

Quant au traitement, chez les tempéraments chauds, il faut d'abord saigner. On administre ensuite des purgatifs contre l'humeur en excès (séné, cassia, scammonée, agaric, euphorbe, coloquinte, turbith).

Ce qu'il y a de plus efficace dans cette maladie, c'est la *chouchni* qui est la *hathba* (faudrait-il lire *achba* ?) qui ne doit cependant s'administrer qu'après les remèdes précités. La meilleure préparation est d'en prendre six drachmes et de les faire bouillir, après les avoir triturées, dans six cents drachmes d'eau jusqu'à réduction à un tiers, puis on décante. On en répète plusieurs fois l'usage jusqu'à la guérison. En Egypte, on la mélange avec du miel. Sa décoction avec le séné est efficace.

L'emploi du mercure et du sublimé corrosif, *Solimany*, a des inconvénients. On peut se servir de la formule suivante :

Prendre, Opium, quatre drachmes,
Musc, quatre grains,
Mercure, deux drachmes.

On éteint le mercure dans du jus de citron, on mélange le tout, on ajoute un peu de farine et de beurre et on réduit en pilules dont on prend une chaque matin à jeûn. »

Voilà, sommairement, ce que nous avons pu déchiffrer de positif dans notre mauvais manuscrit. Ce qu'il y a de plus curieux chez notre anonyme, c'est la date de l'invasion chez les Arabes, l'an 807 de l'hégire, qui répond aux années 1404 et 1405 de l'ère chrétienne. Cette date est écrite en toutes lettres dans le manuscrit et très lisiblement.

Quant à la substance appelée *chouchni*, nous pensons que c'est une corruption du mot *choubchini*, nom de la squine dans la pharmacopée persane du frère Ange. Le mot veut dire en persan : bois de Chine. Nous aurons tout à l'heure occasion d'y revenir.

Un autre ouvrage du même genre, c'est-à-dire une compilation, nous fournit une citation nouvelle. Sous la rubrique des maladies spécifiques, nous lisons : « Quant à la maladie franque, *mardh el afrandjy*, dite en Egypte par euphémisme la *maladie bénite*, el mobarek, nous administrons une décoction de *guelthaf* (arroche) avec du sucre, pris à jeûn, ainsi que du séné de la Mekke, puis nous usons d'un onguent ainsi composé : sublimé corrosif, une drachme ; sel ammoniac, deux drachmes, farine de froment six cents grammes, etc. » Ce manuscrit est pareillement anonyme.

Un nouvel auteur, Abderrezzâq, va nous fournir de nouveaux renseignements, sinon sur la syphilis, du moins sur son traitement. Ayant déjà publié dans la *Gazette médicale de l'Algérie* une notice sur ce médecin, nous rappellerons seulement ici qu'il était d'Alger et qu'il vivait il y a un siècle et demi. Nous avons depuis fait une traduction complète de son dictionnaire des simples, qui comprend un millier d'articles, avec des commentaires étendus, appuyés tant sur les auteurs classiques tels qu'Avicenne, Ebn-Beithâr et Dâoud el Antaki, que sur des études que nous poursuivons depuis un grand nombre d'années.

Les médicaments recommandés contre la syphilis par Abderrezzâq sont le gayac, le mercure, le sassafras et la squine (ou la salsepareille).

Le gayac est appelé par Abderrezzâq *Balousanthou*, ce qui est simplement la transcription de l'espagnol *balosanto*, bois saint. Sa décoction est recommandée contre la maladie des femmes, *mardhennisâ*, autrement dite grande maladie, *mardhelkebir*.

A l'article mercure, *ziboq*, *zaouâq*, Abderrezzâq appelle la syphilis la *maladie franque*, d'après le cheikh Daoûd dont il reproduit les formules.

Le sassafras figure sous ce nom même dans le livre d'Abderrezzâq. C'est ainsi, dit-il, qu'il est appelé par les français, *el fransis*. Quant à la syphilis, elle est appelée maladie franque, *mâl fransa*, et grande maladie, *mardhelkebir*. On la traite par la décoction chaude de sassafras. Ce traitement, dit l'auteur, est beaucoup plus commode que celui par les *racines*, compliqué d'un certain nombre de pratiques. Quelles sont ces racines ? « Ces racines sont ce que l'on appelle *sabarina, djoubguin*, china. »

Ici nous sommes en présence d'une erreur ou d'une altération du texte. Que ce soit la faute de l'auteur ou celle du copiste, on confond ici la salsepareille et la squine.

Avant l'article du sassafras nous en trouvons un très court ainsi conçu : « *sabarin*. C'est la racine employée contre la grande maladie. C'est la *chichbin* dont il sera question à la lettre *chin*. »

Effectivement à la lettre *chin* nous trouvons mentionnée la *chebchin*. « Cette substance n'est pas mentionnée dans les écrits des anciens, ayant été découverte ultérieurement. C'est un remède des plus précieux. Elle est salutaire contre la grande maladie ou maladie franque, etc. »

Nous croyons donc que l'on a confondu ici la salsepareille et la squine. Dans le mot *sabarın* il est permis de voir la salsepareille, qui se dit aussi en arabe *sabarina*, d'après le dictionnaire de Bochtor. Quant au *chebchin*, ce ne saurait être autre chose que le *choubchini* du père Ange, ou la squine, encore aujourd'hui appelée *choubchina*, suivant le même lexicographe.

Il y a certainement lieu de s'étonner de ne pas rancontrer chez Abderrezzâq le nom *d'achba*, sous lequel la salsepareille est aujourd'hui connue par toute l'Algérie. On en fait une préparation sous forme d'électuaire ou *madjoûn*, qui s'appelle *mabrouka*, la bénite, nom qui rappelle celui que nous avons vu affecté en Egypte à la maladie elle-même.

Il nous reste à faire une dernière citation. Si nous ne fesions attention qu'au nom de l'auteur du recueil où nous avons trouvé ce passage, nous aurions dû le placer en tête de cette revue, car il s'agit de Syouthi. Mais pour de bonnes raisons nous croyons ce passage interpolé. Il a trait évidemment à la syphilis et Syouthi, mort et 1505 de notre ère, ne pouvait en parler, lui simple compilateur et polygraphe plutôt que médecin. D'ailleurs, des deux copies que nous possédons une seule contient le passg en question et certaines expressions accusent une rédaction moderne et locale (1).

Dans une de nos copies nous trouvons au chapitre quatre-vingt-dix le titre suivant : Traitement du *Their*, *Ilâdjetheir*. Mais qu'est-ce que le their ? On nous en donne le traitement, mais on n'en donne pas la définition. Nos informations auprès de quelques indigènes lettrés ou non ne nous ont rien appris. C'est ici le cas d'appliquer le mot d'Hippocrate adop-

(1) Le *Kitab errahma* de Syouthi se rencontre en Algérie sous deux formes, dont l'une abrégée et réduite environ au cinquième. L'ouvrage complet comprend de cent quatre-vingt-dix à deux cents chapitres. L'abrégé se divise en cinq parties. C'est cet abrégé qui a été donné en traduction dans la *Gazette médicale de l'Algérie*. C'est de l'ouvrage complet qu'il est question ici.

té comme épigraphe par M. Trousseau : *Naturam morborum curationes ostendunt.*

Le chapitre du their comprend huit paragraphes, nous ne citerons que le second, les autres n'en diffèrent pas au fond, et n'ajoutent que certaines pratiques accessoires.

Prendre, Opium, quatre drachmes,
Musc, quatre grains,
Mercure, deux drachmes.

On éteindra le mercure dans du jus de citron. Mélanger et ajouter un peu de farine et de beurre ; réduire en pilules *kerakeb* ; en prendre une à jeun chaque matin, c'est là un traitement sûr et à l'épreuve.

Voilà une formule que nous avons déjà rencontrée de toutes pièces pour la *maladie franque*. Une autre formule, au paragraphe IV, ajoute du sublimé corrosif, *solimani* ou mercure, association que nous avons aussi rencontrée pour la même affection. Il s'agit donc de la syphilis, ou tout au moins de ce qu'en Algérie, et particulièrement à Constantine, on appelle l'*adou*, la maladie ennemie.

Par *adou* les indigènes entendent bien certainement la syphilis et surtout la syphilis constitutionnelle, mais aussi les rhumatismes chroniques, les scrofules, conséquence d'une syphilis ancienne et héréditaire. De plus bon nombre d'éruptions cutanées, les ulcères lents à guérir, leur paraissent sous l'influence de l'*adou*. Quand ils n'ont pas eu de vérole, ils pensent qu'ils en ont hérité de leurs ascendants. Quant ils accusent l'*adou*, il ne faut donc pas toujours croire qu'ils aient eu antérieurement des accidents de syphilis primitive.

Le their ne serait donc probablement autre chose que l'*adou*.

Ce chapitre nous donne aussi un synonyme que nous n'avons trouvé qu'ici. De la fièvre *fertek*, dit le paragraphe 3, *el homm a fertek*, et c'est le their, *oua houa ettheir*.

Pour en finir avec la syphilis chez les Arabes, nous rappellerons la traduction que nous avons donnée dans la Revue des médecins des armées, d'une circulaire adressé par le Conseil de santé d'Egypte aux médecins militaires sur le traitement de la syphilis. On emploie comme en Europe, les sudorifiques et les mercuriaux. Ces sudorifiques sont la salsepareille *'achba*, et la squine *djedàr essîni*.

Nous n'avons jamais trouvé la squine chez les droguistes indigènes de l'Algérie.

Alger. — Imprimerie de l'*Akhbar*, J. Breucq, gérant.

DU MÊME AUTEUR

— De la *Médecine arabe*, particulièrement en Algérie. (*Gaz. méd. de Montpellier*, 1854.)

— Les *Oasis de la province d'Oran*. (Extrait de la *Gaz. méd. de l'Algérie*, 1857).

— Notice sur un *Médecin arabe d'Alger* (*Gaz. méd. de l'Algérie*, 1860).

— La *Médecine du prophète* (*Gaz. des hôpitaux*, 1860).

— De la *population dans le Nord de l'Algérie* sous la domination romaine (*Gaz. méd. de l'Algérie*, 1861.)

— La Chirurgie d'ABULCASIS, traduct. française avec introduction, notes, planches, etc. ; Paris, 1861, in-8° [illegible] (Extr. de la *Gaz. méd. de l'Algérie*, 1860-1861).

— Etudes historiques et philosophiques sur E. [illegible] (*Journ. asiatique de Juin*, 1862).

— PERRON, inspecteur-général des établissements [illegible] tion publique ouverts aux indigènes en Algérie. [illegible] *Médecine du prophète* (Traduction de l'arabe) [illegible] Alger, 1860, in-8°, prix 4 fr.

2° *El-Naceri*, traité d'hippologie et d'hippiatrie ar[illegible] traduit d'Abou-Bekr Ibn Bedr ; publié sous les ausp[illegible] du Ministère de l'agriculture, Paris, 1852-1860 : 3 v[illegible] in-8°.

3° *Les Femmes Arabes avant et après l'Islam[illegible]* Alger, 1859, un gr. in-8°. Prix : 7 fr. 50.

— A. BERTHERAND et PHARAON. *Sidi-Siouti*, livre de la [illegible]séricorde dans l'art de guérir. Traduction de l'[illegible] revue et annotée avec une introduction. Alger, [illegible] in-8° de 90 p.

— E. BERTHERAND. *Médecine et hygiène des Arabes* ; [illegible] sur l'exercice de la médecine et de la chirurgie chez [illegible] musulmans de l'Algérie, etc. Paris, 1855, in-8° de [illegible] Prix : 7 fr. 50.

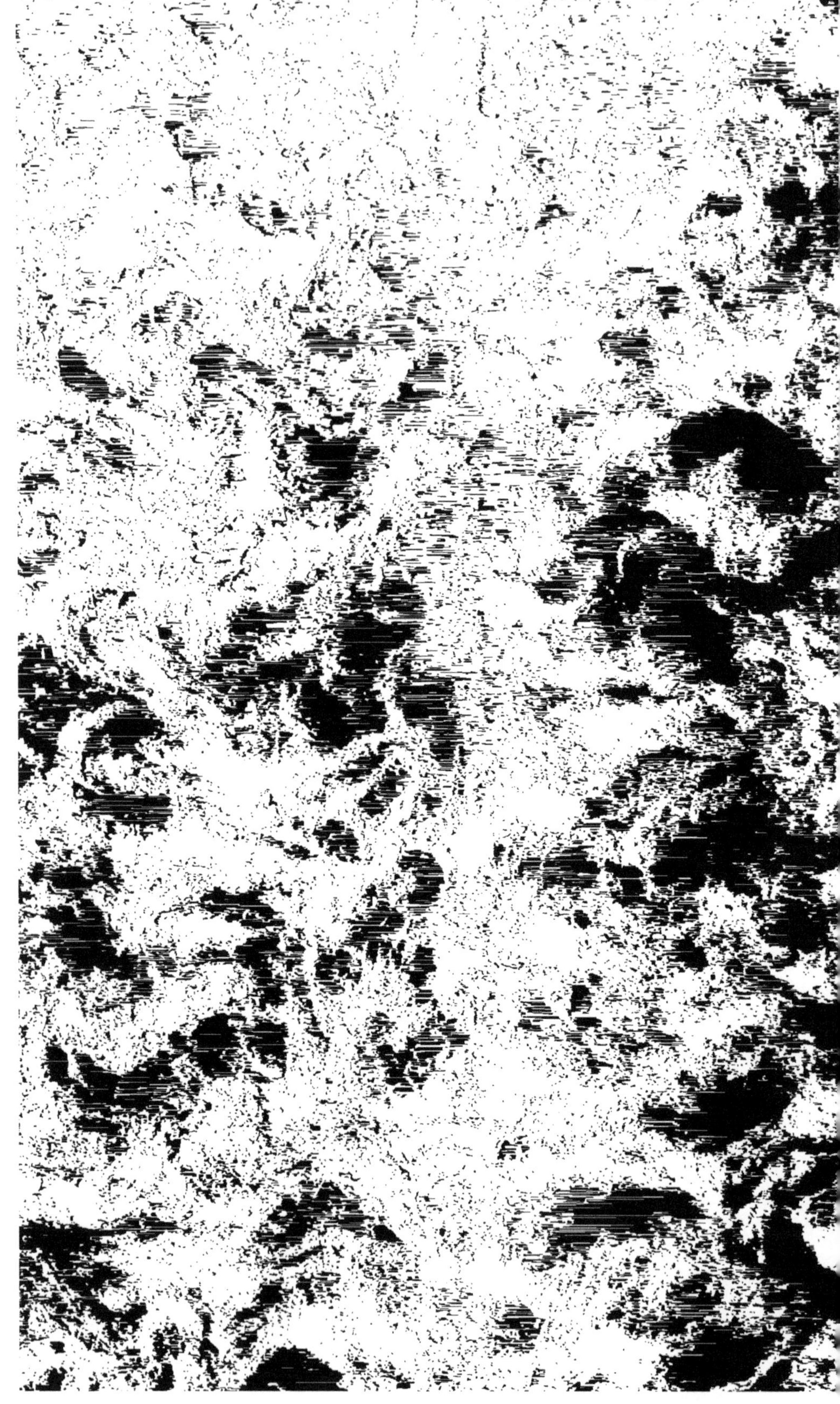

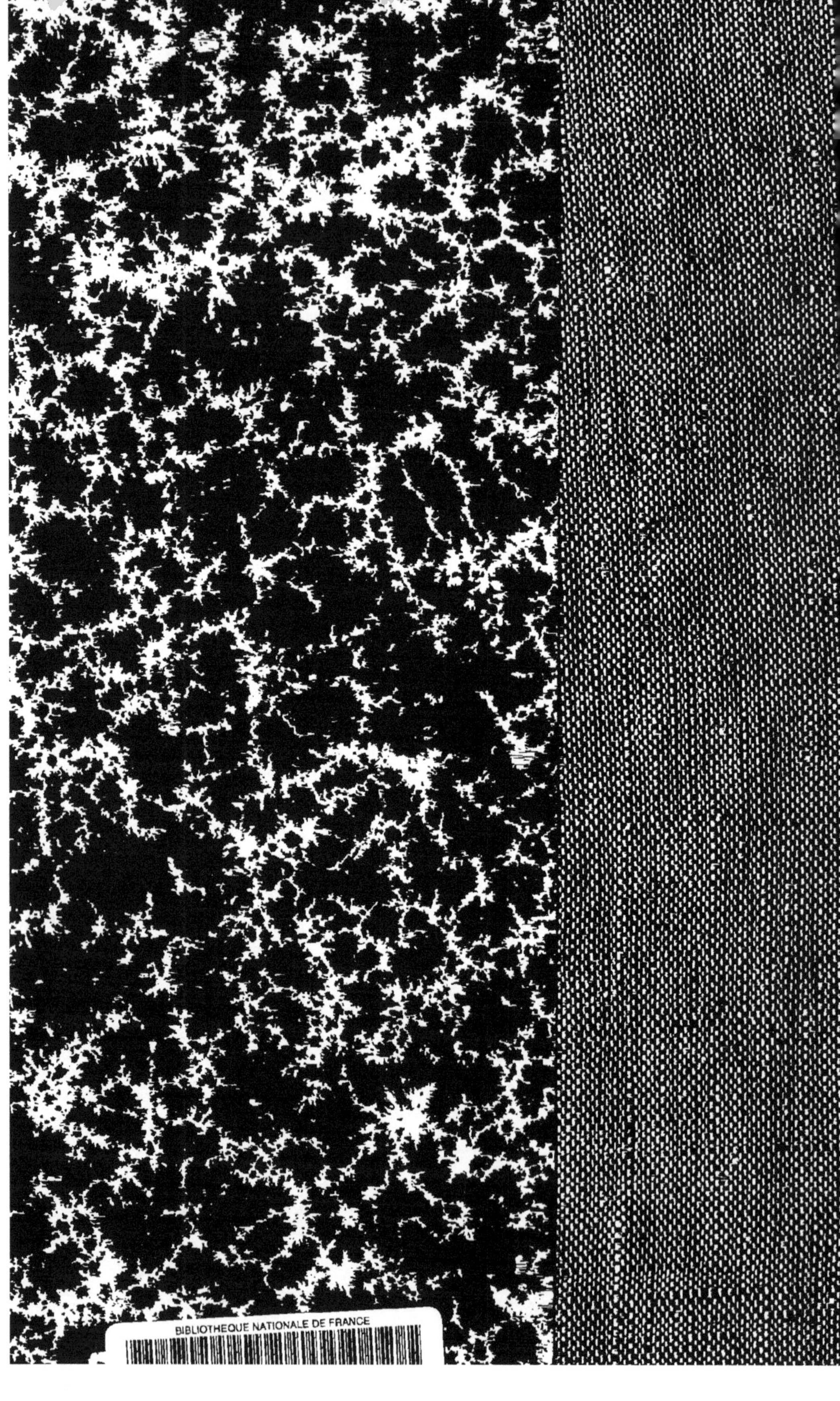

www.ingramcontent.com/pod-product-compliance
Ingram Content Group UK Ltd.
Pitfield, Milton Keynes, MK11 3LW, UK
UKHW020441200726
13857UKWH00002B/529

9 782012 933064